헌법총론

이희훈

박영사

머리말

본 '헌법총론'은 필자가 재직 중인 선문대학교 법·경찰학과에서 재학생들이 제일 많이 선호하는 직업인 경찰공무원 등 여러 공무원이 될 수 있도록 해 주기 위한 강의와 경찰 등 다양한 공무원의 필기시험 및 면접시험 준비 등에 효율적으로 도움을 주기 위해서, 헌법 중 헌법총론 부분에 대한 중요한 국내외의 이론과 판례 및 입법례 등을 중심으로 저술하였다.

특히, 2022년부터 경찰공무원 시험에서 헌법 중 헌법총론과 기본권론 부분이 필수 시험 과목이 된다. 이에 이희훈 교수는 다년간 경찰본청과 여러 지방경찰청의 경찰 서류심사 위원과 경찰 필기시험 위원(헌법) 및 경찰 면접시험 위원장과 기획재정부 등 여러 정부 부처 공무원의 면접시험 위원 및 지방공무원의 필기시험 위원과 면접시험 위원 및 법무부 사법시험 1차 시험위원(헌법)과 2차 시험위원(헌법) 및 법무부 변호사시험 위원(공법) 등을 역임하였고, 2019년 8월에 EBS 2TV 교육방송에 필자의 '생활 속의 헌법이야기'라는 교육부의 평생교육 K−MOOC 온라인 강좌가 최초로 방영되었으며, 2021년 2월에 교육부의 K−MOOC(한국형 온라인 평생교육강좌: K−무크)에서 '집콕 강좌'로 선정 및 운영되는 등의 다양한 경력을 바탕으로, 경찰과 여러 정부 부처 및 지방 공무원의 필기시험 및 면접시험을 대비하는 학습자들에게 가장 효율적으로 헌법 중 헌법총론 부분에 대한 다양한 헌법적 쟁점 사항들에 대한 중요한 여러 이론의 설명과 해당 우리나라 및 외국의 입법례나 판례 등의 중요한 내용들을 가장 빠른 시간 안에 전체적으로 학습할 수 있고, 헌법총론의 전체적 중요 내용들에 대한 기초적인 사고력을 갖출 수 있으며, 헌법총론의 중요한 헌법적 지식을 쉽고 알차게 습득할 수 있도록 해 주어, 학습자들이 희망하는 경찰공무원 등의 다양한 국가공무원의 필기시험과 면접시험에서 합격을 하는데 마중물이 되기 위하여 기본권론에 이어서 본 헌법총론을 출간하게 되었다.

이에 필자는 본 헌법총론을 일반적으로 대학교에서 15주 동안의 학사 일정(단, 8주와 15주의 시험기간 제외)에 맞추어 아래와 같이 크게 13장으로 나누어 구성하였는바, 이하에서 독자의 편의를 위하여 이에 대한 주요 내용을 대략 소개하면 다음과 같다. 즉, 본 헌법총론의 제1장에서는 역사적 발전에 의한 헌법의 개념과 헌법의 존재형식에 의한 헌법의 개념에 대해 살펴보았다. 제2장에서는 헌법의 사실적 특성과 헌법의 규범적 특성 및 헌법의 구조적 특성에 대해 고찰하였다. 제3장에서는 헌법의 존재형식에 의한 종류, 헌법의 개정방법에 의한 종류, 헌법의 제정주체에 의한 종류, 헌법규범과 헌법현실의 일치 여부에 의한 종류에 대해 검토하였다. 제4장에서는 헌법해석의 주체와 방법, 헌법해석의 원칙, 합헌적 법률해석에 대해 살펴보았다. 제5장에서는 헌법의 제정과 헌법의 개정에 대해 고찰하였다. 제6장에서는 대한민국의 헌법보장제도와 국가긴급권 및 저항권에 대해 검토하였다. 제7장에서는 대한민국 헌법의 제정·개정의 역사적 배경과 시대적 상황 및 그 주요 내용에 대해 살펴보았다. 제8장에서는 1980년 제8차 개정 헌법에 대해 전문과 총강 부분, 기본권 부분, 통치구조 부분, 경제 부분과 헌법 개정 부분에 대해 고찰하였다. 제9장에서는 대한민국의 국가형태와 구성요소에 대해 검토하였다. 제10장에서는 대한민국 헌법의 기본원리로 국민주권원리, 자유민주주의원리, 법치주의원리, 문화국가원리, 사회국가원리에 대해 살펴보았다. 제11장에서는 대한민국 헌법의 기본질서로 자유민주적 기본질서와 사회적 시장경제질서 및 평화주의적 국제질서에 대해 고찰하였다. 제12장에서는 대한민국 헌법의 기본제도 중 정당제도와 선거제도에 대해 검토하였다. 제13장에서는 대한민국 헌법의 기본제도 중 공무원제도, 지방자치제도, 교육제도, 혼인과 가족제도에 대해 각각 살펴보았다. 참고로 독자의 편의를 위하여 본서의 부록으로 우리나라 헌법전을 함께 제시하였다.

본서가 나오기까지 일일이 모두 열거할 수 없을 정도로 깊이 머리 숙여 감사하고 고마운 분들에게 감사 인사를 드린다. 먼저 부족한 필자에게 언제나 한없이 따뜻한 격려와 간절한 기도로 늘 곁에서 응원해 주셨던 형언할 수 없이 깊이 사랑했던 부모님께 진심으로 머리 숙여 깊이 감사드리고, 사랑하는 가족에게 감사한 마음을 전한다. 결코 부모님과 가족들의 屋烏之愛의 사랑을 한시도 잊지 않고, 학문의 길에서 愚公移山의 마음으로 부단히 연구를 정진해 나갈 것을 다짐한다. 그리고 부족한 필자에게 형언할 수 없는 學恩을 베풀어주신 연세대학교 법학전문대학원의 전광석 지도 교수님과 홍정선·이덕연·강태수·김종철 교수님 등 많은 헌법 및 행정법 교수님들 및 필자가 대학원 재학시절 때 여러 도움들을 베풀어 주신 홍복기 교수님께 머리 숙여 깊이 감사드린다. 또한 선문대학교의 총장님과 동료 교수님들에게도 감사드린다. 이밖에 부족한 본서의 출간을 흔쾌히 허락해 주시고, 본서가 출간되기까지 많은 수고를 해 주신 박영사의 안종만 회장님·안상준 대표님, 김선민 이사님, 노현 이사님, 이승현 과장님, 오치웅 대리님께 감사드린다.

본 헌법총론은 그동안 필자가 사법시험 1차 시험위원 및 2차 시험 위원, 변호사시험 위원, 경찰공무원 서류심사 위원과 필기시험 위원 및 면접시험 위원장, 여러 정부 부처 공무원 면접시험 위원, 지방공무원 필기시험 위원 및 면접시험 위원 등을 행한 경험과 역량을 바탕으로, 가장 빠른 시간 안에 경찰과 정부 부처 및 지방공무원 시험들과 판사·검사·변호사의 법조인 시험 및 행정직 공무원과 외교관 등을 준비하는 학습자들이 학습 시간에 비하여 가장 효율적으로 공부할 수 있도록, 헌법총론의 중요한 학습 내용들을 가장 핵심적이고 중요하며 여러 국가시험들에서 자주 출제된 헌법총론과 관련된 국내외의 이론과 판례 및 입법례 등에 대해서 설명하였다.

향후에 필자는 이렇게 여러 다양한 국가시험들에서 해당 시험위원 및 위원장을 역임한 경력과 역량을 바탕으로, 헌법에 대한 경찰공무원과 지방공무원 및 행정직 공무원과 외교관 등의 여러 국가공무원 시험 및 법조인 시험 등을 효율적으로 대비할 수 있는 헌법 문제집과 통치기구론 및 헌법재판(소송)법 등에 대한 도서들도 계속해서 출간할 예정이다. 특히 이중에서 2022년부터 헌법이 필수 시험과목이 되는 경찰공무원 시험 등을 대비해서 이미 기본권론은 2021년 2월에 박영사에서 발간하였는바, 향후 헌법 문제집을 다년간의 사법시험 위원, 변호사시험 위원, 경찰 서류심사 위원과 필기시험 위원 및 경찰 면접시험 위원장, 기획재정부 등 여러 정부 부처 공무원 면접시험 위원, 지방공무원 필기시험 위원 및 면접시험 위원 등을 역임한 경력과 역량을 바탕으로 알차게 출간할 예정이다.

그리고 우리나라의 국민과 외국인들의 청소년층과 중장년층 등 남녀노소 누구나 교양수준으로 기존에 박영사에서 알기 쉽게 출간한 필자의 '생활 속의 헌법탐험' 및 '인권법 스토리'의 저서들과 교육부 및 국가평생교육진흥원에서 운영 중인 한국의 온라인 평생교육 공개 무료 강좌 서비스인 'K-MOOC(K-무크)' 사이트에서 필자의 '생활 속의 헌법 이야기'라는 온라인 무료 강좌를 통해서 학점을 이수하거나 청강 등을 통하여 대한민국 헌법을 가장 효율적으로 흥미롭게 쉽고 알차게 배우고 알 수 있게 되기를 바란다.

향후 필자는 더욱 열심히 학문적으로 정진하여 본서의 부족하고 미진한 부분을 충실히 보완해 나갈 것임을 약속드리며, 학습자들이 본 헌법총론에 의하여 보다 쉽고 알차며 흥미롭게 헌법 중 헌법총론 부분을 이해하고 배우며 알 수 있도록 최선의 노력을 하여, 학습자들이 경찰공무원 시험과 지방공무원 시험 및 행정직·법원직·국회직·소방직 공무원 시험과 외교관 시험 등의 여러 국가 공무원시험들과 법조인 시험 등에서 합격을 하는데 있어 가장 효율적으로 학습하고 준비하는데 필수적인 도움이 되는 진실한 러닝메이트가 되길 바란다.

2022년 1월

선문대학교 법·경찰학과 교수

이 희 훈

차례

제 1 장 헌법의 개념

제 2 장 헌법의 특성

제 3 장 헌법의 종류

제 4 장 헌법의 해석

제 5 장 헌법의 제정과 개정

제 6 장 헌법의 보장

제 7 장 대한민국 헌정사

제 8 장 1980년 제8차 개정 헌법에 대한 평가

제 9 장 대한민국의 국가형태와 구성요소

제10장 대한민국 헌법의 기본원리

제11장 대한민국 헌법의 기본질서

제12장 대한민국 헌법의 기본제도 I

제13장 대한민국 헌법의 기본제도 Ⅱ

제1장

헌법의 개념

제 1 장 헌법의 개념

제 1 절 머리말

오늘날 전 세계의 국가들은 각자 그 나라마다의 고유한 특성과 문화 및 역사 등을 기초로 한 국민들이 제정 및 개정을 행하는 최고의 법규범인 헌법을 가지고 있다.

이렇듯 헌법과 국가는 서로 불가분의 관계에 있어 국가가 성립된 이후에 계속 유지·발전하기 위해서는 국가의 근본법이자 기본적·기초적 규범으로서, 국민과 외국인 및 법인(이하에서 '국민 등'으로 줄임)[1]의 기본권을 보장해 주고, 이러한 국민 등의 기본권을 최대한 보장해 주기 위해서 통치기구의 조직과 구성 및 통치작용의 원리를 규정한 최고의 효력을 가진 법규범인 동시에 최상위의 법규범인 헌법을 반드시 가져야 한다.

즉, 국가는 사회를 바탕으로 하여 그 사회를 구성하는 모든 개인의 능력과 개성이 최대한 잘 발휘될 수 있도록 정의로운 사회질서와 사회평화를 확립하고 보장하기 위해서 존재한다. 이러한 국가는 그를 구성하는 세 가지의 필수적 요소인 국민과 영역 및 주권 이외에도 시대의 변천과 역사의 발전에 따라 그때마다 새롭게 형성되는 일정한 가치관에 입각해서 사회구성원의 개성신장과 사회통합을 촉진시킬 수 있는 법 규범적인 틀과 사회의 자율기능을 유지하기 위해서 요구되는 법질서를 마련해 놓아야 하고, 사회가 필요로 하는 조정적이고 통합적인 기능을 잘 수행하기 위해서 일정한 통치기구 또는 통치권력의 조직을 필수적으로 가지게 된다.[2] 따라서 헌법상 국회와 행정부 및 법원과 헌법재판소 등 국가의 모든 통치기구와 통치권력 조직은 국민 등의 기본권을 최대한 보호 내지 보장하기 위해서 존재해야 하며, 절대로 자기 목적적인 존재이어서는 안

1) 이러한 국민, 외국인, 법인의 기본권 주체에 대한 것은 이희훈, 기본권론, 박영사, 2021, 10－15면 등.
2) 허영, 한국헌법론, 박영사, 2015, 3－5면.

된다.[3)]

이렇듯 헌법은 한 국가의 내부관계를 중심으로 규율하는 국내법에 속하고, 국가 공권력과 국민의 관계 및 통치기구의 통치작용을 규율하는 공법에 속한다. 이하에서는 역사적 발전에 의한 헌법의 개념과 특징 및 헌법의 존재형식에 의한 헌법의 개념에 대하여 각각 살펴보겠다.

제 2 절 헌법의 개념

먼저 헌법의 개념에 대해서 역사적 발전에 의한 기준에 따라서 살펴보면 다음과 같이 크게 세 가지로 나누어 볼 수 있다. 첫째, 고유한 또는 고전적 의미의 헌법이 있다. 둘째, 근대 입헌주의적 또는 시민법치국가적 의미의 헌법이 있다. 셋째, 현대 사회국가적 또는 복지국가적 의미의 헌법이 있다.

다음으로 헌법의 개념에 대해서 그 존재형식에 의한 기준에 따라서 살펴보면 다음과 같이 크게 두 가지로 나누어 볼 수 있다. 첫째, 형식적 의미의 헌법이 있다. 둘째, 실질적 의미의 헌법이 있다.

1. 역사적 발전에 의한 헌법의 개념

(1) 고유한 의미의 헌법

'고유한 의미의 헌법'이란, 고대와 중세시대에 신분제적인 계급사회의 구조 속에서 이러한 여러 신분 간의 계급구조가 정치·경제·사회·문화 등 전체 하부체계를 포괄하여 지배하는 시대적 배경 하에 '지배와 복종'을 내용으로 하는 정치적 공동체를 규율대상으로 하는 기본법이자 근본법을 의미하는 것으로, 가장 오래된 의미의 헌법 개념이다. 이러한 시대적 배경 하에서의 국가 공권력은 정치·경제·사회·문화 등의 모든 분야를 포섭하는 전체질서를 지배하는 권력으로 작용하였다. 따라서 이때의 국가 공권력은 통합적 권력이었으며, 이러한 통합적 권력의 정당성은 그 당시의 종교적 절대자 또는 자연적인 것으

3) 국가의 개념과 본질 및 국가의 구성 요소와 국가의 목적·책무 및 사회와 국가의 관계에 대한 것은 정종섭, 헌법학원론, 박영사, 2015, 7－14면 등.

로부터 주어진 것으로 받아들여졌다. 즉, 이러한 통합적 권력의 정당성은 사회 및 가치체계의 미분화와 신분제의 계급사회의 구조 속에서 당연한 것으로 받아들여졌다.[4)]

즉, '고유한 의미의 헌법'은 국가의 통치기구들을 조직하고 구성하며, 그 통치기구들 상호 간의 권한과 운영 및 활동의 관계에 대해서 가장 기본적인 사항들을 규정한 국가의 기초법 또는 기본법을 뜻한다.[5)]

이러한 '고유한 의미의 헌법'은 동서양을 막론하고 어느 시대이든 어떤 국가이든 간에 국가가 존재하는 곳이면 성문헌법 또는 불문의 형태로 반드시 존재한다는 특징이 있다.[6)]

(2) 근대 입헌주의적 의미의 헌법

'근대 입헌주의[7)]적 의미의 헌법'이란, 미분화된 계급사회가 점점 더 사회가 다원화되고 전문화되면서 지식인과 전문인 등이 늘어나 이들이 중심이 된 시민세력이 혁명을 통해 제정한 헌법으로서, 위의 고유한·고전적 의미의 헌법에서와는 달리 개인주의·자유주의·법치주의·의회주의 등과 같은 일정한 이데올로기를 지향하면서, 국민 등의 자유와 권리를 보장하고 권력분립의 원리 등에 의하여 국가권력의 남용을 제한하고 억제하려는 헌법을 의미한다.[8)]

이러한 근대 입헌주의적 의미의 헌법은 1789년 8월 26일에 프랑스의 인간과 시민의 권리선언(소위 '프랑스 인권선언'이라고 함) 제16조에서 "권리의 보장이 확보되어 있지 않고, 권력의 분립이 확정되어 있지 아니한 사회는 결코 헌법을 가지고 있지 않다."라고 선언함으로써 시작되었다고 할 것이다. 참고로, 이러한 프랑스 인권선언은 전문과 17개조의 본문으로 규정되어 있는바, 이중에서 중요 규정인 제1조부터 제3조까지 살펴보면 "제1조: 인간은 권리에 있어서 자유롭고 평등하게 태어나 생존한다. 사회적 차별은 공동 이익을 근거로 해서만 있을 수 있다. 제2조: 모든 정치적 결사의 목적은 인간의 자연적이고 소멸될 수 없는 권리를 보전함에 있다. 그 권리란 자유, 재산, 안전, 그리고 압제에의 저항 등이

---

4) 전광석, 한국헌법론, 집현재, 2018, 6−7면.
5) 성낙인, 헌법학, 법문사, 2019, 7면.
6) 권영성, 헌법학원론, 법문사, 2009, 6면.
7) '입헌주의'란, 국민의 기본권을 보장하고 국가권력의 분립을 규정한 헌법에 근거하여 통치될 것을 요구하는 정치원리를 뜻한다. 권영성, 상게서, 6면.
8) 권영성, 상게서, 6면.

다. 제3조: 모든 주권의 원리는 본질적으로 국민에게 있다. 어떠한 단체나 개인도 국민으로부터 명시적으로 유래하지 않는 권리를 행사할 수 없다."라고 규정되었다.

이러한 근대 입헌주의적 의미의 헌법은 다음과 같이 크게 일곱 가지 원리를 그 주요 기본원리로 하고 있다.[9]

첫째, 전반적으로 국가의 의사를 최종적으로 결정할 수 있는 최고 권력인 주권을 국민이 보유한다는 '국민주권원리'를 그 기본원리로 한다.

둘째, 국민 등의 자유와 권리 즉, 기본권을 제한하기 위해서는 의회가 제정한 법률에 그 근거가 있어야 하며, 집행과 사법도 법률에 의거하여 행해져야 한다는 '형식적 법치주의'를 그 기본원리로 한다.

셋째, 개인의 자유와 사유재산권 등을 중심으로 하는 기본권의 보장을 그 기본원리로 하여 '자유방임주의'가 성행하였고, '사유재산권은 신성화 및 절대화'로 여겨졌으며, 사적자치가 중심이 되어 국가 공권력인 소극적인 '야경국가화 또는 경찰국가화'가 되었다.

넷째, 국가권력에 대한 작용을 입법·행정·사법작용으로 나누어 이러한 작용들을 각각 분리·독립된 별개의 기관에 담당시켜, 국가기관 상호 간에 억제와 균형을 유지하게 하는 '권력분립의 원리'를 그 기본원리로 한다.

다섯째, 주권자인 국민이 직접 국가의사나 국가정책 등을 결정하지 않고 국민의 대표기관을 선출하여 그러한 대의기관으로 하여금 국민을 대신하여 국가의 의사나 국가의 정책 등을 대신 결정하게 하는 '대의제 또는 간접민주제'를 그 기본원리로 한다.

여섯째, 국가 공권력의 남용을 방지하기 위하여 헌법을 명시적으로 규정 또는 성문화해야 한다는 '성문헌법의 원리'를 그 기본원리로 한다.

일곱째, 국가의 기본법인 헌법의 개정을 해당 집권세력에 의해 일반 법률처럼 쉽게 개정되지 못하도록 하여 국가 공권력의 남용을 방지하기 위해서 일반 법률의 개정보다 좀 더 어렵고 까다롭게 만들어야 한다는 '경성헌법의 원리' 등을 그 기본원리로 한다.

이렇듯 시민혁명을 거쳐 시민계층에 의해 헌법이 제정된 국가에서 위의 국민주권원리와 권력분립원리 등을 주요 기본원리로 규정하였던 입헌주의 헌법

9) 이희훈, 생활 속의 헌법탐험, 박영사, 2016, 14-15면.

을 '진정한 입헌주의 헌법'이라고 하는바, 이러한 헌법으로는 1787년의 미국 연방헌법과 1791년의 프랑스 헌법 등이 있다.

그러나 시민혁명을 거치지 않거나 시민혁명이 실패한 국가에서 프랑스의 자유주의가 국가 내에 수용되는 것을 차단하기 위해 군주주권을 유지하면서 구 지배계급의 주도 하에 명목상 인권을 보장하고, 명목상 권력분립을 규정한 헌법을 뜻하는 '외견적 또는 명목적 입헌주의'라고 하는바, 이러한 헌법으로는 1871년의 독일의 비스마르크 헌법과 1889년의 일본의 제국헌법 등이 있다.

(3) 현대 사회국가적 의미의 헌법

현대 사회국가적[10] 의미의 헌법은 서구사회에서 19세기 중반 이후 사회가 급격히 산업화·도시화 되어 노동시장의 불균형이 초래되면서 저임금 및 실업 문제 등에 따른 노사 간의 극렬한 대립을 해결하고, 시장에서의 수요와 공급의 불균형 및 독과점 등에 의한 극심한 부의 편재라는 자본주의의 모순을 극복하여 국민의 생존을 배려하기 위해서, 그리고 2번의 세계대전에 의해 교훈을 얻은 세계적인 국제평화의 보장을 위해서 제정된 헌법으로써 근대 입헌주의적·시민법치국가적 의미의 헌법에서 한 걸음 더 나아가 국민의 사회적 기본권 즉, 생존권적 기본권과 국제평화주의 등을 보장한 헌법을 뜻한다.[11]

이러한 현대 사회국가적 의미의 헌법은 1919년 8월 11일에 제정된 독일의 바이마르(Weimar) 헌법이 최초라고 할 것인바, 현대 사회국가적 의미의 헌법은 다음과 같은 여섯 가지 원리를 주요 기본원리로 하고 있다.[12]

첫째, 자본주의적 시장경제주의에 사회주의적 계획경제주의를 가미한 사회적 시장경제주의를 채택하였고, 사회적 기본권 즉, 생존권적 기본권을 그 기본원리로 한다.

둘째, 국가가 사회적 기본권 즉, 생존권적 기본권의 실현 등을 위해 양적 및 질적으로 증대된 국가의 기능을 능률적으로 수행하기 위하여 행정국가화와 계획국가화 및 급부국가화를 그 기본원리로 한다.[13]

---

10) 여기서 '사회국가'란 일명 '복지국가'라고도 하는바, 모든 국민이 생활을 하는데 있어 그 기본적인 수요를 충족시켜 주어 국민들에게 건강하고 문화적인 생활을 보장하는 것이 국가의 책무인 동시에 그에 대한 요구가 국민의 권리로서 인정되고 있는 국가를 뜻한다. 권영성, 전게서, 8면.

11) 이희훈, 전게서(주 9), 16면.

12) 이희훈, 상게서, 16면.

13) 권영성, 전게서, 9면.

셋째, 경제의 민주화와 경제에 관한 규제와 통제에 의해 사회적 약자의 인간다운 생활을 보장하는 실질적 평등[14]을 그 기본원리로 한다.

넷째, 법의 절차적 정당성 뿐만 아니라, 법의 내용적 타당성 내지 합법성을 중시하는 실질적 법치주의를 그 기본원리로 한다.

다섯째, 국가의 근본법이자 최고규범인 헌법의 실질적 효력을 보장하기 위한 헌법재판제도 등을 그 기본원리로 한다.[15]

여섯째, 양차 대전 이후에 전 세계적으로 전쟁의 참화를 방지하기 위하여 국제평화주의[16]를 그 기본원리로 한다.

2. 헌법의 존재형식에 의한 헌법의 개념

(1) 형식적 의미의 헌법

'형식적 의미의 헌법'이란, 한 국가의 법질서에서 국가의 최고규범인 헌법으로 불리는 성문의 법 즉, 헌법전(憲法典)을 뜻한다. 즉, 형식적 의미의 헌법은 법에 규정되어 있는 내용이 어떤 것인가를 묻지 아니하고, 법의 외형적 특징인 그 존재형식 또는 형식적 효력을 기준으로 하여 헌법전의 형식으로 존재하거나 국내에서 최고의 형식적 효력을 가진 법규범을 헌법이라고 할 때의 헌법을 뜻한다.[17]

따라서 불문 국가에는 형식적 의미의 헌법이 존재하지 않는바, 프랑스의 토그빌이 말한 "영국에는 헌법이 없다."라는 표현은 이러한 형식적 의미의 헌법인 성문의 헌법전이 없다는 뜻이지,[18] 실질적 의미의 헌법이 없다는 뜻은 아니다.

(2) 실질적 의미의 헌법

'실질적 의미의 헌법'이란, 그 존재 형식과 관계없이 국가의 통치기구의 조직과 구성 및 통치작용의 기본원리를 규정한 모든 규범을 뜻한다. 즉, 실질적 의미의 헌법은 국가의 조직·작용의 기본원칙을 정하는 국가의 기본법의

14) 김철수, 헌법학개론, 박영사, 2007, 14면.
15) 성낙인, 전게서, 18면.
16) 권영성, 전게서, 9면.
17) 권영성, 상게서, 9-10면.
18) 김철수, 전게서, 15면.

전부를 뜻하는 것으로, 국가의 최고기관의 형성·조직·작용·권한, 이들 기관 상호간의 관계, 국가와 그 구성원인 국민과의 관계 등에 관한 내용에 대해 규정해 놓은 것이라면 그 법형식을 불문하고 모두 헌법에 속한다고 보는 것을 뜻한다.[19]

따라서 이러한 실질적 의미의 헌법에는 형식적 의미의 헌법인 성문의 헌법전 뿐만 아니라, 정부조직법·국회법·법원조직법·정당법·공직선거법 등의 법률과 이와 관련된 명령·규칙 등도 헌법사항을 규정한 것이라면 그 모두가 실질적 의미의 헌법에 속하게 된다.[20]

(3) 양자의 관계

위에서 살펴본 '형식적 의미의 헌법'과 '실질적 의미의 헌법'은 그 내용이 대체로 일치하지만, 반드시 그 내용과 범위가 일치하지는 않는다.

이러한 현상은 헌법 현실의 부단한 변화와 헌법의 특성에 비추어 볼 때, 실질적 의미의 헌법을 모두 성문화한다는 것이 입법 기술상 불가능하기 때문이며, 정책적 차원에서 실질적 의미의 헌법이 아닌 사항을 형식적 의미의 헌법에 포함시키는 경우도 있기 때문이다.

아래의 네 가지 헌법은 실질적 의미의 헌법은 아니지만, 형식적 의미의 헌법에는 포함된다는 것을 특히 유의해야 한다.

첫째, 스위스 헌법 제25조 제2항에서는 "출혈 전에 마취시키지 아니하고 동물을 도살하는 것은 금지한다. 동 규정은 모든 도살방법 및 모든 종류의 동물에 적용된다."라고 규정되어 있는 '도살조항'을 그 예로 들 수 있다.

둘째, 독일 바이마르 헌법 제150조에서는 "미술·역사 및 자연기념물과 명승풍경은 국가의 보호를 받는다."라고 규정되어 있는 '풍치조항(風致條項)'을 그 예로 들 수 있다.

셋째, 미국 연방수정헌법 제18조 제1절에서는 "본 조의 비준으로부터 1년을 경과한 후에는 미 합중국 내에서와 그 관할에 속하는 모든 영역 내에서 음용할 목적으로 주류를 제조, 판매 또는 운송하거나 미 합중국에서 이를 수입 또는 수출하는 것을 금지한다."라고 규정되어 있는 '금주조항'을 그 예로 들 수

---

19) 김철수, 전게서, 14면.
20) 권영성, 전게서, 9면.

있다.

넷째, 벨기에 헌법 제16조에서는 "국가는 어떠한 종파의 성직자의 임명이나 취임에 간섭할 권리를 갖지 아니한다. 그리고 성직자의 상사와의 통신과 그 문서의 출판도 금지할 수 없다. 다만, 문서의 출판의 경우에 있어서 인쇄와 발행에 관계되는 일반적인 책임은 면제되지 않는다. 민사법상의 혼인은 필요가 있을 때 법률로 정하는 경우를 제외하고 언제나 결혼예식에 선행되어야 한다."라고 규정되어 있는 '선 혼인 후 거례'조항을 그 예로 들 수 있다.

제 2 장

헌법의 특성

제 2 장 헌법의 특성

제 1 절 머리말

헌법은 헌법보다 하위에 있는 법률, 행정입법, 자치법규 등과 구별되는 여러 가지 특성들이 있다. 헌법의 특성은 크게 아래와 같이 사실적 특성과 규범적 특성 및 구조적 특성으로 나눌 수 있다. 이하에서는 이러한 헌법의 사실적·규범적·구조적 특성에 대하여 각각 고찰하겠다.

제 2 절 헌법의 사실적 특성

1. 의의

헌법의 사실적 특성은 헌법이 헌법전의 제정이나 개정에 이르기까지의 특성에 중점을 둔 개념을 뜻한다.[1)]

2. 정치성

헌법의 제정이나 개정은 원칙적으로 주권자인 국민의 합의에 의해 이루어진다고 할 것이지만, 현실적으로 헌법의 제정이나 개정은 국가 내의 다양한 여러 정치세력들 간의 투쟁과 타협 및 결단의 산물이라고 할 것이다. 따라서 헌법은 그 제정과정에서부터 필연적으로 정치적일 수밖에 없다. 따라서 헌법은 '정치성'을 가진다고 할 것이다.

---

1) 성낙인, 헌법학, 법문사, 2019, 26면.

3. 역사성 · 이념성 · 가치성

헌법은 한 국가에서 추구하는 그 당시의 시대정신을 구현하기 위한 것으로서, 그 당시의 역사적 배경 하에서 그 시대를 지배하는 이념 또는 이데올로기의 반영물이라고 할 것이다. 따라서 각 국가의 헌법은 가치중립적일 수 없고, 가치지향적이라고 할 것이다.[2)]

이러한 점에서 헌법은 그 시대를 지배하는 보편적인 이념과 가치를 실현하려는 '이념성'을 가지고 있고, 이러한 헌법의 이념은 일정한 역사적 조건과 상황 속에서 창출되어지므로, 헌법은 '역사성'을 가지고 있다. 그리고 헌법에 내재하고 지향되는 그 시대의 보편적인 이념과 가치는 헌법정신의 핵심을 이루게 되므로, 헌법은 그때그때의 역사적 발전과정에 상응하는 '가치성'을 가지고 있다. 이렇듯 헌법은 '이념성'과 '역사성' 및 '가치성'을 가진다고 할 것이다.

우리 한반도에서 남한에서는 수정자본주의의 이념에 기초한 민주공화국인 대한민국이 있고, 북한에서는 공산주의의 이념에 기초한 조선민주주의인민공화국이 있다.[3)] 이는 제2차 세계대전 당시 연합국 정상들이 전후 처리와 소련의 대일참전 그리고 일본의 무조건 항복 등을 논의하는 자리에서 일제치하에 있는 한국의 독립 보장을 언급하였지만, 일본이 연합국의 항복 요구를 거부하자 이에 미국은 일본에 원자 폭탄을 투하하였고, 소련군은 만주와 북한지역으로 진격하였다.

이에 일본은 결국 1945년 8월 15일에 연합국에게 무조건적인 항복을 선언하여 우리나라는 일제로부터 해방을 맞이하게 되었지만, 남북한에 주둔한 미·소 양군의 점령 정책이 서로 달라 신탁통치에 대한 찬탁과 반탁이 일어나고, 사상적 대립마저 고조되면서 우리나라의 온 국민의 열망과 유엔의 통일정부를 수립하려는 노력에도 불구하고, 우리나라는 38도선을 경계로 남한과 북한에 각각 그 이념과 체제가 다른 2개의 정부가 한반도에 각각 수립되는 아픔을 겪게 되었다.[4)]

---

2) 성낙인, 상게서, 28면.
3) 성낙인, 상게서, 28면.
4) 이에 대하여 자세한 것은 손규석, 한반도의 분단과 그 역사적 교훈, 국방일보, 2001. 9. 2.

제 3 절 헌법의 규범적 특성

1. 의의

헌법은 여러 법규범들 중 최고의 또는 최상위의 규범이기 때문에 규범적 특성을 가진다. 이러한 헌법의 규범적 특성은 다음과 같이 최고규범성·기본권보장규범성·수권적 조직규범성·권력제한규범성·생활규범성 등으로 나뉜다.

2. 최고규범성

헌법은 국민적 합의를 바탕으로 주권자이자 헌법제정권력자인 국민의 주권적 결정으로 만들어지고, 모든 법규범이 헌법에서 파생되어 창설되므로, 헌법은 공동체 내에 존재하는 법규범의 존재와 내용 및 효력에서 최고의 단계에 위치하는 규범이라고 할 것이다. 이러한 점에서 헌법에는 '최고규범성'이라는 특성이 있다.[5]

즉, 헌법은 국가의 주인인 국민에 의해서 제정 및 개정이 되므로, 국가 내에서 최고의 효력을 가지는 법규범으로, 이러한 최고의 법 또는 최상위법인 헌법 이외의 법률이나 행정입법 또는 자치법규의 타당성의 근거나 기준이 되며, 이러한 헌법에 법률이나 행정입법 또는 자치법규 등의 하위 규범들은 위반 또는 저촉되면 안 된다.

이러한 헌법의 최고규범성을 보장하기 위하여 우리나라 헌법에서는 헌법 제128조부터 제130조까지 헌법개정절차를 일반 법률의 개정절차보다 까다롭게 규정하고 있고, 헌법 제107조 제1항 및 동법 제111조 제1항 제1호에서 위헌법률심사제도를 규정하고 있으며, 헌법 제69조에서 대통령의 헌법존중과 헌법준수의 선서 등을 규정하고 있다.[6]

이에 대하여 헌법재판소는 1989년 9월 8일에 "헌법은 국민적 합의에 의해 제정된 국민생활의 최고 도덕규범이며 정치생활의 가치규범으로서 정치와 사

5) 정종섭, 헌법학원론, 박영사, 2015, 30면.
6) 권영성, 헌법학원론, 법문사, 2009, 13면.

회질서의 지침을 제공하고 있기 때문에 민주사회에서는 헌법의 규범을 준수하고 그 권위를 보존하는 것을 기본으로 한다."라고 판시하였다.[7)]

3. 기본권 보장규범성

국민 등의 자유와 권리 즉, 국민 등의 기본권이 보장되지 아니한 헌법은 이미 자유의 장전으로서의 헌법이 아니라고 할 것이다. 따라서 근대 입헌주의적 또는 시민법치국가적 헌법과 현대 사회국가적 또는 복지국가적 헌법은 국민 등의 자유와 권리인 기본권을 헌법에서 명시적으로 보장하고 있다. 이에 우리나라 헌법도 헌법전문과 헌법 제2장의 국민의 권리와 의무인 헌법 제10조부터 제37조 제1항까지 국민의 여러 기본권들을 보장하고 있다.[8)]

특히 헌법 제10조 후문에서 "국가는 개인이 가지는 불가침의 기본적 인권을 확인하고 이를 보장할 의무를 진다."라고 규정하고 있고, 헌법 제37조 제1항에서는 "국민의 자유와 권리는 헌법에 열거되지 아니한 이유로 경시되지 아니한다."라고 규정하여 기본권을 폭넓게 보장하고 있으며, 헌법 제37조 제2항에서 국가는 국가안전보장이나 질서유지 또는 공공복리를 위하여 필요한 경우에 한하여 국민의 기본권을 법률로써 제한할 수 있다.

다만 이러한 제한을 할 때에는 헌법 제37조 제2항에서 기본권의 필요 최소한의 제한 및 기본권의 본질적인 내용을 침해할 수 없도록 규정하고 있다. 이렇듯 헌법에는 국민 등의 기본권을 보장하기 위한 '기본권 보장규범성'이라는 특성이 있다.

4. 수권적 조직규범성

헌법은 입법부, 행정부, 사법부 등 국가의 여러 통치기구들을 조직한 후에 입법권, 행정권, 사법권 등의 통치권을 각각 부여한다는 점에서 헌법에는 '수권적(授權的) 조직규범성'이 있다.

이는 모든 국가의 통치기구는 헌법에 의하여 조직되고, 모든 국가의 권력

---

7) 헌재 1989. 9. 8, 88헌가6.
8) 성낙인, 전게서, 30면.

작용은 헌법으로부터 위임이 있는 경우에만 발동될 수 있다. 따라서 한 국가의 통치기구와 통치작용은 헌법에 바탕을 두고 헌법에 의거한 것일 때에만 민주적 정당성과 절차적 정당성을 구비하게 된다.[9)]

이러한 헌법의 수권적 조직규범성을 보장하기 위하여 우리나라 헌법은 헌법 제40조와 헌법 제66조 제4항 및 헌법 제101조 제1항과 헌법 제111조 제1항에서 각각 입법권과 행정권 및 사법권과 헌법재판권을 부여하고 있다.

5. 권력제한규범성

국가 내의 보수와 진보 및 중도적인 색채의 다양한 정치세력들이 함께 공존하기 위한 절충과 타협을 통한 정치적 합의에 의해서 만들어진 헌법에 조직된 국가의 여러 통치기구들은 최고의 또는 최상위의 법규범인 헌법에서 부여한 해당 통치권만을 행사할 수 있을 뿐, 그 이상의 다른 통치권을 행사할 수 없다. 이를 헌법의 '권력제한규범성'이라고 한다. 이러한 헌법의 '권력제한규범성'은 헌법의 '수권적 조직규범성'과 매우 밀접한 연관성을 갖는다.

6. 생활규범성

사회구성원 모두가 함께 공존하기 위하여 마련된 헌법은 국민의 생활 속에 스며들어 실현되고 발전된다는 점에서 헌법에는 '생활규범성'이라는 특성이 있다.

이는 헌법이 결코 관념의 세계에만 존재하는 규범이 아니라, 국민의 모든 생활영역 속에 존재하면서 국민의 일상생활에 의해서 실현되고 발전되는 가치규범이자 행동규범으로 기능을 한다.[10)]

---

9) 권영성, 전게서, 13-14면.
10) 허영, 한국헌법론, 박영사, 2015, 28면.

제 4 절 헌법의 구조적 특성

1. 유동성·추상성

헌법은 여러 정치세력 간의 공존을 위한 정치적 투쟁과 정치적 타협의 과정을 거쳐서 성립되기 때문에 헌법은 그 구조상 변화하는 유동적인 정치현실에 적응하기 위해서 헌법 규정은 다소 '유동적'인 성격이 있고, 헌법을 제정할 당시의 정치현실에 비추어 미래의 정치발전을 예상하고 만들어진 헌법은 구체적인 사안에 대한 기타의 법률과는 달리 다소 추상적인 정치용어와 불특정한 법적 개념을 많이 사용하지 않을 수 없으므로, 헌법 규정은 다소 '추상적'인 성격이 있다.[11]

2. 개방성·미완성성

국가 내에서 다양한 이해관계가 얽힌 정치투쟁의 과정에서 이루어지는 절충과 타협은 그 본질상 최소한의 합의결과로 나타날 수밖에 없는바, 만약 이러한 다양한 국가 내의 정치세력들 간에 절충과 타협을 이룰 수 없는 경우에는 최소한의 기본적인 중요사항을 헌법에 규정해 놓은 후에 기타의 지엽적인 사항들은 미래의 정치적 투쟁과 타협에 의해서 결정될 것으로 맡겨 놓을 수밖에 없다.[12] 따라서 헌법의 규정은 다소 '개방적'인 성격이 있고, 헌법을 제정할 당시의 상황만으로는 판단하기 어렵고 미래에 결정될 가능성이 큰 정치적 사항에 대해서는 헌법의 규정의 대상에서 제외시킬 수 있으므로, 헌법의 규정은 다소 '미완성적'인 성격이 있다.[13]

---

11) 허영, 상게서, 25면.
12) 전광석, 한국헌법론, 집현재, 2018, 32면.
13) 허영, 전게서, 26면.

제 3 장

헌법의 종류

제 3 장 헌법의 종류

제 1 절 헌법의 존재형식에 의한 종류

1. 성문헌법

'성문헌법'이란, 문서의 형식으로 성문화된 형식적 헌법전(憲法典)을 뜻한다. 오늘날 미국과 독일 및 프랑스 등 대부분의 전 세계 국가들은 성문의 헌법전을 가지고 있다. 우리나라도 헌법전문과 총 130조의 성문의 헌법전을 가지고 있으므로, 성문헌법의 국가에 속한다.

이러한 성문헌법은 보통 헌법을 개정하기 위한 특별한 기관이나 절차를 두는 경성헌법적인 경향이 있다.[1)]

2. 불문·관습헌법

'불문·관습헌법'이란, 단일한 형태의 성문의 헌법전을 가지지 않고, 오랜 시일에 걸쳐서 확립된 헌법적 관행으로 이루어진 헌법으로서, 여기에는 영국, 뉴질랜드, 이스라엘 등이 있다.

이러한 불문·관습헌법의 국가에서는 법률에 대한 위헌심사제도인 위헌법률심판제도가 존재할 수가 없지만, 만약 불문·관습헌법이 여러 요건들에 의하여 인정된다면, 그러한 불문·관습헌법적인 규범들은 성문헌법과 동일한 효력을 가진다고 할 것이므로, 성문헌법의 개정절차와 동일한 방식으로 해당 불문·관습헌법적인 규범을 개정해야 할 것이다. 다만 이 경우에 불문·관습헌법적인 규범은 기존의 헌법전에 그에 상반하는 법규범을 추가하거나 첨가하는 형태로 폐지하게 된다는 점에서, 기존의 헌법전에서 해당 헌법조항을 삭제하는

1) 성낙인, 헌법학, 법문사, 2019, 20면.

형태로 폐지되는 성문헌법의 규범과는 구분된다고 하겠다.[2)]

한편 이러한 불문·관습헌법은 보통 일반적으로 연성헌법적인 경향이 있다.

3. 우리나라 헌법재판소의 불문·관습헌법 관련 판례

(1) 신 행정수도의 건설을 위한 특별조치법의 위헌 여부 판례[3)]

성문헌법국가인 우리나라에서 불문·관습헌법을 인정할 수 있는지에 대하여 헌법재판소는 2004년 10월 21일에 아래와 같이 2004헌마554·566(병합) 결정에서 본 사건에서 쟁점화 및 문제된 신 행정수도의 건설을 위한 특별조치법(이하에서 "수도이전특별법"으로 줄임)이 우리나라의 수도가 서울이라는 불문의 관습헌법 사항을 헌법개정시 헌법상 필수적인 국민투표를 거치지 아니하고, 헌법보다 하위의 법규범인 수도이전특별법이라는 법률에 의해서 변경하려는 것으로, 이는 헌법상 이 사건의 청구인들을 포함한 국민의 헌법개정시 국민투표권을 침해하였으므로 헌법에 위반된다고 판시하였다. 그리고 본 판례에서 우리나라와 같은 성문헌법의 체제 하에서 불문헌법이나 관습헌법은 헌법적인 사항이나 그에 대한 명시적인 규정이 없어 해석상 모호한 부분을 보충하고 성문헌법의 효력을 높여주는 범위 안에서만 인정할 수 있다는 것을 판시하였다. 이러한 헌법재판소의 2004헌마554·566(병합) 판례에 대한 주요 판시 내용들을 크게 열 세 개의 항목으로 나누어 살펴보면 다음과 같다.

1) 헌법상 수도의 개념

일반적으로 한 나라의 수도는 국가권력의 핵심적 사항을 수행하는 국가기관들이 집중 소재하여 정치·행정의 중추적 기능을 실현하고 대외적으로 그 국가를 상징하는 곳을 의미한다. 입헌국가의 규범적 요청에 부합하는 수도는 다음의 특징들을 갖추어야 할 것이다.

먼저 대의민주제의 입헌국가에서는 국민의 대의기관인 의회를 통한 입법기능이 수행되는 곳이어야 한다. 입법기관의 '직무소재지'라는 것은 수도로서의 성격의 중요한 요소의 하나다.

다음으로 수도는 국가의 대표기능 내지 통합기능이 수행되는 곳이어야 한

---

2) 헌재 2004. 10. 21, 2004헌마554·566(병합).
3) 이하의 해당 헌법재판소의 판례 내용들은 헌재 2004. 10. 21, 2004헌마554·566(병합).

다. 우리나라와 같은 대통령제 국가의 헌법에서는 대통령이 국가를 대표하고 국가의 통일성을 유지하도록 하는바, 대통령의 이러한 대내외적 활동은 그 활동이 수행되는 장소에 대하여 '수도적인 것'의 한 필수적 요소를 부여하게 된다. 국가원수의 이러한 활동은 국민정서상의 상징가치를 가진 것으로서 심리적으로 국가통합의 계기를 이루는 것이므로, 수도성을 판단함에 있어서 본질적인 중요성을 갖는다. 나아가 수도는 정부기능을 수행하는 국가기관들의 활동이 이루어지는 장소라는 것이다. 정부는 특히 경제정책도 포함한 대내외의 제반 정책들을 책임 있게 수행함으로써 정치적·행정적으로 국가를 이끌어나간다. 이와 같은 정부의 기능은 그것이 행사되고 현실화되는 장소에 대하여 수도적인 것의 하나의 계기를 부여한다. 그러나 다른 한편으로 정부는 창조적이고 적극적이어야 할 행정을 담당·수행하는 탓에 그 기구가 전문적이고 방대하여 반드시 한 도시에만 집중하여 소재할 필요는 없고, 특히 최근 정보통신기술의 현저한 발전으로 인하여 화상회의와 전자결재 등 첨단의 정보기술을 활용하여 장소적 이격성을 극복하고 얼마든지 유기적 업무협조를 실현할 수 있는 사정 등을 감안하면 정부조직의 분산배치는 정책적 고려가 가능하다. 특히 대통령제의 통치구조 아래에서 대통령은 국가원수일 뿐만 아니라 행정부의 수반이므로, 정부의 소재지는 대통령의 소재지로서 대표된다고 볼 수 있기 때문에 대통령의 소재지를 수도의 특징적 요소로 보는 한, 정부 각 부처의 소재지는 수도를 결정하는데 있어서 별도로 결정적인 요소가 된다고 볼 필요는 없다. 한편 헌법재판권을 포함한 사법권이 행사되는 장소와 도시의 경제적 능력 등은 수도를 결정하는 필수적인 요소에는 해당하지 아니한다고 볼 것이다. 따라서 '수도'란, 최소한 정치·행정의 중추적 기능을 수행하는 국가기관의 소재지를 뜻한다고 할 것이다. 우리나라 헌법상 최고의 헌법기관에는 국회(헌법 제3장), 대통령(제4장 제1절), 국무총리(제2절 제1관), 행정각부(제2절 제3관), 대법원(제5장), 헌법재판소(제6장), 중앙선거관리위원회(제7장)가 있다. 이러한 여러 헌법기관들 중에서도 국민의 대표기관으로서 국민의 정치적 의사를 결정하는 국회와 행정을 통할하며 국가를 대표하는 대통령의 소재지가 어디인가 하는 것은 수도를 결정하는데 있어서 특히 결정적인 요소가 된다고 할 것이다. 대통령은 국가원수로서 국가를 상징하고 정부의 수반으로서 국가운용의 최고 통치권자이며 의회는 주권자인 국민이 선출한 대표들로 구성된 대의기관으로서 오늘날의 간접민주주의 통치구조 하에서 주권자의 의사를 대변하고 중요한 국가의사를 결정하는 중추적 역할을 담당하므로, 국회와 대통령의 소재지인 이들 2개의 국가기관들은 국가권력의 중심에 있고 국가의 존재와 특성을 외부적으로 표현하는 중심이 되기 때문에 헌법상 수도의 중요한 개념적 요소라고 하겠다.

2) 수도이전특별법이 수도이전 의사결정의 포함 여부

수도이전특별법 제2조 제1호에서 신 행정수도를 "국가의 정치·행정의 중추기능을 가지는 수도로 새로 건설되는 지역으로서 … 법률로 정하여지는 지역"이라고 규정하고, 동법 동조 제2호에서 신 행정수도의 예정지역을 "주요 헌법기관과 중앙행정기관 등의 이전을 위하여 … 지정·고시하는 지역"이라고 규정하여, 결국 신 행정수도는 주요 헌법기관과 중앙 행정기관들이 소재하여 국가의 정치·행정의 중추기능을 가지는 수도가 되어야 함을 명확히 규정하고 있다. 따라서 수도이전특별법은 비록 이전되는 주요 국가기관의 범위를 개별적으로 확정하고 있지는 아니하지만, 그 이전의 범위는 신행정수도가 국가의 정치·행정의 중추기능을 담당하기에 충분한 정도가 되어야 함을 요구하고 있다. 따라서 수도이전특별법은 국가의 정치·행정의 중추적 기능을 수행하는 국가기관의 소재지로서, 헌법상 수도의 개념에 포함되는 국가의 수도를 이전하는 내용을 가진다고 할 것이며, 수도이전특별법에 의한 신 행정수도의 이전은 곧 우리나라의 수도의 이전을 의미한다.

그리고 수도이전특별법은 신 행정수도로의 이전에 관한 계획 수립의 차원을 넘어서 신 행정수도를 실제로 건설하는 사업까지 규율하고 있으며, 수도이전특별법에 의하여 설치되는 추진위원회는 수도이전을 추진하기 위한 각종의 계획을 수립하고 집행할 권한을 가지도록 하여 행정수도 이전에 관한 별도의 국가의사결정이 없이도 행정수도의 이전사업은 수도이전특별법의 집행에 의하여 현실적으로 추진되도록 규정하고 있다. 따라서 수도이전특별법은 충청권에 건설되는 신 행정수도에 국가의 정치·행정의 중추적 기능을 수행하는 주요 국가기관을 이전하는 의사결정을 그 스스로 담고 있다고 할 것이므로, 수도이전특별법은 대한민국의 수도를 충청권으로 이전한다는 의사결정을 포함하고 있다고 할 것이다.

3) 우리나라 헌법상 불문·관습헌법의 인정 여부

우리나라는 성문헌법로서, 기본적으로 우리나라 헌법전(憲法典)이 헌법의 법원(法源)이 된다. 그러나 성문헌법이라고 하더라도 그 속에 모든 헌법사항을 빠짐없이 완전히 또는 완벽하게 규율하는 것은 불가능하며, 헌법은 국가의 기본법으로서 간결성과 함축성 등을 추구하기 때문에 형식적 헌법전에는 기재되지 아니한 사항이라도 이를 불문·관습헌법으로 인정할 여지가 있다. 특히 헌법을 제정할 당시 자명하거나 전제된 사항 및 보편적인 헌법원리 등은 반드시 명문의 규정을 두지 아니하는 경우도 있다. 그렇다고 해서 헌법사항에 관하여 형성되는 관행 내지 관례가 전부 불문·관습헌법이 되는 것은 아니고, 강제력이 있는 헌법규범으로서 인정되려면 엄격한 요건들이 충족되어야 하며, 이러한 요건들이 충족된 관습만이 불문·관습헌법으로서 성문헌법과 동일한 법적 효력을 가진다.

4) 헌법상 불문·관습헌법의 인정 근거

우리나라 헌법 제1조 제2항은 “대한민국의 주권은 국민에게 있고, 모든 권력은 국민으로부터 나온다.”라고 규정하고 있다. 이처럼 국민이 대한민국의 주권자이며, 최고의 헌법제정권자이기 때문에 성문헌법의 제정과 개정에 참여할 뿐만 아니라, 헌법전에 포함되지 아니한 헌법사항들을 그 필요에 따라서 관습의 형태로 직접 형성할 수 있다. 따라서 불문·관습헌법도 성문헌법과 마찬가지로 주권자인 국민의 헌법적 결단의 의사의 표현이며, 성문헌법과 동등한 효력을 가진다. 이처럼 관습에 의한 헌법적 규범의 생성은 국민주권이 행사되는 한 측면에 해당한다. 국민주권주의나 민주주의는 성문이든 관습이든 실정법 전체의 정립에의 국민의 참여를 요구한다고 할 것이며, 국민에 의하여 정립된 불문·관습헌법은 입법권자를 구속하며 헌법으로서의 효력을 가진다.

5) 불문·관습헌법의 성립요건으로 기본적인 헌법사항

불문·관습헌법이 성립하기 위하여서는 관습이 성립하는 사항이 단지 법률로 정할 사항이 아니라, 반드시 헌법에 의하여 규율되어 법률에 대하여 효력상 우위를 가져야 할 만큼 ‘헌법적으로 중요한 기본적 사항’이 되어야 한다. 일반적으로 실질적인 헌법사항이란, 널리 국가의 조직에 관한 사항이나 국가기관의 권한 구성에 관한 사항 또는 개인의 국가권력에 대한 지위를 포함하지만,

불문·관습헌법은 이러한 일반적인 헌법사항에 해당하는 내용 중에서도 특히 '국가의 기본적이고 핵심적인 사항'으로서 법률에 의하여 규율하는 것이 적합하지 아니한 사항을 그 대상으로 한다.

다만, 일반적인 헌법사항 중에서 과연 어디까지가 이러한 기본적이고 핵심적인 헌법사항에 해당하는지의 여부는 일반적·추상적인 기준을 설정하여 미리 재단할 수는 없고, 개별적인 문제 사항에서 헌법적 원칙성과 중요성 및 헌법 원리를 통하여 평가하는 구체적인 판단에 의해서 확정해야 한다.

6) 불문·관습헌법의 일반적인 성립요건

불문·관습헌법이 성립하기 위해서는 불문법·관습법의 성립에서 요구되는 다음과 같은 크게 다섯 가지의 성립 요건이 충족되어야 하며, 이러한 불문·관습헌법이 성립되기 위해서는 이러한 다섯 가지의 요건들이 모두 충족되어야 한다.

첫째, 기본적 헌법사항에 대하여 어떠한 관행 내지 관례가 존재해야 한다.

둘째, 그 관행은 국민이 그 존재를 인식하고 사라지지 않을 관행이라고 인정할 만큼 충분한 기간 동안 반복 내지 계속되어야 한다(반복·계속성).

셋째, 관행은 지속성을 가져야 하는 것으로서 그 중간에 반대되는 관행이 이루어져서는 안 된다(항상성).

넷째, 관행은 여러 가지 해석이 가능할 정도로 모호한 것이 아닌 명확한 내용을 가진 것이어야 한다(명료성).

다섯째, 이러한 관행이 헌법관습으로서 국민들의 승인 내지 확신 또는 폭넓은 합의(컨센서스)를 얻어 국민이 강제력을 가진다고 믿고 있어야 한다(국민적 합의).

7) 헌법상 수도의 설정과 이전의 의미

헌법기관의 소재지 중 특히 국가를 대표하는 대통령과 민주주의적 통치원리에 핵심적인 역할을 하는 의회의 소재지를 정하는 문제는 국가의 정체성을 표현하는 실질적인 헌법사항의 하나이다. 여기서 '국가의 정체성'이란, 국가의 정서적 통일의 원천으로서 그 국민의 역사와 경험, 문화와 정치 및 경제, 그 권력구조나 정신적 상징 등이 종합적으로 표출됨으로써 형성되는 국가적 특성이라 할 수 있다. 수도를 설정하는 것 이외에도 국명(國名)을 정하는 것, 우리말을 국어(國語)로 하고 우리글을 한글로 하는 것, 영토를 획정하고 국가주권의 소재를 밝히는 것 등이 국가의 정체성에 관한 기본적 헌법사항이 된다고 할 것이다. 또한 수도를 설정하거나 이전하는 것은 국회와 대통령 등 최고 헌법기관들의 위치를 설정하여 국가조직의 근간을 장소적으로 배치하는 것으로서, 국가생활에 관한 국민의 근본적 결단임과 동시에 국가를 구성하는 기반이 되는 핵심적인 헌법사항에 속한다.

이처럼 수도의 문제는 내용적으로 헌법사항에 속하는 것이며, 그것도 국가의 정체성과 기본적 조직 구성에 관한 중요하고 기본적인 헌법사항으로서 국민이 스스로 결단하여야 할 사항이므로, 대통령이나 정부 혹은 그 하위기관의 결정에 맡길 수 있는 사항이 아니다.[4)]

8) 우리나라 수도가 서울인 점이 불문·관습헌법으로의 인정 여부

서울이 우리나라의 수도라는 것이 불문·관습헌법으로 인정될 수 있는지의 여부에 대하여 살펴보면 다음과 같은 사유로 인정된다고 하겠다.

즉, 우리나라 헌법전상으로는 '수도가 서울'이라는 명문의 조항이 존재하지는 않는다. 그러나 서울은 사전적인 의미로 '수도'의 의미를 가지고 있다. 1392년 이성계가 조선왕조를 창건하여 한양을 도읍으로 정한 이래 600여 년 간 전통적으로 현재의 서울 지역은 그와 같이 일반명사를 고유 명사화하여 불러왔다. 따라서 현재의 서울 지역이 수도인 것은 그 명칭상으로도 자명한 것으로서, 대한민국의 성립 이전부터 국민들이 이미 역사적·전통적인 사실로 의식적 또는 무의식적으로 인식하고 있었으며, 대한민국의 건국에 즈음하여서도 국가의 기본구성에 관한 당연한 전제사실 내지 자명한 사실로서 아무런 의문도 제기될 수 없었던 것이었다. 따라서 제헌헌법 등 우리나라의 헌법 제정의 시초부터 '서울에 수도(서울)를 둔다.'는 등의 동어반복적인 당연한 사실을 확인하는 헌법조

4) 이러한 헌법재판소의 판시 내용에 대하여, 수도의 문제는 국민의 이념적·가치적인 지향에 영향을 주지 않기 때문에 처음부터 정치적 동질성의 문제로 볼 수 없다는 점 및 국가에서 수도를 정하는 사회경제적·문화적 동질성의 문제에 대해서는 헌법은 단지 그 사회경제적·문화적 동질성에 대한 이념만 제시할 뿐, 이를 구체화하는 목표와 원칙 및 제도와 제도의 내용을 결정하는 것은 입법자의 역할이라는 점 등에 의하여, 정치적·사회경제적·문화적 동질성을 유지해 주는 헌법에 있어서 수도의 문제는 그리 중요한 기능을 하지 못한다고 할 것이라는 사유로, 국가생활공동체의 실현과 유지를 하는데 직접적으로 관련된 것이 아닌 것으로 보는 견해로는 전광석, 수도이전특별법 위헌결정에 대한 헌법이론적 검토, 공법연구 제33집 제2호, 한국공법학회, 2005. 2, 119-120면.

항을 설치하는 것은 무의미하고 불필요한 것이었다. 그 후에 여러 번의 헌법 개정이 있었지만 우리나라의 헌법상으로 수도에 관한 명문의 헌법조항은 규정한 적이 없지만, 그렇다고 하여 우리나라의 역사적·전통적·문화적 상황에 비추어 수도에 관한 헌법관습 자체가 존재하지 않는 것은 결코 아니다. 서울이 바로 수도인 것은 국가생활의 오랜 전통과 관습에서 확고하게 형성된 자명한 사실 또는 전제된 사실로서 모든 국민이 우리나라의 국가구성에 관한 강제력 있는 법규범으로 인식하고 있다고 하겠다. 즉, 수도가 서울로 정하여진 것은 비록 헌법상 명문의 조항에 의하여 밝히고 있지는 않았었지만, 조선왕조 창건 이후부터 경국대전에 수록되어 장구한 기간 동안 국가의 기본법규범으로 법적 효력을 가져왔던 것이고, 헌법제정 이전부터 오랜 역사와 관습에 의하여 국민들에게 법적 확신이 형성되어 있는 사항으로서 제헌헌법 이래 우리 헌법의 체계에서 자명하고 전제된 가장 기본적인 규범의 일부를 이루어 왔기 때문에 불문의 헌법규범화 된 것이라고 하겠다.

9) 우리나라의 수도가 서울인 점이 규범 명제의 해당 여부

불문·관습헌법의 크게 다섯 가지의 성립 요건들에 비추어 살펴보면, 서울이 우리나라의 수도인 것은 서울이라는 명칭의 의미에서도 알 수 있듯이 조선시대 이래 600여 년 간 우리나라의 국가생활에 관한 당연한 규범적 사실이 되어 왔으므로, 우리나라의 국가생활에 있어서 전통적으로 형성되어있는 계속적 관행이라고 평가할 수 있고(계속성), 이러한 관행은 변함없이 오랜 기간 실효적으로 지속되어 중간에 깨어진 일이 없으며(항상성), 서울이 수도라는 사실은 우리나라의 국민이라면 개인적 견해 차이를 보일 수 없는 명확한 내용을 가진 것이고(명료성), 나아가 이러한 관행은 오랜 세월간 굳어져 와서 국민들의 승인과 폭넓은 합의(컨센서스)를 이미 얻어(국민적 합의) 국민이 실효성과 강제력을 가진다고 믿고 있는 국가생활의 기본사항이라고 하겠다.

따라서 서울이 수도라는 점은 우리나라의 제정헌법이 있기 전부터 전통적으로 존재하여 온 헌법적 관습이며, 우리나라의 헌법조항에서 명문으로 밝힌 것은 아니지만 자명하고 헌법에 전제된 규범으로서, 관습헌법으로 성립된 불문헌법에 해당한다. 즉, 서울이 수도인 사실은 단순한 사실명제가 아니고, 헌법적 효력을 가지는 불문의 관습헌법 규범에 해당한다.

10) 불문·관습헌법의 폐지와 사멸

만약 어느 법규범이 불문·관습헌법으로 인정된다면 그 개정 가능성을 가지게 된다. 이러한 불문·관습헌법도 헌법의 일부로서 성문헌법의 경우와 동일한 효력을 가지기 때문에 그 법규범은 최소한 헌법 제130조에 의거한 헌법 개정의 방법에 의하여만 개정될 수 있다. 따라서 재적의원 3분의 2 이상의 찬성에 의한 국회의 의결을 얻은 다음에(헌법 제130조 제1항), 국민투표에 붙여 국회의원 선거권자 과반수의 투표와 투표자 과반수의 찬성을 얻어야 한다(헌법 제130조 제3항). 다만 이 경우에 불문·관습헌법 규범은 헌법전에 그에 상반하는 법규범을 첨가함에 의하여 폐지하게 되는 점에서, 헌법전으로부터 관계되는 헌법조항을 삭제함으로써 폐지되는 성문헌법규범과는 구분된다.

한편 이러한 형식적인 헌법 개정 이외에도, 불문·관습헌법은 그것을 지탱하고 있는 '국민적 합의성'을 상실함에 의하여 법적 효력을 상실할 수 있다. 불문·관습헌법은 주권자인 국민에 의하여 유효한 헌법규범으로 인정되는 동안에만 존속하는 것이며, 불문법·관습법의 존속요건의 하나인 국민적 합의성이 소멸되면 불문·관습헌법으로서의 법적 효력도 상실하게 된다. 즉, 불문·관습헌법의 여러 요건들은 그 성립의 요건일 뿐만 아니라 효력 유지의 요건에 해당된다.

11) 법률로 불문·관습헌법의 개정 여부

우리나라와 같은 성문의 경성헌법의 체제 하에서 인정되는 불문·관습헌법적인 사항은 하위의 규범형식인 법률에 의하여 개정될 수 없다. 영국과 같이 불문의 연성헌법 체제 하에서는 법률에 대하여 우위를 가지는 헌법전이라는 규범형식이 존재하지 아니하므로, 헌법사항의 개정은 일반적으로 법률 개정의 방법에 의할 수밖에 없다.

그러나 우리나라 헌법은 헌법 제10장 제128조 내지 제130조는 일반 법률의 개정절차와는 다르게 엄격한 헌법개정절차를 규정하고 있으며, 동 헌법 개정절차의 대상을 단지 '헌법'이라고만 규정하고 있다. 따라서 불문·관습헌법도 헌법에 해당하는 이상, 이러한 헌법 개정의 대상인 헌법에 포함된다고 보아야 한다. 이처럼 헌법의 개정절차와 법률의 개정절차를 준별하고 헌법의 개정절차를 엄격히 규정한 우리나라 헌법의 체제 내에서 만약 불문·관습헌법을 법률에 의하여 개정할 수 있다고 한다면 이는 불문·관습헌법을 더 이상 '헌법'으로 인정한 것이 아니고 단지 관습'법률'로 인정하는 것이며, 결국 불문·관습헌법의 존재를 부정하는 것이 된다. 이러한 결과는 성문헌법의 체제하에서도 불문·관습헌법을 인정하는 대전제와 논리적으로 모순된 것이므로, 우리나라의 헌법체제상 수용될 수 없다.

12) 우리나라의 수도가 서울이라는 불문·관습헌법을 폐지하기 위한 헌법 개정의 필요 여부

우리나라의 수도가 서울이라는 불문·관습헌법을 폐지하려면 헌법이 규정한 절차에 따른 헌법 개정이 이루어져야만 한다. 이 경우에 성문의 법 규정과 다른 점은 만약 성문의 수도 조항이 존재할 경우에는 이 규정을 삭제하는 내용의 헌법 개정이 필요하겠지만, 불문·관습헌법은 이에 반하는 내용의 새로운 수도설정 규정을 헌법에 새롭게 추가해서 넣는 것만으로 그 폐지가 이루어진다는 것이다.

즉, 우리나라와 같은 성문의 경성헌법 체제 하에서 인정되는 불문·관습헌법적인 사항은 그 하위의 규범형식인 법률에 의해서 개정될 수 없다. 예를 들어, 영국과 같이 불문의 연성헌법 체제 하에서는 법률에 대하여 우위를 가지는 '헌법전'이라는 규범형식이 존재하지 않으므로, 헌법사항의 개정은 일반적으로 법률 개정의 방법에 의할 수밖에 없다. 그러나 우리나라 헌법의 경우에 헌법 제10장 제128조 내지 제130조는 일반 법률의 개정절차와는 다른 엄격한 헌법개정절차를 규정하고 있으며, 동 헌법 개정절차의 대상을 단지 '헌법'이라고만 규정하고 있다. 따라서 불문·관습헌법도 헌법에 해당하는 이상 이러한 헌법 개정의 대상인 헌법에 포함된다고 보아야 한다. 이처럼 헌법의 개정절차와 법률의 개정절차를 준별하고 헌법의 개정절차를 엄격히 규정한 우리나라 헌법의 체제 내에서 만약 불문·관습헌법을 법률에 의하여 개정할 수 있다고 한다면 이는 불문·관습헌법을 더 이상 '헌법'으로 인정하는 것이 아니라 단지 관습'법률'로 인정하는 것이 되어, 결국 불문·관습헌법의 존재를 부정하는 것이 된다. 이러한 결과는 성문헌법의 체제 하에서 불문·관습헌법을 인정하는 대전제와 논리적으로 모순된 것이므로, 우리나라의 헌법체제상 수용될 수 없다.

따라서 우리나라의 수도가 서울이라는 점에 대한 불문·관습헌법을 폐지하기 위해서는 우리나라의 헌법전에서 규정한 절차에 따라서 헌법 개정을 행해야만 한다. 이 경우에 성문의 헌법 규정에 대한 개정과 다른 점은 만약 성문의 수도 규정이 존재한다면 이를 삭제하는 내용의 헌법 개정이 필요하겠지만, 불문·관습헌법은 이에 반하는 내용의 새로운 수도 설정조항을 헌법전에 새롭게 추가해서 넣는 것만으로 그 폐지가 이루어지는 점에 있다. 예를 들어, 충청권의 특정지역이 우리나라의 수도라는 조항을 헌법에 개설하는 것에 의하여 서울이 수도라는 관습헌법은 폐지될 수 있는 것이다. 다만, 헌법규범으로 정립된 관습이라고 하더라도 세월의 흐름과 헌법적 상황의 변화에 따라 이에 대한 침범이 발생하고 나아가 그 위반이 일반화되어 그 법적 효력에 대한 국민적 합의가 상실되기에 이른 경우에는 관습헌법은 자연히 사멸하게 된다. 이러한 불문·관습헌법의 사멸을 인정하기 위해서는 국민에 대한 종합적인 의사의 확인으로서 국민투표를 거치도록 하는 등 모두가 신뢰할 수 있는 방법이 고려될 여지도 있다. 그러나 본 수도이전특별법에 대한 위헌 여부의 사건에 있어서는 이러한 불문·관습헌법의 사멸의 사정은 확인되지 않는다. 따라서 우리나라의 수도가 서울인 것은 우리나라의 헌법상 불문·관습헌법으로 정립된 사항이며 여기에는 아무런 사정의 변화도 없다고 할 것이므로, 이를 폐지하기 위해서는 반드시 의식적인 헌법 개정의 절차에 의해서 행하여야 한다.

13) 수도이전특별법이 헌법 제130조의 헌법개정절차의 국민투표권 침해 여부

서울이 우리나라의 수도인 점은 불문의 관습헌법이므로, 헌법개정절차에 의하여 새로운 수도 설정의 헌법조항을 신설함으로써 실효되지 않는 한, 헌법으로서의 효력을 가진다. 따라서 헌법 개정의 절차를 거치지 아니한 채, 수도를 충청권의 일부지역으로 이전하는 것을 내용으로 한 본 수도이전 특별법을 제정하는 것은 헌법의 개정사항을 헌법보다 하위의 법 규범인 일반 법률에 의해서 개정하는 것이 된다.

한편 헌법 제130조에 의하면 헌법의 개정은 반드시 국민투표를 의무적으로 거쳐야만 하므로, 국민은 헌법 개정에 대하여 그 찬반투표를 통하여 그 의견을 표명할 권리를 가진다. 그런데 본 수도이전특별법은 헌법 개정사항인 수도의 이전을 헌법상 의식적인 헌법 개정의 절차에 따르지 아니하고, 단지 단순한 수도이전특별법이라는 법률의 형태로 실현시켜 보려는 것으로, 헌법 제130조에 따른 헌법 개정에 있어서 국민이 가지는 참정권적 기본권인 국민투표권의 행사를 배제한 것이므로, 헌법 개정에 있어서 국민의 필수적인 국민투표권을 침해하여 헌법에 위반되어 위헌이라고 하겠다.

(2) 신 행정수도 후속대책을 위한 연기·공주지역 행정중심복합도시건설을 위한 특별법의 위헌 여부 판례[5)]

위와 같이 수도이전특별법이 헌법재판소에서 위헌으로 판시되자, 이를 대체하는 신 행정수도 후속대책을 위한 연기·공주지역 행정중심복합도시건설을 위한 특별법(이하에서 "행정중심 복합도시건설 특별법"으로 줄임)이 시행되었는바, 이 법률에 대해서는 아래와 같은 사유로 헌법재판소는 '각하'결정을 하였다.

이에 대한 주요 판시 내용을 살펴보면 헌법재판소는 2005년 11월 24일에 "행정중심복합도시로 이전하는 기관은 국무총리를 비롯한 총 49개 기관이며, 이들을 수평적인 권한배분 면에서 보면 이전기관들의 직무범위가 대부분 경제, 복지, 문화 분야에 한정되어 있고, 경제의 주요부문인 금융정책을 결정하는 기관들은 제외되어 있다. 수직적인 면에서 보아도 여전히 정부의 주요 정책은 국무회의의 심의를 거쳐 대통령이 최종적으로 결정하며, 국무총리는 헌법상 대통령의 보좌기관으로서 그 명을 받아 행정각부를 통할하고 각부의 장은 정해진 정책을 구체적으로 실현할 뿐이다. 특히 정보통신기술이 발달한 현대 사회에서는 서로 장소적으로 떨어진 곳에 위치하더라도 대통령과 행정각부 간의 원활한 의사소통수단이 확보되기만 하면 대통령이 의사결정을 통한 통제력을 확보하는 것은 어렵지 않다. 따라서 행정중심 복합도시에 소재하는 기관들이 국가정책에 대한 통제력을 의미하는 정치·행정의 중추기능을 담당하는 것으로 볼 수 없다. 또한 행정중심 복합도시는 대내적으로 국가의 중요정책이 최종적으로 결정되는 곳이 아니며, 각국 외교사절들이 소재하여 주요 국제관계가 형성되는 장소도 아니다. … 이와 같이 행정중심 복합도시건설 특별법에 의하여 건설되는 행정중심 복합도시는 수도로서의 지위를 획득하는 것으로 평가할 수 없고, 행정중심 복합도시건설 특별법에 의하여 수도가 행정중심 복합도시로 이전한다거나 수도가 서울과 행정중심 복합도시로 분할되는 것으로 볼 수 없다. 행정중심 복합도시건설 특별법에 의하면 행정중심 복합도시가 건설된다고 하더라도

---

5) 헌재 2005. 11. 24, 2005헌마579.

국회와 대통령은 여전히 서울에 소재한다. 국회는 국민의 대의기관으로서 입법기능을 담당하며 모든 국가작용은 헌법상 법치국가의 원리에 따라 법률에 기속되며, 대통령은 행정권이 속한 정부의 수반으로서 정부를 조직하고 통할하는 행정에 관한 최고의 책임자로서 행정과 법집행에 관한 최종적인 결정을 하고 정부의 구성원에 대하여 최고의 지휘·감독권을 행사한다. 따라서 서울은 여전히 정치·행정의 중추기능을 수행하는 곳이라 할 수 있다. 또한 대외관계의 형성과 발전은 서울에서 이루어지고 여전히 서울은 국내 제1의 거대도시로서 경제·문화의 중심지의 지위를 유지할 것이며, 대법원과 헌법재판소 등 사법기능의 핵심 역시 이곳에서 이루어진다. 따라서 서울은 국가의 상징기능을 여전히 수행할 수 있다. 이처럼 서울은 행정중심 복합도시건설 특별법에 의한 행정중심 복합도시의 건설에도 불구하고 계속하여 정치·행정의 중추기능과 국가의 상징기능을 수행하는 장소로 인정할 수 있으므로, 행정중심 복합도시건설 특별법에 의하여 수도로서의 기능이 해체된다고 볼 수 없다. 행정중심 복합도시건설 특별법은 행정중심 복합도시의 건설과 중앙행정기관의 이전 및 그 절차를 규정한 것으로서, 이로 인하여 대통령을 중심으로 국무총리와 국무위원 그리고 각부 장관 등으로 구성되는 행정부의 기본적인 구조에 어떠한 변화가 발생하지 않는다. 또한 국무총리의 권한과 위상은 기본적으로 지리적인 소재지와는 직접적으로 관련이 있다고 할 수 없다. 나아가 이 사건의 청구인들은 대통령과 국무총리가 서울이라는 하나의 도시에 소재하고 있어야 한다는 불문·관습헌법의 존재를 주장하지만, 이러한 불문·관습헌법의 존재를 인정할 수 없다. 헌법 제72조는 국민투표에 부쳐질 중요정책인지 여부를 대통령이 재량에 의하여 결정하도록 명문으로 규정하고 있고 헌법재판소도 헌법 제72조의 규정은 대통령에게 국민투표의 실시 여부, 시기, 구체적 부의사항, 설문내용 등을 결정할 수 있는 임의적인 국민투표발의권을 독점적으로 부여한 것으로 판시하여 이를 확인하고 있다. 따라서 특정의 국가정책에 대하여 다수의 국민들이 국민투표를 원하고 있음에도 불구하고 대통령이 이러한 희망과는 달리 국민투표에 회부하지 않더라도 이를 헌법에 위반된다고 할 수 없고, 국민에게 특정의 국가정책에 대하여 국민투표에 회부할 것을 요구할 권리가 인정된다고 할 수도 없다. 이처럼 행정중심 복합도시건설 특별법에도 불구하고 행정중심 복합도시가 수도로서의 지위를 획득하지 않고 서울의 수도로서의 기능 역시 해체되지 아니하므로, 행정중심 복합도시건설 특별법은 수도가 서울이라는 불문·관습헌법에 위반되지 않으며, 그 개정을 시도하는 것으로 볼 수 없다. 또한 행정중심 복합도시건설 특별법에 의하여 헌법상 대통령제 권력구조에 어떠한 변화가 있는 것도 아니며, 국무총리의 소재지에 대한 불문·관습헌법이 존재하는 것으로 볼 수도 없다. 따라서 행정중심 복합도시건설 특별법에 의하여 불문·관습헌법의 개정 문제는 발생하지 아니하며, 그 결과 국민들에게는 헌법 개정에 관여할 국민투표권 자체가 발생할 여지가 없다. 따라서 헌법 제130조 제2항이 규정한 이 사건 청구인들의 국민투표권의 침해가능성은 인정되지 않는다."라고 판시하여, 행정중심 복합도시건설 특별법은 본 사건 청구인들의 국민투표권, 청문권, 평등권, 재산권 등의 기본권을 침해할 가능성이 없다는 이유로, 이 행정중심 복합도시건설 특별법에 대한 위헌 확인을 구하는 헌법소원 심판청구 사건에 대하여 부적법 '각하'결정을 하였다.

제 2 절 헌법의 개정방법에 의한 종류

1. 경성헌법

헌법은 그 개정절차의 경중에 따라 경성헌법과 연성헌법으로 나뉜다. 이중에서 '경성헌법'이란, 헌법의 개정절차를 법률의 개정절차보다 더 엄격하고 까다로우며 어렵게 규정해 놓은 헌법으로, 한국·미국·독일·프랑스·일본 등의 헌법이 여기에 속한다. 이러한 헌법의 경성헌법성은 헌법의 최고규범성을 제고시켜주는 순기능을 하지만, 지나친 헌법의 경성헌법성은 헌법현실에 있어 요구되는 불가피한 변화에 신속히 대응하지 못하게 하는 역기능을 초래할 수 있다.

한편 성문헌법이라고 해서 반드시 경성헌법성이 요구되어진다고 할 수 없다. 즉, 성문헌법이라고 해서 반드시 경성헌법이어야 하는 것은 아니다. 예를 들어, 1848년에 이탈리아의 샤르디니아왕국 헌법은 성문헌법이었지만, 연성헌법이었던 것 등을 들 수 있다.

2. 연성헌법

'연성헌법'이란, 헌법을 개정하는 절차가 법률을 개정하는 절차와 같이 성문의 헌법 개정절차보다는 다소 쉽게 개정할 수 있는 형태의 헌법을 뜻한다. 이러한 연성헌법으로는 영국·1848년의 이탈리아 헌법·1947년의 뉴질랜드 헌법 등을 그 예로 들 수 있다.

제 3 절 헌법의 제정주체에 의한 종류

헌법의 제정주체가 누구인지에 따라 흠정헌법·협약헌법·민정헌법·국약헌법으로 나뉜다.

1. 흠정헌법

'흠정헌법'이란, 군주주권시대에 군주에 의하여 군주주권의 사상을 바탕으로 제정된 헌법으로, 1814년의 루이 18세의 프랑스 헌법과 1889년의 일본의 명치헌법 등이 여기에 속한다.[6]

2. 협약헌법

'협약헌법'이란, 군주와 국민이나 국민의 대표자 사이의 합의에 의하여 제정된 헌법으로, 1830년의 프랑스 헌법 등이 여기에 속한다. 이러한 협약헌법은 군주주권의 사상과 국민주권의 사상 간에 타협의 산물이라고 할 수 있다.[7]

3. 민정헌법

'민정헌법'이란, 헌법이 국민주권주의의 원리에 입각하여 국민에 의하여 투

6) 권영성, 헌법학원론, 법문사, 2009, 18면; 성낙인, 헌법학, 법문사, 2019, 23면.
7) 권영성, 상게서, 18면; 성낙인, 상게서, 24면.

표로 직접 제정되거나 국민의 대표로서 구성되는 제헌의회가 제정한 헌법을 뜻하는바, 우리나라와 미국 등 모든 민주공화국의 헌법이 여기에 속한다.[8)]

4. 국약헌법

'국약헌법'이란, 두개 이상의 국가들이 국가연합을 구성하는 경우에 이들 국가들 간의 합의에 의하여 제정된 헌법을 뜻하는바, 1871년의 독일의 비스마르크헌법과 구 소련이 해체된 후에 구 소련으로부터 독립한 국가 간에 체결된 1992년의 독립국가연합(CIS) 헌법 등이 여기에 속한다.[9)]

제4절 헌법규범과 헌법현실의 일치 여부에 의한 종류

칼 뢰벤슈타인(Karl Loewenstein)은 헌법규범과 헌법현실의 일치 여부를 기준으로 헌법의 존재론적 분류를 하였는바, 이에 의하면 규범적 헌법·명목적 헌법·장식적 헌법으로 나뉜다.[10)]

1. 규범적 헌법

'규범적 헌법'이란, 헌법규범과 헌법현실이 대체로 일치하는 헌법을 뜻하는바, 우리나라·영국·미국·프랑스·독일 등과 같이 대부분의 선진 민주국가의 헌법이 여기에 속한다.[11)] 이는 마치 자기체격에 맞추어 만든 맞춤복과 같다.[12)]

2. 명목적 헌법

'명목적 헌법'이란, 나름대로 헌법규범의 가치는 어느 정도 실현되고 있지만, 헌법현실이 미성숙하여 헌법규범을 제대로 실현하지 못하여 헌법의 규범

8) 권영성, 상게서, 18면.
9) 권영성, 상게서, 18면.
10) 성낙인, 전게서, 25면.
11) 성낙인, 상게서, 25면.
12) 김철수, 헌법학개론, 박영사, 2007, 17면.

력이 아직은 확보하지 못한 헌법으로,[13] 헌법규범은 이상적으로 잘 만들었지만 헌법 현실이 그러한 헌법의 이상에 이르지 못하여 헌법현실과 헌법규범이 대체로 일치하지 않는 헌법을 뜻하는바, 라틴 아메리카 등 제3세계 국가의 헌법이 여기에 속한다.[14] 이는 마치 어린이가 어른이 될 때를 대비하여 만든 어른 옷과 같다.[15]

3. 장식적 헌법

'장식적 헌법'이란, 헌법규범은 있지만, 헌법현실이 이와 분리되어 헌법이 규범력을 상실한 헌법으로,[16] 대외적으로 과시하기 위하여 가식적으로 헌법을 만들어 본질적으로 헌법규범과 헌법현실이 전혀 일치하지 않는 헌법을 뜻하는바, 공산주의 국가와 독재 국가의 헌법이 여기에 속한다.[17] 이는 마치 사람이 평소 입고 다니는 일상적인 옷이 아니라 가장 무도회용의 가식복과 같다.[18]

13) 정종섭, 헌법학원론, 박영사, 2015, 57면.
14) 성낙인, 전게서, 25면.
15) 김철수, 전게서, 17면.
16) 정종섭, 전게서, 57면.
17) 성낙인, 전게서, 25면.
18) 김철수, 전게서, 17면.

제 4 장

헌법의 해석

제 4 장 헌법의 해석

제 1 절 머리말

'헌법의 해석'이란, 헌법규범의 진정한 의미와 내용이 무엇인지를 밝힘으로써 구체적인 헌법문제나 헌법적 쟁점을 해결하려는 헌법에 대한 인식작용을 뜻한다. 이는 추상적이고 개방적이며 불확정적인 헌법규범에 일정한 가치나 법원리 또는 정치적 요소나 법정책적 고려 등의 다양한 현실적 요소들을 도입하여 그 규범 내용을 채워주고 확정하려는 작업이라고 하겠다.[1)]

이하에서는 헌법해석의 주체와 방법, 헌법해석의 원칙, 합헌적 법률해석에 대하여 각각 검토하겠다.

제 2 절 헌법해석의 주체와 방법

1. 헌법해석의 주체

헌법의 해석은 그 해석의 주체에 따라 입법부·행정부·사법부 등 국가의 통치기구나 통치조직이 법을 적용하기 위해 행하는 '유권해석'과 사인(私人)이 헌법의 원리를 명확히 하기 위해서 학문적 탐색을 행하는 '학리해석'으로 나뉜다.

이중에서 먼저 '유권해석'은 국가기관이 행하는 해석이므로, 일정한 구속력을 가지며, 헌법에 관한 최종적인 해석은 헌법재판소의 결정에 의한다.

한편 사인(개인)이 행하는 '학리해석'은 일정한 구속력이 없는 것이 특징이다. 이러한 헌법의 해석은 이러한 유권해석과 학리해석이 통합되는 방향으로

1) 권영성, 헌법학원론, 법문사, 2009, 23면.

정립되어 나가는 것이 바람직하다.[2)]

2. 헌법해석의 방법

전통적인 법해석의 방법인 사비니(Savigny)의 4단계 해석방법론에 의하면 다음과 같이 크게 네 가지의 문리적·문법적·어학적 해석방법, 논리적 해석방법, 주관적·역사적 해석방법, 객관적·체계적 해석방법으로 나뉜다. 이밖에 목적론적 해석방법이 있다.

첫째, '문리적·문법적·어학적 해석방법'이란, 헌법 규정들 중 다의적으로 해석될 수 있는 법조문 또는 용어의 의미나 내용을 문법적·어학적인 방법에 의해 명확히 밝히는 해석방법을 뜻한다.

둘째, '논리적 해석방법'이란, 확장해석이나 축소해석 또는 반대해석 등의 방법을 통해 법조문을 헌법의 전체 체계 속에서 조리에 입각해서 해석하는 방법을 뜻한다.

셋째, '주관적·역사적 해석방법'이란, 헌법의 제정 당시의 시대적 배경이나 상황 또는 헌법제정권자의 의도를 파악하여 그에 따라 해석하는 방법을 뜻한다.

넷째, '객관적·체계적 해석방법'이란, 헌법조문에 표현된 내용을 법체계 전체의 통일적 원리에 따라 사물의 본질이나 조리에 의해 객관적이고 유기적이며 체계적으로 해석하는 방법으로,[3)] 헌법조문 간에 전후의 연관성에 의하여 해당 규정의 뜻을 밝히는 해석방법을 뜻한다.

위에서 사비니가 예시하지 않은 기타의 헌법해석의 방법으로는 '목적론적 해석방법'이 있는바, 이는 헌법제정의 목적이나 헌법에 내재하는 가치를 추구하는 해석방법을 뜻한다.

제 3 절 헌법해석의 원칙

헌법해석의 원칙에는 먼저 헌법은 전체가 하나의 통일체를 이루고 있다는

---

2) 성낙인, 헌법학, 법문사, 2019, 33면.
3) 성낙인, 상게서, 34면.

점에서 해당 헌법의 조문을 고립시켜서 해석해서는 안 된다는 '통일성의 원칙'이 있다.

다음으로 헌법상 여러 기본권들이 서로 충돌하는 경우에 양자 택일적으로 충돌하는 여러 기본권들 중에서 어느 하나의 기본권만을 실현하고 다른 하나의 기본권을 희생시켜서는 안 되며, 헌법의 통일성의 관점에서 서로 충돌하는 양 기본권이 모두 최대한으로 실현될 수 있도록 조화의 방법을 찾아서 헌법 해석을 해야 한다는 원칙을 뜻하는 '실제적 조화의 원칙'이 있다.[4)]

그리고 법률은 가능한 합헌적으로 해석되어야 한다는 '합헌적 법률해석의 원칙'이 있다.

또한 헌법을 해석하는 기관이 자기에게 배정된 기능의 테두리 내에 머물러야 하고 헌법해석의 방법이나 결론에 의해 헌법이 정한 기능의 분배를 변경시켜서는 안 된다는 '기능적 존중의 원칙'[5)] 등이 있다.

제 4 절 합헌적 법률해석

1. 의의

'합헌적 법률해석'이란, 헌법재판소가 헌법을 해석하는데 있어서 다의적으로 해석할 수 있는 법률조항에 대해서 일견 위헌적으로 보이는 법률조항이더라도 권력분립의 원칙에 입각하여 입법권을 존중하기 위한 것 등을 위해서 헌법에 합치되도록 해석할 수 있는 여지가 있을 경우에는 이를 바로 위헌으로 해석 또는 판단하여 무효로 하지 않고 최대한 그 해당 법률조항을 존속시켜야 한다는 원칙을 뜻한다.

즉, 합헌적 법률해석의 원칙은 어떤 법률조항이 한 가지의 해석방법에 의

4) 이희훈, "영국·미국·독일·프랑스의 낙태 규제 입법과 판례에 대한 비교법적 고찰", 일감법학 제27집, 건국대 법학연구소, 2014. 2, 706면; 이희훈, "집회 및 시위에 관한 법률상 중복 집회 신고의 금지통고 규정에 대한 연구", 일감법학 제34집, 건국대 법학연구소, 2016. 6, 231면; 한수웅, 헌법학, 법문사, 2011, 491면. 우리나라의 헌법재판소가 기본권의 충돌 문제에 대해서 이러한 실제적 조화의 원칙에 의해서 해결하고자 했던 판례로는 헌재 1991. 9. 16, 89헌마165; 헌재 2007. 10. 25, 2005헌바96 등.

5) 홍성방, 헌법학(상), 박영사, 2010, 33면.

하면 헌법에 위반되거나 저촉되는 것처럼 보이더라도 다른 해석방법에 의하면 헌법에 합치되는 것으로 볼 수 있을 때에는 이를 바로 위헌으로 해석하여 무효로 하지 않고, 가급적 최대한 헌법에 합치되도록 해석해서 합헌으로 해야 한다는 사법 소극주의적인 법률의 해석기술을 뜻한다.[6]

2. 이론적 근거

이러한 합헌적 법률해석은 헌법의 최고규범성과 법질서의 통일성, 권력분립의 원리와 입법권의 존중, 법적 안정성의 유지, 국가 간의 신뢰보호를 위하여 지켜져야 될 필요가 있다.

이와 관련하여 헌법재판소는 1989년 7월 21일에 " … 일반적으로 어떤 법률에 대한 여러 갈래의 해석이 가능할 때에는 원칙적으로 헌법에 합치되는 해석 즉, 합헌해석을 하여야 한다. 왜냐하면 국가의 법질서는 헌법을 최고법규로 하여 그 가치질서에 의하여 지배되는 통일체를 형성하는 것이며 그러한 통일체 내에서 상위규범은 하위규범의 효력근거가 되는 동시에 그 해석의 근거가 되는 것이므로, 헌법은 법률에 대하여 형식적인 효력의 근거가 될 뿐만 아니라, 내용적인 합치를 요구하고 있기 때문이다."라고 판시하였다.[7]

그리고 헌법재판소는 1990년 6월 25일에 " … 이와 같은 합헌해석은 헌법을 최고법규로 하는 통일적인 법질서의 형성을 위하여서 필요할 뿐만 아니라, 입법부가 제정한 법률을 위헌이라고 하여 전면 폐기하기 보다는 그 효력을 되도록 유지하는 것이 권력분립의 정신에 합치하고 민주주의적 입법기능을 최대한 존중하는 것이므로, 헌법재판의 당연한 요청이다. 합헌적 제한해석과 주문의 예는 비단 독일 연방공화국에만 국한된 것이 아니며, 헌법재판제도가 정착된 다른 여러 나라에서 이미 활용되어 오고 있는바, 만약 법률조항의 일부에 위헌적인 요소가 있을 때에는 합헌적 해석으로 문제를 수습하는 길이 없다면 그 해당 법률조항의 일부 위헌적인 요소 때문에 전면적으로 해당 법률조항을 위헌으로 선언하는 길 밖에 없을 것이며, 그렇게 되면 합헌성이 있는 부분마저 폐기되는 것으로, 이는 헌법재판의 한계를 벗어날 뿐만 아니라, 법적 안정성의 견지에

6) 성낙인, 전게서, 34면.
7) 헌재 1989. 7. 21, 89헌마38.

서 도저히 감내할 수 없는 것이 된다."라고 판시하였다.[8]

3. 종류

(1) 한정합헌 결정

'한정합헌 결정'이란, 다의적으로 해석이 가능한 어떤 법률조항에 대해서 넓게 해석하면 위헌의 의심이 생길 경우에 이를 좁게 한정해서 해석하여 최대한 합헌으로 해당 법률조항을 해석하려는 것으로, 이는 해당 법률조항의 입법목적에 부합하여 합리적인 해석이 되고 그와 같이 해석하여야 비로소 헌법에 합치하게 될 때 행하는 헌법재판의 형태라고 할 것이다.

이러한 한정합헌 결정의 해석방법은 헌법재판소가 위헌법률심사권을 행사할 경우에 그 해석의 여하에 따라 위헌이 될 부분을 포함하고 있는 광범위한 해당 법률조항의 의미를 한정하여 그 위헌이 될 가능성을 제거하는 해석기술로,[9] 해당 판례의 주문에서 " … 으로 해석하는 한, 헌법에 위반되지 아니한다."라고 판시한다. 이에 대한 헌법재판소의 중요한 판례를 살펴보면 다음과 같다.

먼저 헌법재판소는 1989년 7월 21일에 " … 상속세법 제32조의 2 제1항(1981. 12. 31. 법률 제3474호로 개정된 것)[10]은 조세법률주의와 조세평등주의를 규정한 헌법정신에 위배될 소지도 없지 않지만, 명의신탁을 이용한 조세회피를 방지하여야 한다는 당위성과 실질과세의 원칙에 대한 특례설정의 가능성을 고려하여 합헌해석을 할 필요가 있다고 판단된다. 이에 동법 조항은 원칙적으로 권리의 이전이나 행사에 등기 등을 요하는 재산에 있어서, 실질소유자와 명의자를 다르게 한 경우에는 그 등기 등을 한 날에 실질소유자가 명의자에게 그 재산을 증여한 것으로 해석하되, 예외적으로 조세회피의 목적이 없이 실정법상의 제약이나 제3자의 협력거부 기타 사정으로 인하여 실질소유자와 명의자를 다르게 한 것이

8) 헌재 1990. 6. 25, 90헌가11.

9) 헌재 1990. 6. 25, 90헌가11.

10) 이러한 상속세법 제32조의 2 제1항에서는 "권리의 이전이나 그 행사에 등기·등록·명의개서 등(이하에서 "등기 등"으로 줄임)을 요하는 재산에 있어서 실질소유자와 명의자가 다른 경우에는 국세기본법 제14조의 규정에 불구하고 그 명의자로 등기 등을 한 날에 실질소유자가 그 명의자에게 증여한 것으로 본다. 다만, 타인의 명의를 빌려 소유권 이전등기를 한 것 중 부동산등기특별조치법 제7조 제2항의 규정에 의한 명의신탁에 해당하는 경우 및 조세회피의 목적없이 타인의 명의를 빌려 등기 등을 한 경우로서 대통령령이 정하는 때에는 그러하지 아니하다."라고 규정하였다.

명백한 경우에는 이를 증여로 보지 않는다고 해석하여야 할 것이다. 물론 이 경우에 그와 같은 사정은 납세의무자가 적극적으로 주장·입증할 책임을 부담한다고 새겨야 할 것이다. 위 법률조항을 위와 같이 합헌적으로 해석하게 되면, 명의신탁을 이용한 조세회피 행위를 효과적으로 방지함으로써 조세정의를 실현하려는 입법목적도 달성할 수 있을 뿐만 아니라, 명의신탁 등으로 인한 실질소유자와 명의자의 불일치에 대하여 증여의제제도를 무차별적으로 적용함으로써 생길 수 있는 헌법위반의 소지도 말끔히 해소할 수 있을 것으로 판단된다. 이러한 이유로 동법 조항은 조세회피의 목적이 없이 실질소유자와 명의자를 다르게 등기 등을 한 경우에는 적용되지 아니하는 것으로 해석하는 한, 헌법에 위반되지 아니한다는 주문과 같이 한정합헌으로 해석한다."라고 판시하여,[11] 한정합헌 결정을 하였다.

그리고 헌법재판소는 1990년 4월 2일에 " … 국가보안법 제7조 제1항(1980. 12. 31. 법률 제3318호)에서 '반국가단체나 그 구성원 또는 그 지령을 받은 자의 활동을 찬양·고무 또는 이에 동조하거나 기타의 방법으로 반국가단체를 이롭게 한 자는 7년 이하의 징역에 처한다.'라고 규정하고 있다.[12] 동법 동조 동항은 먼저 단순히 반국가단체의 '구성원'의 활동에 대하여 찬양·고무 또는 이에 동조하였으면 동법 동조 동항의 범죄구성요건에 해당되도록 규정한 것인데 문자 그대로 보면, 반국가단체의 간부나 지도적 임무에 종사하는 자나 반국가단체의 통치이념의 추종자가 아닌 단순한 구성원 즉, 북한집단의 주민이면 모두 포함되게 된다. 따라서 예를 들어, 어느 북한 어린이를 두고 노래를 잘한다는 말을 하는 경우까지도 동법 동조 동항의 찬양·고무죄의 구성요건에 해당될 수가 있다. 그리고 동법 동조 동항에서 '활동'도 그 어떠한 제한도 가하고 있지 아니하다. 이에 동법 동조 동항에 대하여 문리해석을 하면 반국가단체나 그 구성원 또는 그 지령을 받은 자의 정치·군사·경제·사회·문화·체육 등 모든 분야의 활동을 포괄하는 것일 수밖에 없으며, 대한민국의 존립·안전을 위태롭게 하거나 자유민주적 기본질서에 위해를 줄 수 있는 활동이 아닌 것까지도 미치게 될 광범위한

11) 헌재 1989. 7. 21, 89헌마38.

12) 이러한 국가보안법 제7조 제1항(1980. 12. 31. 법률 제3318호)은 1991년 5월 31일에 개정되어 현재 "국가의 존립·안전이나 자유민주적 기본질서를 위태롭게 한다는 정을 알면서, 반국가단체나 그 구성원 또는 그 지령을 받은 자의 활동을 찬양·고무·선전 또는 이에 동조하거나 국가변란을 선전·선동한 자는 7년 이하의 징역에 처한다."라고 개정되었다.

개념이다. 예를 들어, 어느 북한학자의 학문적 업적에 대한 높은 평가진술이나 체육인의 기량이나 예술인의 예술활동을 찬양하는 경우라도 문언대로라면 당연히 동법 동조 동항에서의 '찬양·고무죄'가 성립될 수 있다. 또한 동법 동조 동항의 '동조'에 대하여 문리해석을 하면 반국가단체나 그 구성원 또는 그 지령을 받은 자의 활동에 동조하는 것만으로 범죄가 성립되게 되어 있으므로, 북한집단의 주장과 일치하기만 하면 그 내용에 관계없이 그 의사발표의 동기를 불문하고 모두 처벌받을 위험이 있는 포괄성을 띠고 있다. 예를 들어, 북한 측이 남북문화교류 제의를 하였을 때나 국제경기에 남북단일팀 출전 제의를 하였을 때에도 이에 찬의만 표해도 구성요건에 해당될 만큼 광범위하다. 나아가 동법 동조 동항의 '기타의 방법으로 반국가단체를 이롭게'하는 부분도 이렇듯 사물의 변별능력을 제대로 갖춘 일반인의 이해와 판단으로서는 행위유형을 정형화할 해석의 합리적 기준을 찾기 어려운 개념이며, 범죄구성요건의 내포와 외연이 미치는 한계를 가리기 어려운 광범위성을 지닌 것임에 틀림없다. 이밖에 동법 동조 동항에서 반국가단체를 '이롭게 한' 행위 부분은 군사·정치·경제·사회·문화·체육 등 어떠한 영역에서든 이롭게 하는 행위라면 모두 포함된다. 대한민국과 반국가단체인 북한집단과는 적대관계가 지속되어 왔음에 비추어 볼 때, 대한민국의 정부에 해가 되는 경우라면 반사적으로 북한집단을 이롭게 하는 행위가 될 수밖에 없다. 따라서 동법 동조 동항에서의 찬양·고무죄가 목적범이나 의욕범이 아니고 고의범으로서 반국가단체를 이롭게 한다는 것을 인식하거나 또는 이익이 될 수 있다는 미필적 인식만 있으면 그 구성요건에 해당하도록 되어 있으므로, 그 의도가 어디에 있건 정부에 신랄한 비판이면 결국 동법 동조 동항의 '기타의 방법으로 이롭게 한'라는 경우에 해당되어 처벌할 수 있도록 견강부회(牽强附會)[13]를 시킬 여지가 있다. 이렇듯 동법 동조 동항의 찬양·고무죄는 '구성원', '활동', '동조', '기타의 방법', '이롭게 한' 등 무려 다섯 군데의 용어가 지나치게 다의적고 그 적용범위가 광범위하다고 볼 수 있다. 그러나 동법 동조 동항의 이러한 해석의 다의성 때문에 위헌문제가 생길 수 있다고 해서 전면위헌으로 완전히 폐기되어야 할 규정으로는 보지 않으며, 완전폐기에서 오는 법의 공백과 혼란도 문제지만, 남북 간에 일찍이 전쟁이 있었고 아직도 휴전상

13) '견강부회'란, 근거가 없고 이치에 맞지 않는 것을 억지로 끌어대어 자기에게 유리하도록 맞추는 것을 의미한다.

태에서 남북이 막강한 군사력으로 대치하며 긴장상태가 계속되고 있는 마당에서는 완전 폐기함에서 오는 국가적 불이익이 폐기함으로써 오는 이익보다는 이익 형량상 더 클 것이다. 분명히 평화시대를 기조로 한 형법상의 내란죄나 외환죄는 고전적이어서 오늘날 우리가 처한 국가의 자기안전·방어에는 다소 미흡하다. 따라서 동법 동조 동항은 이와 별도로 그 존재의의가 있다고 할 것이며, 또한 침략행위나 민주체제의 전복을 부추기는 내용의 언동까지도 표현의 자유라는 이름으로 보호하는 것은 헌법이 추구하는 바가 아니므로, 여기에 합헌적이고 긍정적인 면도 간과할 수 없을 것으로, 다만 위헌적인 요소가 있어서 정비되어야 할 불완전한 것일 뿐이다. 어떤 법률의 개념이 다의적이고 그 어의의 테두리 안에서 여러 가지의 해석이 가능할 때 헌법을 그 최고 법규로 하는 통일적인 법질서의 형성을 위하여 헌법에 합치되는 해석 즉, 합헌적인 해석을 택하여야 하며, 이에 의하여 위헌적인 결과가 될 해석을 배제하면서 합헌적이고 긍정적인 면은 살려야 한다는 것이 헌법의 일반 법리이다. 이러한 합헌적 제한해석과 주문 예는 헌법재판제도가 정착된 여러 나라들에 있어서 널리 활용되는 통례인 것으로서 법률에 일부 합헌적인 요소가 있음에도 불구하고 그 위헌적인 요소 때문에 전면위헌을 선언할 때 생길 수 있는 큰 충격을 완화하기 위한 방안이기도 하다. 동법 동조 동항의 '찬양', '고무', '동조', '이롭게 하는 행위'의 모두가 곧바로 국가의 존립이나 안전을 위태롭게 하거나 또는 자유민주적 기본질서에 위해를 줄 위험이 있는 것은 아니므로, 그 행위의 일체를 어의대로 문리해석을 하여 모두 처벌을 한다면 합헌적인 행위까지도 처벌하게 되어 결국 위헌이 되게 된다. 따라서 그 중에서 국가의 존립·안전이나 자유민주적 기본질서에 무해한 행위는 처벌에서 배제하고, 이에 '실질적인 해악을 미칠 명백한 위험성이 있는 경우'에 한해서 처벌을 축소해서 제한하는 것이 헌법 전문과 헌법 제4조·제8조 제4항·제37조 제2항에 합치되는 해석일 것이다. 이러한 제한해석은 표현의 자유의 우월적 지위에 비추어 당연한 것으로, 여기에 해당되는가의 여부는 동법 동조 동항에서 소정의 행위와 위험과의 근접정도도 그 판단의 기준이 되겠지만, 특히 해악이 크냐 또는 작으냐의 정도에 따라 결정하는 것이 합당할 것이다.[14] … 다음으로 국가보안법 제7조 제5항(1980. 12. 31. 법률 제3318호)[15]은

14) 이 헌법재판소의 판례와 관련된 '명백하고 현존하는 위험의 원칙'이란, 장래에 해악을 가져올 경향이 있다는 사유만으로 표현행위를 제한하거나 규제할 수는 없고, 그 표현행위로 인하여 법률상 금지된 실질적이고 중대한 해악이 발생할 명백하고 현존하는 위험성을 입증할 수 있어

동법 동조 제1항 내지 제4항의 행위를 할 목적으로 문서, 도화 기타의 표현물을 제작, 수입, 복사, 소지, 운반, 반포, 판매 또는 취득한 행위에 대한 처벌규정이다. 여기서 동법 동조 제5항은 제1항을 요건으로 하고 있는바, 동법 동조 제1항은 앞에서 살펴본 바와 같이 그 개념이 다의적이고 광범위한 문제점이 있는 이상 문리에 충실한 해석을 하면 동법 동조 제5항에도 동일한 위헌적인 요소가 생길 수 있는 문제가 있고, 동법 동조 제2항은 동법 동조 제1항과의 관계에서 반국가단체 대신에 국외의 공산계열로 바뀌어졌다는 것일 뿐이므로, 동법 동조 제2항 때문에도 동법 동조 제5항에 위헌적인 요소가 있는 문제가 있으며, 동법 동조 제3항과 제4항은 동법 동조 제1항과 제2항을 전제로 하고 있으므로, 동법 동조 제3항과 제4항 때문에 동법 동조 제5항에도 해석상 위헌적인 요소가 생길 수 있는 문제가 있다. 특히 프롤레타리아 독재의 기조 위에서 언론·출판의 자유가 전혀 인정되지 않고 대정부 비판의 자유나 기본적 인권이 없는 북한이나 국외 공산계열의 국가라면 특단의 사정이 없는 한, 자국에 불리한 서적이나 표현물을 간행할 자유는 없다고 할 것이므로, 이러한 곳의 발행서적이면 어느 서적이나 그들에게 이롭지 아니한 서적은 없다고 하더라도 과언이 아닐 것이며, 동법 제7조 제5항 문언대로라면 북한을 비롯한 공산국가 발행의 서적이라면 민주주의의 체제를 전복하고 공산화를 획책하기 위한 수단이 아닌 것까지도 이적에 해당하는 표현물이 되어 이러한 이적 표현물에의 접근이 무제한하게 금기가 될 위험이 있다. 또한 국내외에서 간행된 서적이라도 예를 들어, 북한이나 공산계열 국가의 문화나 예술활동을 서술한 간행물까지도 쉬운 접근이 어려워질 것이다. 이에 동법 제7조 제1항에 대해서는 표현의 자유 등의 위축문제 및 민주주의 체제의 전복으로부터의 방어의 차원에서 국가의 존립과 안전에 무해한 서적의 제작이나 소지 등까지 처벌되는 자의적인 집행의 우려, 또한 자유민주적 기본질서에 입각한 평화정착의 노력과 통일정책의 추진을 위한 남북 간의 문화교

야만 해당 표현행위를 제한할 수 있다는 것을 의미한다. 여기서 '명백'이란, 특정한 표현행위로 인하여 곧 해악이 발생할 개연성이 대단히 큰 경우 즉, 표현과 해악의 발생 사이에 긴밀한 인과관계가 존재하는 경우를 뜻한다. 그리고 '현존'이란, 해악의 발생이 시간적으로 근접하고 있는 경우를 뜻한다. 또한 '위험'이란, 다른 대체수단으로 해악의 발생을 막을 수 없는 공공의 이익에 대한 위협이 발생한 경우를 뜻한다. 김옥조, 미디어법, 커뮤니케이션북스, 2012, 32면; 성낙인, 전게서, 1154면.

15) 이 국가보안법 제7조 제5항에서는 "제1항 내지 제4항의 행위를 할 목적으로 문서·도서 기타의 표현물을 제작·수입·복사·소지·운반·반포·판매 또는 취득한 자는 그 각 항에 정한 형에 처한다."라고 규정하였다.

류에 지장을 줄 가능성 등이 있다. 따라서 동법 제7조 제5항도 동법 동조 제1항의 경우처럼 그 소정행위에 의하여 국가의 존립·안전이나 자유민주적 기본질서에 '실질적인 해악'을 줄 '명백한 위험성'이 있는 경우에 한하여 적용되는 것으로 해석할 것이다. 이렇게 해석하는 한, 동법 제7조 제5항도 전면적으로 위헌이라고 할 수는 없다. … 따라서 국가보안법 제7조 제1항 및 제5항의 규정은 각 그 소정의 행위가 국가의 존립·안전을 위태롭게 하거나 자유민주적 기본질서에 위해를 줄 명백한 위험이 있을 경우에만 축소적용 되는 것으로 해석한다면, 헌법에 위반되지 아니한다."라고 판시하여,[16] 한정합헌 결정을 하였다.

또한 헌법재판소는 2002년 4월 25일에 "국가보안법(1980. 12. 31. 법률 제3318호로 전문 개정되고, 1991. 5. 31. 법률 제4373호로 개정된 것) 제6조 제2항[17]의 구성요건 가운데 '목적수행'이라는 개념은 다소 다의적이고 그 적용범위가 광범위하다. 즉, 동 조항의 '목적수행'에는 '정부참칭'이나 '국가변란'으로 직접 이어지는 행위가 포함됨은 물론 반국가단체나 그 구성원의 존속·유지를 위한 모든 행위도 간접적으로는 목적수행을 위한 행위로 평가될 수도 있다. 또한 동 조항은 같은 조 제1항의 단순잠입·탈출죄의 경우와는 달리, 반국가단체의 지배하에 있는 지역으로부터의 잠입이나 그 지역으로의 탈출을 그 요건으로 하고 있지 아니하므로, 잠입죄에 있어서는 잠입전의 출발장소에, 탈출죄에 있어서는 탈출목적지에 아무런 제한이 없다. 그만큼 동 조항의 적용의 범위가 확대되어 있음을 뜻한다. 따라서 동 조항을 그 문리대로만 해석하는 경우에는 '정부참칭'이나 '국가변란'과 실질적으로 관련성이 매우 희박하거나 그 중요성에 있어서 극히 사소한 것으로 인정되는 행위이어서, 그것이 국가의 존립·안전이나 자유민주적 기본질서에 해악을 끼칠 위험성이 거의 없는 경우에도 적용될 소지가 없지 않다. 그러므로 본 사건 법률조항은 그 소정의 행위가 국가의 존립·안전이나 자유민주적 기본질서에 해악을 끼칠 명백한 위험성이 있는 경우에만 이를 적용하는 것으로 그 적용범위를 축소제한 한다면 헌법에 합치된다. 즉, 동 조항에서의 그 구성요건 소정의 행위가 국가의 존립·안전이나 자유민주적 기본질서에 해악을 끼칠 명백한 위험이 있는 경우에 적용된다는 해석 하에, 동 조항은 헌법에 위반되지 아

16) 헌재 1990. 4. 2, 89헌가113.

17) 이 국가보안법 제6조 제2항에서는 "반국가단체나 그 구성원의 지령을 받거나 받기 위하여 또는 그 목적수행을 협의하거나 협의하기 위하여 잠입하거나 탈출한 자는 사형·무기 또는 5년 이상의 징역에 처한다."라고 규정하였다.

니한다."라고 판시하여,[18] 한정합헌 결정을 하였다.

(2) 한정위헌 결정

'한정위헌 결정'이란, 해당 법 규정이 다의적으로 해석이 가능한 경우에 위헌적으로 해석되는 부분을 적극적으로 배제하는 헌법해석을 뜻하는바, 해당 판례의 주문에서 "… 으로 해석한다면 또는 … 으로 해석하는 한, 헌법에 위반된다."라고 판시한다. 이에 대한 헌법재판소의 중요한 판례를 살펴보면 다음과 같다.

먼저 헌법재판소는 1997년 12월 24일과 2016년 4월 28일에 "헌법재판소법(2011. 4. 5. 법률 제10546호로 개정된 것) 제68조 제1항에서는 '공권력의 행사 또는 불행사로 인하여 헌법상 보장된 기본권을 침해받은 자는 법원의 재판을 제외하고는 헌법재판소에 헌법소원심판을 청구할 수 있다. 다만, 다른 법률에 구제절차가 있는 경우에는 그 절차를 모두 거친 후에 청구할 수 있다.'라고 규정하고 있는바, 모든 국가기관은 헌법의 구속을 받고 헌법에의 기속은 헌법재판을 통하여 사법절차적으로 관철되므로, 헌법재판소가 헌법에서 부여 받은 위헌심사권을 행사한 결과인 법률에 대한 위헌 결정은 법원을 포함한 모든 국가기관과 지방자치단체를 기속한다. 따라서 헌법재판소가 위헌으로 결정하여 그 효력을 상실한 법률을 적용하여 한 법원의 재판은 헌법재판소 결정의 기속력에 반하는 것일 뿐만 아니라, 법률에 대한 위헌심사권을 헌법재판소에 부여한 헌법의 결단(헌법 제107조 및 제111조)에 정면으로 위반된다. 결국 그러한 판결은 헌법의 최고규범성을 수호하기 위하여 설립된 헌법재판소의 존재 의의, 헌법재판제도의 본질과 기능, 헌법의 가치를 구현함을 목적으로 하는 법치주의의 원리와 권력분립의 원칙 등을 송두리째 부인하는 것이라 하지 않을 수 없는 것이다. 따라서 헌법재판소법 제68조 제1항의 '법원의 재판'에 헌법재판소가 위헌으로 결정하여 그 효력을 상실한 법률을 적용함으로써 국민의 기본권을 침해하는 재판도 포함되는 것으로 해석하는 한도 내에서, 헌법재판소법 제68조 제1항은 헌법에 위반된다고 하겠다. 즉, 헌법재판소법 제68조 제1항이 원칙적으로 헌법에 위반되지 아니한다고 하더라도, 법원이 헌법재판소가 위헌으로 결정하여 그 효력을 전부 또는 일부 상실하거나 위헌으로 확인된 법률을 적용함으로써 국민의 기본권을

18) 헌재 2002. 4. 25, 99헌바27·51(병합).

침해한 경우에 법원의 재판에 대한 헌법소원이 허용되지 않는 것으로 해석한다면, 위 법률조항은 그러한 한도 내에서 헌법에 위반된다."라고 공통적으로 판시하여,[19] 각각 한정위헌 결정을 하였다.[20]

다음으로 헌법재판소는 1992년 6월 26일에 " … 정기간행물의 등록 등에 관한 법률(1987. 11. 28. 법률 제3979호, 개정 1991. 12. 14. 법률 제4441호) 제7조 제1항[21]은 정기

---

19) 헌재 1997. 12. 24, 96헌마172·173(병합); 헌재 2016. 4. 28, 2016헌마33.

20) 이와 관련하여 헌법소원제도는 공권력의 행사나 불행사로 인하여 헌법상 보장된 기본권을 침해받은 자가 헌법재판소에 그 침해된 권리를 구제받기 위하여 헌법소원심판을 청구하는 것을 뜻한다. 그런데 우리나라의 현행 헌법재판소법 제68조 제1항에서는 '법원의 재판을 제외하고는'이라고 규정하여, 여러 공권력들 중에서 유독 법원의 재판에 대해서만 헌법소원을 금지시키고 있는바, 이렇게 헌법재판소법 제68조 제1항에서 재판소원을 금지하고 있는 것은 다음과 같은 크게 다섯 가지의 사유로 타당하지 않다. 첫째, 우리나라의 헌정사적 경험에 비추어볼 때 사법권 즉, 법원의 재판에 의해서 국민의 기본권이 침해될 수 있는바, 이러한 재판권의 행사나 불행사로 인해 기본권이 침해되었을 때 헌법소원제도를 통해 자신의 기본권을 보장받을 수 있게 하는 것에 헌법소원제도의 본질이 있다. 따라서 헌법재판소법 제68조 제1항에서 재판소원을 금지하는 것은 이러한 헌법소원제도의 본질에 반한다. 그리고 헌법재판소법 제68조 제1항 단서에서 헌법소원 제기할 때 보충성의 원칙을 요구하는 것은 법원의 재판에 대한 통제를 전제로 할 때에만 가능한 것으로서, 동 규정 본문에서 재판소원을 금지하는 것은 체계정당성의 원칙에 반한다. 또한 헌법 제111조 제1항 제5호의 취지는 입법자로 하여금 헌법소원제도의 내용을 마음대로 정할 수 있다고 포괄위임을 해 준 것이 아니라, 우리나라의 현실을 고려하여 헌법소원제도의 본질과 취지 및 기능에 비추어 헌법소원의 대상과 요건 및 절차 등을 입법으로 정하라는 뜻이다. 따라서 재판소원을 금지하는 것은 헌법 제111조 제1항 제5호의 취지에 반한다. 둘째, 공권력에는 입법권과 행정권 및 사법권 즉, 법원의 재판이 모두 포함된다고 할 것이다. 따라서 헌법재판소법 제68조 제1항에서 유독 법원의 재판에 대해서만 헌법소원의 대상범위에서 배제하는 것은 합리적 사유 없이 사법부에 대해 차별적인 신성불가침적인 특권을 부여한 것으로서 헌법 제11조의 평등권에 반한다. 셋째, 헌법재판소법 제68조 제1항에서 재판소원을 금지하는 것은 법원의 재판에 의해 기본권을 침해받았을 때 사건의 당사자에게 국가에 대하여 광범위하고 효과적인 기본권 구제수단의 마련을 요구할 수 없게 하므로, 재판청구권을 침해한다. 넷째, 헌법재판소는 법원의 판결의 내용 중 헌법의 해석에 관련되는 부분에 대해서만 판단하는 헌법심이고, 법원은 사실심과 법률심을 주로 행한다. 따라서 헌법재판소가 헌법소원을 통해 기본권을 침해하는 법원의 재판을 심사하는 것은 대법원의 지위나 권한을 훼손하는 것이 아니며, 심급의 문제도 아니라고 할 것이다. 따라서 재판소원을 허용하더라도 권력분립의 원칙에 반하지 않는다. 다섯째, 재판소원을 허용해서 헌법소원이 폭주되어 발생하는 폐해는 재판소원의 인정범위와 심사기준에 대해 엄격한 해석 기준을 설정하고, 헌법 정책적인 여러 방안들을 마련하여 해결하면 되는 문제이다. 따라서 이러한 문제 때문에 재판소원을 금지하는 것은 타당하지 않다. 따라서 향후 헌법재판소법 제68조 제1항에서 '법원의 재판을 제외하고는'이라는 부분에 대해서는 헌법재판소가 단순 위헌 결정을 하거나 국회가 법률개정을 통하여 이를 삭제하는 것이 바람직하다. 이에 대하여 자세한 것은 이희훈, "헌법재판소법상 재판소원 금지규정에 대한 연구", 헌법학연구 제15집 제3호, 한국헌법학회, 2009. 9, 423－460면.

21) 이러한 정기간행물의 등록 등에 관한 법률 제7조 제1항에서는 "정기간행물을 발행하고자 하는 자는 대통령령이 정하는 바에 따라 다음 각호의 사항을 공보처장관에게 등록하여야 한다. 등록된 사항을 변경하고자 할 때에도 또한 같다. 다만, 국가 또는 지방자치단체가 발행하거나 대통령령으로 정하는 단체 또는 기관이 그 소속원에게 보급할 목적으로 발행하는 경우와 순수한 학습자료 또는 상업광고만을 게재하는 경우에는 그러하지 아니하다. 1.~8. 생략, 9. 일간

간행물의 발행인들에 의한 무책임인 정기간행물 발행의 난립을 방지함으로써, 언론·출판의 공적 기능과 언론의 건전한 발전을 도모할 목적으로 제정된 법률 규정에 그치는 것이며, 헌법상 금지된 허가제나 검열제와는 다른 차원의 규정이고 언론·출판의 자유를 본질적으로 침해하는 것도 아니고, 헌법 제37조 제2항에 반하는 입법권의 행사라고 할 수 없다. 그러나 동법 동조 동항의 등록요건인 동법 동조 동항 제9호에서의 동법 제6조 제3항의 규정에 의한 해당시설을 자기 소유이어야 하는 것으로 해석하는 한, 헌법 제12조 제1항과 제21조 제3항 및 제37조 제2항에 위반된다."라고 판시하여,[22] 한정위헌 결정을 하였다.

그리고 헌법재판소는 2011년 12월 29일에 "… 구 공직선거법(2005. 8. 4. 법률 제7681호로 개정되고 2010. 1. 25. 법률 제9974호로 개정되기 전의 것) 제93조 제1항 및 공직선거법(2005. 8. 4. 법률 제7681호로 개정된 것) 제255조 제2항 제5호 중 제93조 제1항의 각 '기타 이와 유사한 것'과 공직선거법(2010. 1. 25. 법률 제9974호로 개정된 것) 제93조 제1항 및 공직선거법(2005. 8. 4. 법률 제7681호로 개정된 것) 제255조 제2항 제5호 중 제93조 제1항의 각 '그 밖에 이와 유사한 것'에, '정보통신망을 이용하여 인터넷 홈페이지 또는 그 게시판·대화방 등에 글이나 동영상 등 정보를 게시하거나 전자우편을 전송하는 방법'이 포함되는 것으로 해석하는 한, 헌법에 위반된다."라고 판시하여,[23] 한정위헌 결정을 하였다.

또한 헌법재판소는 2014년 3월 27일에 "… 집회 및 시위에 관한 법률(2007. 5. 11. 법률 제8424호로 개정된 것) 제10조 본문 중 '시위'에 관한 부분에 존재하는 합헌적인 부분과 위헌적인 부분 가운데, 현행 집시법의 체계 내에서 시간을 기준으로 한 규율의 측면에서 볼 때, 규제가 불가피하다고 보기 어려움에도 시위를 절대적으로 금지한 부분의 경우에는 위헌성이 명백하다고 할 수 있으므로, 이

신문·일반주간신문 또는 통신의 경우는 제6조 제3항의 규정에 의한 해당시설"이라고 규정되었다. 이러한 동 법률은 이후 잡지 등 정기간행물의 진흥에 관한 법률 제15조 제1항에서 "잡지를 발행하고자 하는 자는 대통령령으로 정하는 바에 따라 다음 각 호의 사항을 주된 사무소의 소재지를 관할하는 특별자치시장·특별자치도지사·시장·군수·구청장에게 등록하여야 한다. 등록된 사항을 변경하고자 할 때에도 또한 같다. 다만, 국가 또는 지방자치단체가 발행 또는 관리하거나 법인, 그 밖의 기관·단체가 그 소속원에게 무료로 보급할 목적으로 발행하는 경우와 대통령령으로 정하는 잡지는 그러하지 아니하다. 1. 제호, 2. 종별 및 간별, 3. 발행인 및 편집인의 성명, 생년월일, 주소. 다만, 외국 잡지의 내용을 변경하지 아니하고 국내에서 그대로 인쇄·배포하는 경우를 제외한다. 4. 발행소 및 발행소의 소재지, 5. 발행목적과 발행내용, 6. 무가 또는 유가 발행의 구분"으로 개정되었다.

22) 헌재 1992. 6. 26, 90헌가23.

23) 헌재 2011. 12. 29, 2007헌마1001, 2010헌바88, 2010헌마173·191(병합).

에 한하여 위헌 결정을 하기로 한다. 즉, 우리 국민의 일반적인 생활형태 및 보통의 집회·시위의 소요시간이나 행위태양, 대중교통의 운행시간, 도심지의 점포·상가 등의 운영시간 등에 비추어 보면, 적어도 해가 진후부터 같은 날 24시까지의 시위의 경우에 이미 보편화된 야간의 일상적인 생활의 범주에 속하는 것이어서 특별히 공공의 질서 내지 법적 평화를 침해할 위험성이 크다고 할 수 없으므로, 그와 같은 시위를 일률적으로 금지하는 것은 과잉금지의 원칙에 위반됨이 명백하다. 그러나 나아가 24시 이후의 시위를 금지할 것인지 여부는 국민의 주거 및 사생활의 평온, 우리나라 시위의 현황과 실정, 국민 일반의 가치관 내지 법 감정 등을 고려하여 입법자가 결정할 여지를 남겨두는 것이 바람직하다. 그렇다면 집회 및 시위에 관한 법률 제10조 본문 중 '시위'에 관한 부분과 이를 구성요건으로 하는 집시법 제23조 제3호 중 '제10조 본문' 가운데 '시위'에 관한 부분[24]은 '해가 진후부터 같은 날 24시까지의 시위'에 적용하는 한 헌법에 위반된다고 할 것이다."라고 판시하여,[25] 한정위헌 결정을 하였다.

(3) 헌법불합치 결정

'헌법불합치 결정'이란, 헌법재판소가 어떤 법 규정이 실질적으로는 위헌이지만, 해당 위헌적인 법 규정의 단순 위헌 결정으로 인한 입법공백에 의하여 사회적 혼란이 발생하는 문제나 폐해를 방지하여 법적안정성을 위하거나 또는 어떤 법 규정이 헌법상 평등의 원칙에 위반되는 경우이거나 또는 자유권과 관련된 어떤 법률의 합헌적인 부분과 위헌적인 부분의 경계가 불분명하여 헌법재판소의 단순 위헌 결정으로는 적절하게 구분하여 대처하기가 어렵고, 권력분립의 원칙과 민주주의의 원칙에 의하여 입법자로 하여금 해당 위헌적인 법 규정에서 위헌적인 상태를 제거할 수 있는 여러 가지의 입법수단 선택의 가능성을 인정할 필요가 있는 경우[26] 등일 때, 실질적으로는 위헌적인 해당 법 규정을 일정한 기간 동안 그 효력을 존속시키면서 새로운 개선 입법을 촉구하는

24) 이러한 집회 및 시위에 관한 법률 제10조에서는 "누구든지 해가 뜨기 전이나 해가 진 후에는 옥외집회 또는 시위를 하여서는 아니 된다. (단서 생략)"라고 규정하였다. 그리고 이러한 집회 및 시위에 관한 법률 제23조에서는 "제10조 본문 또는 제11조를 위반한 자, 제12조에 따른 금지를 위반한 자는 다음 각 호의 구분에 따라 처벌한다. 1.~2. 생략, 3. 그 사실을 알면서 참가한 자는 50만원 이하의 벌금·구류 또는 과료"라고 규정하였다.

25) 헌재 2014. 3. 27. 2010헌가2·2012헌가13(병합).

26) 헌재 2002. 5. 30, 2000헌마81.

형태를 뜻한다.

이에 대하여 사회적으로 중시되었던 헌법재판소의 판례들은 다음과 같다. 첫째, 헌법재판소는 1997년 7월 16일에 "자유와 평등을 근본이념으로 하고 남녀평등의 관념이 정착되었으며 경제적으로 고도로 발달한 산업사회인 현대의 자유민주주의 사회에서 동성동본금혼을 규정한 민법 제809조 제1항(1958. 2. 22. 법률 제471호로 제정된 것, 이하에서 "이 사건 민법 조항"으로 줄임)[27]은 동성동본인 혈족 사이의 혼인을 그 촌수의 원근에 관계없이 일률적으로 모두 금지하고, 민법은 이를 위반한 혼인을 취소할 수 있도록 하였을 뿐만 아니라, 아예 그 혼인신고 자체를 수리하지 못하도록 하고 있어서, 동성동본인 혈족은 서로가 아무리 진지하게 사랑하고 있다고 하더라도 또 촌수를 계산할 수 없을 만큼 먼 혈족이라 하더라도 혼인을 할 수 없으므로, 혼인에 있어서 상대방을 결정할 수 있는 자유를 제한하고 있는 동시에, 그 제한의 범위를 동성동본인 혈족, 즉 남계혈족에만 한정함으로써 성별에 의한 차별을 하고 있다. 이에 이 사건 민법 조항은 금혼 규정으로서의 사회적 타당성 내지 합리성을 상실하고 있음과 아울러 '인간으로서의 존엄과 가치 및 행복추구권'을 규정한 헌법 제10조와 '개인의 존엄과 양성의 평등'에 기초한 혼인과 가족생활의 성립·유지라는 헌법 제36조 제1항에 정면으로 배치된다고 할 것이고, 또한 그 금혼의 범위를 동성동본인 혈족, 즉 남계혈족에만 한정하여 성별에 의한 차별을 하고 있는데 이를 시인할만한 합리적인 이유를 찾아볼 수 없으므로 헌법 제11조 제1항의 평등의 원칙에도 위반되는 것이다. 따라서 이 사건 민법 조항은 헌법 제10조, 제11조 제1항, 제36조 제1항에 위반될 뿐만 아니라, 그 입법목적이 이제는 혼인에 관한 국민의 자유와 권리를 제한할 '사회질서'나 '공공복리'에 해당될 수 없다는 점에서 헌법 제37조 제2항에도 위반된다고 할 것이다. … 이 사건 민법 조항은 헌법에 합치되지 아니한다. 그리고 이 사건 민법 조항은 입법자가 1998년 12 월 31일까지 개정하지 아니하면 1999년 1월 1일에 그 효력을 상실하고, 법원 기타 국가기관 및 지방자치단체는 입법자가 개정할 때까지 이 사건 민법 조항의 적용을 중지하도록 하는 것이

27) 이러한 민법 제809조 제1항에서는 "동성동본인 혈족 사이에서는 혼인하지 못한다."라고 규정되어 있었다. 이후 동 규정은 민법 제809조에서 "제1항: 8촌 이내의 혈족(친양자의 입양 전의 혈족을 포함한다) 사이에서는 혼인하지 못한다. 제2항: 6촌 이내의 혈족의 배우자, 배우자의 6촌 이내의 혈족, 배우자의 4촌 이내의 혈족의 배우자인 인척이거나 이러한 인척이었던 자 사이에서는 혼인하지 못한다. 제3항: 6촌 이내의 양부모계(養父母系)의 혈족이었던 자와 4촌 이내의 양부모계의 인척이었던 자 사이에서는 혼인하지 못한다."라고 개정되었다.

상당하다."라고 판시하였다.[28]

둘째, 헌법재판소는 2004년 5월 27일에 "헌법불합치 결정은 헌법재판소법 제47조 제1항에 정한 위헌 결정의 일종으로서,[29] 심판대상이 된 법률조항이 실질적으로는 위헌이더라도 그 법률조항에 대하여 단순 위헌 결정을 선고하지 아니하고 헌법에 합치하지 아니한다는 선언에 그침으로써 헌법재판소법 제47조 제2항 본문의 효력 상실을 제한적으로 적용하는 변형적인 위헌 결정의 주문형식이다. … 학교보건법 제6조 제1항 본문 제2호 중 '극장' 부분 가운데 초·중등교육법 제2조에 규정한 각 학교에 관한 부분[30]에서 초·중·고등학교·유치원 부근의 정화구역에 관하여 적용되는 경우에 그 위헌성이 인정되는 부분은 금지의 예외를 인정하지 아니함으로써 구체적으로 학교의 교육에 나쁜 영향을 미치지 않을 수 있는 유형의 극장도 모두 금지한다. 그런데 이와 같은 이유로 하여 단순 위헌 결정을 하게 되면 극장에 관한 초·중·고등학교·유치원 정화구역 내의 금지가 모두 효력을 잃게 됨으로써 합헌적으로 규율된 새로운 입법이 마련되기 전까지는 학교정화구역 내에도 제한상영관을 제외한 모든 극장이 자유롭게 설치될 수 있게 될 것이다. 그 결과 이와 같이 단순 위헌의 결정이 내려진 후에 입법을 하는 입법자로서는 이미 자유롭게 설치된 극장에 대하여 신뢰원칙보호의 필요성 등의 한계로 인하여 새로운 입법수단을 마련하는데 있어서 제약을 받게 될 것이다. 이는 우리가 이 결정의 취지에서 정당한 목적으로서 긍정한 공익의 측면에서 비추어 보아 바람직하지 아니하다. 그렇다면 학교보건법 제6조 제1항 본문 제2호 중 '극장' 부분 가운데 초·중등교육법 제2조에 규정한 초·중·고등학교·유치원 정화구역 부분에 관하여는 단순 위헌 결정을 하기 보다는 헌법불합치 결정을 하여 입법자에게 위헌적인 상태를 제거할 수 있는 여러 가지의 입법수단 선택의 가능성을 인정할 필요성이 있는 경우라고 할 것이므로, 헌법불합치 결정을 함이 타당하다. 그리고 입법자가 새로운 입법에 의하여 위헌성을 제거할 때까지 법원 기타 국가기관 및 지방자

28) 헌재 1997. 7. 16, 95헌가6·13(병합).

29) 헌재 1989. 9. 8, 88헌가6.

30) 이러한 학교보건법 제6조 제1항 제2호에서는 "누구든지 학교환경위생정화구역 안에서는 다음 각호의 1에 해당하는 행위 및 시설을 하여서는 아니 된다. 다만, 대통령령이 정하는 구역 안에서는 제2호, 제4호, 제8호 및 제10호 내지 제14호에 규정한 행위 및 시설 중 교육감 또는 교육감이 위임한 자가 학교환경위생정화위원회의 심의를 거쳐 학습과 학교보건위생에 나쁜 영향을 주지 않는다고 인정하는 행위 및 시설은 제외한다. … 2. 극장, 총포화약류의 제조장 및 저장소, 고압가스·천연가스·액화석유가스 제조소 및 저장소, …"라고 규정하였다.

치단체는 헌법불합치 결정이 내려진 이 부분 법률조항의 적용을 중지하여야 한다."라고 판시하였다.[31)]

셋째, 헌법재판소는 2008년 7월 31일에 재판관 8인(헌법불합치 의견 5인 및 단순 위헌 의견 3인) vs. 1인(합헌 의견)의 다수 의견으로 구 의료법(1987. 11. 28. 법률 제3948호로 개정되고, 2007. 4. 11. 법률 제8366호로 전부 개정되기 전의 것) 제19조의 2 제2항(이하에서 "이 사건 규정"으로 줄임)[32)]이 태아의 성별에 대하여 이를 고지하는 것을 금지하였던 것이 의료인의 직업수행의 자유와 부모의 태아성별 정보에 대한 접근을 방해받지 않을 권리를 침해하는 것인지의 여부에 대해서 "구 의료법상 이 사건 규정의 태아 성별 고지 금지는 낙태, 특히 성별을 이유로 한 낙태를 방지함으로써 성비의 불균형을 해소하고 태아의 생명권을 보호하기 위하여 입법된 것이다. 그런데 임신 기간이 통상 40주라고 할 때, 낙태가 비교적 자유롭게 행해질 수 있는 시기가 있는 반면, 낙태를 할 경우에 태아는 물론, 산모의 생명이나 건강에 중대한 위험을 초래하여 낙태가 거의 불가능하게 되는 시기도 있는데, 성별을 이유로 하는 낙태가 임신 기간의 전 기간에 걸쳐 이루어질 것이라는 전제하에, 구 의료법상 이 사건 규정이 낙태가 사실상 불가능하게 되는 임신 후반기에 이르러서도 태아에 대한 성별 정보를 태아의 부모에게 알려 주지 못하게 하는 것은 최소 침해의 원칙을 위반하는 것이고, 이와 같이 임신 후반기 공익에 대한 보호의 필요성이 거의 제기되지 않는 낙태 불가능 시기 이후에도 의사가 자유롭게 직업수행을 하는 자유를 제한하고, 임부나 그 가족의 태아 성별 정보에 대한 접근을 방해하는 것은 기본권 제한의 법익 균형성의 원칙도 위반한 것이 된다. 따라서 구 의료법상 이 사건 규정은 헌법에 위반된다고 할 것이다. … 그런데 만약 구 의료법상 이 사건 규정에 대하여 단순 위헌 결정을 할 경우에는 태아의 성별 고지 금지에 대한 근거 규정이 사라져서 법적 공백상태가 발생하게 될 것이므로, 헌법불합치 결정을 한다."라고 판시하였다.[33)]

---

31) 헌재 2004. 5. 27, 2003헌가1 · 2004헌가4(병합).

32) 이러한 구 의료법 제19조의2 제2항에서는 "의료인은 태아 또는 임부에 대한 진찰이나 검사를 통하여 알게 된 태아의 성별을 임부 본인, 그 가족 기타 다른 사람이 알 수 있도록 하여서는 아니된다."라고 규정하였다. 이후 동 규정은 의료법 제20조에서 "제1항: 의료인은 태아 성 감별을 목적으로 임부를 진찰하거나 검사하여서는 아니 되며, 같은 목적을 위한 다른 사람의 행위를 도와서도 아니 된다. 제2항: 의료인은 임신 32주 이전에 태아나 임부를 진찰하거나 검사하면서 알게 된 태아의 성을 임부, 임부의 가족, 그 밖의 다른 사람이 알게 하여서는 아니 된다."라고 개정되었다.

33) 헌재 2008. 7. 31, 2004헌마1010 · 2005헌바90.

넷째, 헌법재판소는 2009년 9월 24일에 집회 및 시위에 관한 법률(2007. 5. 11. 법률 제8424호로 전부 개정된 것, 이하에서 "집시법"으로 줄임) 제10조 중 '옥외집회'의 부분[34]과 동법 제23조 제1호 중 '제10조 본문의 '옥외집회' 부분[35](이하에서 "이 사건 집시법 규정들"로 줄임)에 대하여, 재판관 7인(단순 위헌의견 5인, 헌법불합치 의견 2인) vs. 2인(합헌 의견)으로 각각 판시하였다.[36] 이중에서 이 사건 집시법 규정들에 대한 5인의 단순 위헌 의견에 의하면 "헌법 제21조 제2항은 집회에 대한 허가제가 집회에 대한 검열제와 마찬가지이므로 이를 절대적으로 금지하겠다는 헌법개정권력자인 국민들의 헌법가치적 합의이며 헌법적 결단이다. 또한 집시법 제10조 중 '옥외집회'의 부분은 헌법 자체에서 직접 집회의 자유에 대한 제한의 한계를 명시한 것이므로, 기본권 제한에 관한 일반적 법률유보조항인 헌법 제37조 제2항에 앞서서, 우선적이고 제1차적인 위헌심사기준이 되어야 한다. 헌법 제21조 제2항에서 금지하고 있는 '허가'는 행정권이 주체가 되어 집회 이전에 예방적 조치로서 집회의 내용·시간·장소 등을 사전 심사하여 일반적인 집회 금지를 특정한 경우에 해제함으로써 집회를 할 수 있게 하는 제도, 즉 허가를 받지 아니한 집회를 금지하는 제도를 뜻한다. 집시법 제10조 본문은 야간옥외집회를 일반적으로 금지하고, 그 단서는 행정권인 관할경찰서장이 집회의 성격 등을 포함하여 야간 옥외집회의 허용 여부를 사전에 심사하여 결정한다는 것이므로, 야간 옥외집회에 관한 일반적인 금지를 규정한 집시법 제10조 본문과 관할 경찰서장에 의한 예외적인 허용을 규정한 단서는 그 전체로서 야간 옥외집회에 대한 허가를 규정한 것이라고 보지 않을 수 없고, 이는 헌법 제21조 제2항에 정면으로 위반된다. 따라서 집시법 제10조 중 '옥외집회' 부분은 헌법 제21조 제2항에 의하여 금지되는 허가제를 규정한 것으로서 헌법에 위반되고, 이에 위반한 경우에 적용되는 처벌조항인 집시법 제23조 제1호 중 '제10조 본문의 옥외집

34) 이러한 집회 및 시위에 관한 법률 제10조에서는 "누구든지 해가 뜨기 전이나 해가 진 후에는 옥외집회 또는 시위를 하여서는 아니 된다. 다만, 집회의 성격상 부득이하여 주최자가 질서유지인을 두고 미리 신고한 경우에는 관할경찰관서장은 질서유지를 위한 조건을 붙여 해가 뜨기 전이나 해가 진 후에도 옥외집회를 허용할 수 있다."라고 규정하였다.

35) 이러한 집회 및 시위에 관한 법률 제23조에서는 "제10조 본문 또는 제11조를 위반한 자, 제12조에 따른 금지를 위반한 자는 다음 각 호의 구분에 따라 처벌한다. 1. 주최자는 1년 이하의 징역 또는 100만원 이하의 벌금"이라고 규정하였다.

36) 헌재 2009. 9. 24, 2008헌가25. 이러한 집시법상 야간 옥외집회 금지와 처벌 규정에 대한 해당 헌법재판소의 판례 평석에 대해서는 이희훈, "헌법재판소의 야간 옥외집회 금지와 처벌규정의 결정에 대한 연구 −헌법재판소 2009. 9. 24, 2008헌가25 결정에 대한 평석−", 외법논집 제33집 제4호, 한국외대 법학연구소, 2009. 11, 391−418면 등.

회' 부분도 헌법에 위반된다."라고 밝혔다.[37]

한편 동 판례에서 2인의 헌법불합치 의견에 의하면 "이 사건 집시법 규정들의 위헌성은 야간 옥외집회를 제한하는 것 자체에 있는 것이 아니라, 사회의 안녕질서와 국민의 주거 및 사생활의 평온 등을 보호하는데 필요한 범위를 넘어 '해가 뜨기 전이나 해가 진 후'라는 광범위하고 가변적인 시간대에 일률적으로 옥외집회를 금지하는데 있다. 즉, 위와 같은 시간대 동안 옥외집회를 금지하는 것에는 위헌적인 부분과 합헌적인 부분이 공존하고 있는 것이다. 그런데 '해가 뜨기 전이나 해가 진 후' 중 어떠한 시간대에 옥외집회를 금지하는 것이 위와 같은 입법목적을 달성하면서도 집회 예정자의 집회의 자유를 필요 최소한의 범위에서 제한하는 것인지에 대해서는 이를 입법자의 판단에 맡기는 것이 바람직하다. 입법자로 하여금 우리나라 일반인의 시간대 별 생활형태, 주거와 사생활의 평온이 절실히 요청되는 '심야'시간의 범위 및 우리나라 옥외집회의 현황과 실정 등 제반 사정을 참작하여 옥외집회가 금지되는 시간대를 법률로 한정하도록 하는 것이 이 사건 집시법 규정들의 위헌성을 제거하면서도 입법자의 재량을 존중하는 것이기 때문이다. 참고로, 프랑스의 경우에는 원칙적으로 오후 11시 이후로, 중국의 경우에는 오후 10시 이후로, 러시아의 경우에는 오후 11시 이후로 각각 야간 집회에 대한 금지 시간대를 규정하고 있고, 미국은 각 지방자치단체마다 조례로써 정하고 있는바, 오후 8시 이후나 오후 9시 이후 또는 오후 10시 이후 등등 다양하게 야간 집회를 규제를 하고 있다. 따라서 이 사건 집시법 규정들에 대하여 헌법불합치의 결정을 선고하되, 이러한 법률조항에는 위헌적인 부분과 합헌적인 부분이 공존하고 있으므로, 입법자는 2010년 6월 30일 이전에 개선입법을 할 때까지 계속 적용되어 그 효력을 유지하도록 하고, 만일 위 일자까지 개선입법이 이루어지지 않는 경우에 이 사건 집시법 규정들은 2010년 7월 1일부터 그 효력을 상실하도록 한다."라고 밝혔다.[38]

다섯째, 헌법재판소는 2018년 5월 31일에 집회 및 시위에 관한 법률(2007. 5. 11. 법률 제8424호로 전부 개정된 것, 이하에서 "집시법"으로 줄임) 제11조 제1호 중 '국회의사당'에 관한 부분[39] 및 동법 제23조 중 제11조 제1호 가운데 '국회의사당'에 관한

37) 헌재 2009. 9. 24, 2008헌가25 결정에서 이강국·이공현·조대현·김종대·송두환 재판관 5인의 단순 위헌 의견 부분 참조.

38) 헌재 2009. 9. 24, 2008헌가25 결정에서 민형기·목영준 재판관 2인의 헌법불합치 의견 부분 참조.

부분[40](이하에서 "이 사건 집시법 규정들"로 줄임)에 대하여 "국회는 국민을 대표하는 대의기관으로서 법률을 제정하거나 개정하며, 국정통제기관으로서 특히 행정부에 대한 강력한 통제권한을 행사하는 등 국가정책결정의 주요한 기능을 담당하고 있다. 이러한 국회의 기능과 역할은 그 특수성과 중요성에 비추어 특별하고도 충분한 보호가 요청된다. 이 사건 집시법 규정들은 국회의원과 국회에서 근무하는 직원, 국회에 출석하여 진술하고자 하는 일반 국민이나 공무원 등이 어떠한 압력이나 위력에 구애됨이 없이 자유롭게 국회의사당에 출입하여 업무를 수행하며, 국회의사당을 비롯한 국회 시설의 안전이 보장될 수 있도록 하기 위한 목적에서 입법된 것으로 그 목적은 정당하고, 국회의사당 경계지점으로부터 100미터 이내의 장소(이하에서 "국회의사당 인근"으로 줄임)에서의 옥외집회를 전면적으로 금지하는 것은 국회의 기능을 보호하는데 기여할 수 있으므로 수단의 적합성도 인정된다. … 한편 국회의사당 인근에서의 집회가 이 사건 집시법 규정들에 의하여 보호되는 법익에 대한 직접적인 위협을 초래한다는 일반적 추정이 구체적인 상황에 의하여 부인될 수 있는 경우라면, 입법자로서는 예외적으로 옥외집회가 가능할 수 있도록 이 사건 집시법 규정들을 규정하여야 한다. 예를 들어, 국회의 기능을 직접 저해할 가능성이 거의 없는 '소규모 집회', 국회의 업무가 없는 '공휴일이나 휴회기 등에 행하여지는 집회', '국회의 활동을 대상으로 한 집회가 아니거나 부차적으로 국회에 영향을 미치고자 하는 의도가 내포되어 있는 집회'처럼 옥외집회에 의한 국회의 헌법적 기능이 침해될 가능성이 부인되거나 또는 현저히 낮은 경우에는 입법자로서는 이 사건 집시법 규정들로 인하여 발생하는 집회의 자유에 대한 과도한 제한 가능성이 완화될 수 있도록 그 금지에 대한 예외를 인정하여야 한다. 물론 국회의사당 인근에서 폭력적이고 불법적인 대규모 집회가 행하여지는 경우에 국회의 헌법적 기능이 훼손될 가능성이 커지는 것은 사실이다. 그러나 집시법은 이러한 상황에 대처할 수 있도록 다양한 규제수단들을 규정하고 있고, 집회 과정에서의 폭력행위나 업무방해행

39) 이러한 집회 및 시위에 관한 법률 제11조 제1호에서는 "누구든지 다음 각 호의 어느 하나에 해당하는 청사 또는 저택의 경계 지점으로부터 100미터 이내의 장소에서는 옥외집회 또는 시위를 하여서는 아니 된다. 1. 국회의사당, 각급 법원, 헌법재판소 … "라고 규정하였다.

40) 이러한 집회 및 시위에 관한 법률 제23조에서는 "제10조 본문 또는 제11조를 위반한 자, 제12조에 따른 금지를 위반한 자는 다음 각 호의 구분에 따라 처벌한다. 1. 주최자는 1년 이하의 징역 또는 100만원 이하의 벌금, 2. 질서유지인은 6개월 이하의 징역 또는 50만원 이하의 벌금·구류 또는 과료, 3. 그 사실을 알면서 참가한 자는 50만원 이하의 벌금·구류 또는 과료"라고 규정하였다.

위 등은 형사법상의 범죄행위로서 처벌된다. 이처럼 이 사건 집시법 규정들은 그 입법 목적을 달성하는데 필요한 최소한도의 범위를 넘어서, 규제가 불필요하거나 또는 예외적으로 허용하는 것이 가능한 집회까지도 이를 일률적·전면적으로 금지하고 있으므로 침해의 최소성 원칙에 위반된다. 또한 이 사건 집시법 규정들은 국회의 헌법적 기능을 무력화시키거나 저해할 우려가 있는 집회를 금지하는데 머무르지 않고, 그 밖의 평화적이고 정당한 집회까지 전면적으로 제한함으로써 구체적인 상황을 고려하여 상충하는 법익간의 조화를 이루려는 노력을 전혀 기울이지 않고 있으므로, 이 사건 집시법 규정들에 의하여 달성하려는 공익이 제한되는 집회의 자유 정도보다 크다고 단정할 수는 없어서, 법익의 균형성 원칙에도 위반된다. 이와 같이 이 사건 집시법 규정들에 의하여 국회의사당 인근에서 옥외집회를 금지되는 것에는 위헌적인 부분과 합헌적인 부분이 공존하고 있다. 따라서 이 사건 집시법 규정들에 대하여 헌법불합치 결정을 선고하되, 입법자는 2019년 12월 31일까지 개선입법을 하여야 한다."라고 판시하였다.[41)]

여섯째, 위의 다섯 번째 헌법재판소의 결정과 유사한 취지로, 헌법재판소는 2018년 6월 28일에 누구든지 국무총리 공관의 경계 지점으로부터 100미터 이내의 장소에서 옥외집회나 시위에 대하여 아무런 예외 없이 일체 전면적으로 금지한 후, 이를 위반시 형사처벌을 하도록 규정한 '집회 및 시위에 관한 법률'(2007. 5. 11. 법률 제8424호로 전부 개정된 것, 이하에서 "집시법"으로 줄임) 제11조 제3호와 동법 제23조 제1호 중 동법 제11조 제3호에 관한 부분(이하에서 "집시법상 국무총리 공관 금지장소 조항"으로 줄임)에 대하여 "집시법상 국무총리 공관 금지장소 조항들은 과잉금지의 원칙[42)]에 비추어 볼 때, 목적의 정당성 원칙과 수단의 적합성 원칙에는 위반되지 않지만, 최소 침해의 원칙과 법익 균형성의 원칙에는 위반되어

---

41) 헌재 2018. 5. 31, 2013헌바322, 2016헌바354, 2017헌바360·398·471,2018헌가3·4·9(병합). 이러한 헌법재판소의 판례에 대한 최근의 비판적 평가에 대한 것은 이희훈, "집회 및 시위에 관한 법률상 국회 인근 집회 금지 규정에 대한 연구 -헌법재판소의 2018. 5. 31, 2013헌바322, 2016헌바354, 2017헌바360·398·471, 2018헌가3·4·9(병합) 헌법불합치 결정에 대한 비판적 평가-", 유럽헌법연구 제27집, 유럽헌법학회, 2018. 8, 181－209면 등.

42) 헌법상 과잉금지의 원칙에 대한 것은 권영성, 전게서, 352－354면; 김대환, "독일에서 과잉금지원칙의 성립과정과 내용" 세계헌법연구 제11집 제2호, 세계헌법학회 한국학회, 2005. 12, 69－86면; 김철수, 헌법학신론, 박영사, 2013, 437－442면; 성낙인, 전게서, 962－970면; 양삼승, "과잉금지의 원칙" 헌법논총 제1집, 헌법재판소, 1990. 12, 99－142면; 이희훈, 기본권론, 박영사, 2021, 42－66면; 장영수, 헌법학, 홍문사, 2015, 196면; 전광석, 한국헌법론, 집현재, 2019, 268~271면; 정종섭, 헌법학원론, 박영사, 2015, 379－384면; 한수웅, 전게서, 456－470면; 허영, 한국헌법론, 박영사, 2015, 297－299면 등.

집회의 자유를 침해한다. 다만 집시법상 국무총리 공관 금지장소 조항에 의하여 국무총리 공관 인근에서 옥외집회나 시위를 금지하는 것에는 위헌적인 부분과 합헌적인 부분이 공존하고 있는바, 집시법상 국무총리 공관 인근에서의 옥외집회나 시위 중 어떠한 형태의 옥외집회나 시위를 예외적으로 허용할 것인지에 대해서는 입법자의 판단에 맡기는 것이 바람직하므로, 집시법상 국무총리 공관 금지장소 조항에 대하여 헌법불합치 결정을 선고하되, 입법자가 2019년 12월 31일 이전에 개선입법을 할 때까지 계속 적용되어 그 효력을 유지하도록 하고, 만일 위 일자까지 개선입법이 이루어지지 않는 경우에는 해당 집시법상 국무총리 공관 금지장소 조항은 2020년 1월 1일부터 그 효력을 상실한다."라고 판시하였다.[43)]

일곱째, 위의 다섯 번째 헌법재판소의 결정과 유사한 취지로, 헌법재판소는 2018년 7월 26일에 누구든지 각급 법원의 경계 지점으로부터 100미터 이내의 장소에서 옥외집회나 시위를 아무런 예외 없이 일체 전면적으로 금지한 후, 이를 위반시 형사처벌을 하도록 규정한 '집회 및 시위에 관한 법률'(2007. 5. 11. 법률 제8424호로 전부 개정된 것, 이하에서 "집시법"으로 줄임) 제11조 제1호 중 '각급 법원' 부분 및 동법 제23조 제1호 중 제11조 제1호 가운데 '각급 법원'에 관한 부분(이하에서 "집시법상 각급 법원 인근 금지장소 조항"으로 줄임)에 대하여 "집시법상 각급 법원 인근 금지장소 조항은 헌법상 과잉금지의 원칙에 비추어 볼 때, 목적의 정당성 원칙과 수단의 적합성 원칙에는 위반되지 않지만, 최소 침해의 원칙과 법익 균형성의 원칙에는 위반되어 집회의 자유를 침해한다. 다만, 각급 법원 인근에서의 옥외집회나 시위를 금지하고 있는 집시법상 각급 법원 인근 금지장소 조항에는 위헌적인 부분과 합헌적인 부분이 공존하고 있다. 이에 입법자로 하여금 어떤 경우에 옥외집회나 시위가 허용된다고 할 것인지를 정하도록 하는 것이 입법재량을 존중하는 방법이 된다고 할 것이므로, 집시법상 각급 법원 인근 금지장소 조항에 대하여 헌법불합치 결정을 선고하되, 입법자는 2019년 12월 31일까지 개선 입법을 하여야 한다."라고 판시하였다.[44)]

여덟째, 헌법재판소는 2019년 4월 11일에 임신한 여성의 자기낙태를 처벌

---

43) 헌재 2018. 6. 28, 2015헌가28, 2016헌가5(병합).

44) 헌재 2018. 7. 26, 2018헌바137. 이러한 집시법상 각급 법원 인근 금지장소 조항에 대한 위헌성 검토에 대하여 자세한 것은 이희훈, "평화시위구역제도와 국회·법원 인근 집회 금지에 대한 헌법적 평가 -헌재결 2009. 12. 29, 2006헌바20·2006헌바59(병합)와 헌재결 2009. 12. 29, 2006헌바13에 대한 비판을 중심으로-", 공법연구 제38집 제3호, 한국공법학회, 2010. 2, 131-163면 등.

하는 형법(1995. 12. 29. 법률 제5057호로 개정된 것) 제269조 제1항(이하에서 "형법상 자기낙태죄 조항"으로 줄임)과 의사가 임신한 여성의 촉탁 또는 승낙을 받아 낙태하게 한 경우를 처벌하는 동법 제270조 제1항 중 '의사'에 관한 부분(이하에서 "형법상 의사낙태죄 조항"으로 줄임)이 각각 임신한 여성의 자기결정권을 침해하는지 여부에 대하여 단순 위헌의견이 3인, 헌법불합치 의견이 4인, 합헌 의견이 2인으로 각각 판시하였다. 이중에서 헌법재판소 재판관 4인의 헌법불합치 의견에 대한 주요 내용을 살펴보면 "형법상 자기낙태죄 조항은 모자보건법이 정한 예외를 제외하고는 임신기간 전체를 통틀어 모든 낙태를 전면적·일률적으로 금지하고, 이를 위반할 경우 형벌을 부과함으로써 임신의 유지·출산을 강제하고 있으므로, 임신한 여성의 자기결정권을 제한한다. 이러한 형법상 자기낙태죄 조항은 태아의 생명을 보호하기 위한 것으로서, 정당한 입법 목적을 달성하기 위한 적합한 수단이다. 임신·출산·육아는 여성의 삶에 근본적이고 결정적인 영향을 미칠 수 있는 중요한 문제이므로, 임신한 여성이 임신을 유지 또는 종결할 것인지 여부를 결정하는 것은 스스로 선택한 인생관·사회관을 바탕으로 자신이 처한 신체적·심리적·사회적·경제적 상황에 대한 깊은 고민을 한 결과를 반영하는 전인적(全人的)인 결정이다. 현 시점에서 최선의 의료기술과 의료 인력이 뒷받침될 경우에 태아는 임신 22주 내외부터 독자적인 생존이 가능하다고 한다. 한편 자기결정권이 보장되려면 임신한 여성이 임신 유지와 출산 여부에 관하여 전인적 결정을 하고 그 결정을 실행함에 있어서 충분한 시간이 확보되어야 한다. 이러한 점들을 고려하면, 태아가 모체를 떠난 상태에서 독자적으로 생존할 수 있는 시점인 임신 22주 내외에 도달하기 전이면서 동시에 임신 유지와 출산 여부에 관한 자기결정권을 행사하기에 충분한 시간이 보장되는 시기(이하에서 착상 시부터 이 시기까지를 "결정가능기간"으로 줄임)까지의 낙태에 대해서는 국가가 생명보호의 수단 및 정도를 달리 정할 수 있다고 봄이 타당하다. 낙태갈등 상황에서 형벌의 위하가 임신종결 여부 결정에 미치는 영향이 제한적이라는 사정과 실제로 형사처벌이 되는 사례도 매우 드물다는 현실에 비추어 보면, 자기낙태죄 조항이 낙태갈등 상황에서 태아의 생명 보호를 실효적으로 하지 못하고 있다고 볼 수 있다. 그리고 낙태 갈등의 상황에 처한 여성은 형벌의 위하로 말미암아 임신의 유지 여부와 관련하여 필요한 사회적인 소통을 하지 못하고, 정신적인 지지와 충분한 정보를 제공받지 못한 상태에서 안전하지 않은 방법으로 낙태를 실행하게 된다. 모자보건법상 낙태의 정당화 사유에는 다양하고 광범위한 사회적·경제적 사유에 의한 낙태 갈등의 상황이 전혀 포섭되지 않는다. 예컨대, 학업이나 직장생활 등 사회활동에 지장이 있을 것에 대한 우려, 소득이 충분하지 않거나 불안정한 경우, 자녀가 이미 있어서 더 이상의 자녀를 감당할 여력이 되지 않는 경우, 상대 남성과 교제를 지속할 생각이 없거나 결혼 계획이 없는 경우, 혼인이 사실상 파탄에 이른 상태에서 배우자의 아이를 임신했음을 알게 된 경우, 결혼하지 않은 미성년자가 원치 않은 임신을 한 경우 등이 이에 해당할 수 있다. 형법상 자기낙태죄 조항은 모자보건법에서 정한 사유에 해당하지 않는다면 결정가능기간 중에 다양하고 광범위한 사회적·경제적인 사유를 이유로 낙태 갈등의 상황을 겪고 있는 경우까지도 예외 없이 전면적·일률적으로 임신의 유지 및 출산을 강제하고, 이를 위반한 경우 형사처벌을 하고 있다. 따라서 형법상 자기낙태죄 조항은 그 입법의 목적을 달성하기 위하여 필요한 최소한의 정도를 넘어 임신한 여성의 자기결정권을 제한하고 있어 침해의 최소성을 갖추지 못하였고, 태아의 생명 보호라는 공익에 대하여만 일방적이고 절대적인 우위를 부여함으로써 법익 균형성의 원칙도 위반하였으므로, 과잉금지의 원칙을 위반하여 임신한 여성의 자기결정권을 침해한다. 형법상 자기낙태죄 조항과 동일한 목표를 실현하기 위하여 임신한 여성의 촉탁 또는 승낙을 받아 낙태하게 한 의사를 처벌하는 의사낙태죄 조항도 같은 이유에서 위헌이라고 보아야 한다. 형법상 자기낙태죄 조항과 형법상 의사낙태죄 조항에 대하여 각각 단순 위헌 결정을 할 경우에는 임신 기간 전체에 걸쳐 행해진 모든 낙태를 처벌할 수 없게 됨으로써 용인하기 어려운 법적 공백이 생기게 된다. 더욱이 입법자는 결정가능기간을 어떻게 정하고 결정가능기간의 종기를 언제까지로 할 것인지, 결정가능기간 중 일정한 시기까지는 사회적·경제적인 사유에 대한 확인을 요구하지 않을 것인지의 여부를 포함하여 결정가능기간과 사회적·경제적인 사유를 구체적으로 어떻게 조합할 것인지, 상담요건이나 숙려기간 등과 같은 일정한 절차적인 요건을 추가할 것인지의 여부 등에 관하여 해당 입법의 재량을 가진다. 따라서 형법상 자기낙태죄 조항과 형법상 의사낙태죄 조항에 대하여 단순위헌 결정을 하는 대신 각각 헌법불합치 결정을 선고하되, 다만 입법자의 개선입법이 이루어질 때까지 계속 적용을 명함이 타당하다."라고 판시하였다.[45][46]

45) 헌재 2019. 4. 11, 2017헌바127. 이러한 우리나라의 형법상 자기낙태죄 등과 관련된 문제점 및

아홉째, 헌법재판소는 2018년 6월 28일에 병역의 종류를 현역, 예비역, 보충역, 병역준비역, 전시근로역의 다섯 가지로만 한정해서 규정하고 양심적 병역거부자에 대한 대체복무제를 규정하지 아니한, 구 병역법(2000. 12. 26. 법률 제6290호로 개정되고 2006. 3. 24. 법률 제7897호로 개정되기 전의 것)부터 현행 병역법까지의 제5조 제1항(이하에서 병역법상 이 조항들을 모두 합하여 "병역종류조항"으로 줄임)[47]에 대하여 "병역종류조항은 병역부담의 형평을 기하고 병역자원을 효과적으로 확보하여 효율적으로 배분함으로써 국가안보를 실현하고자 하는 것이므로 정당한 입법목적을 달성하기 위한 적합한 수단이다. 그러나 양심적 병역거부자의 수는 병역자원의 감소를 논할 정도가 아니고, 이들을 처벌한다고 하더라도 교도소에 수감할 수 있을 뿐 병역자원으로 활용할 수는 없으므로, 대체복무제를 도입하더라도 우리나라의 국방력에 의미 있는 수준의 영향을 미친다고 보기 어렵다. 국가가 관리하는 객관적이고 공정한 사전심사절차와 엄격한 사후관리절차를 갖추고, 현역복무와 대체복무 사이에 복무의 난이도나 기간과 관련하여 형평성을

이에 대한 바람직한 개선방안을 위하여, 주요 선진국들의 낙태 규제와 관련된 여러 입법들과 판례들 및 시사점들에 대해 자세한 것은 이희훈, "미국·영국·독일·프랑스의 낙태 규제 입법과 판례에 대한 비교법적 고찰", 일감법학 제27집, 2014. 2, 704–737면 등.

46) 한편 헌법재판소는 2012년 8월 23일에 형법상 자기낙태죄 조항 등이 위헌인지 여부에 대하여 "태아가 비록 그 생명의 유지를 위하여 모(母)에게 의존해야 하지만, 그 자체로 모(母)와 별개의 생명체이고 특별한 사정이 없는 한, 인간으로 성장할 가능성이 크므로 태아에게도 생명권이 인정되어야 하며, 태아가 독자적 생존능력을 갖추었는지 여부를 그에 대한 낙태 허용의 판단 기준으로 삼을 수는 없다. 한편 낙태를 처벌하지 않거나 형벌보다 가벼운 제재를 가하게 된다면 현재보다도 훨씬 더 낙태가 만연하게 되어 형법상 자기낙태죄 조항의 입법목적을 달성할 수 없게 될 것이고, 성교육과 피임법의 보편적 상용, 임부에 대한 지원 등은 불법적인 낙태를 방지할 효과적인 수단이 되기에는 부족하다. 나아가 입법자는 일정한 우생학적 또는 유전학적 정신장애나 신체질환이 있는 경우와 같은 예외적인 경우에는 임신 24주 이내의 낙태를 허용하여(모자보건법 제14조, 동법 시행령 제15조), 불가피한 사정이 있는 경우에는 태아의 생명권을 제한할 수 있도록 하고 있다. 나아가 형법상 자기낙태죄 조항으로 제한되는 사익인 임부의 자기결정권이 이러한 형법상 자기낙태죄 조항을 통하여 달성하려는 태아의 생명권 보호라는 공익에 비하여 결코 중하다고 볼 수 없다. 따라서 이러한 형법상 자기낙태죄 조항이 임신 초기의 낙태나 사회적·경제적 사유에 의한 낙태를 허용하고 있지 아니한 것이 임부의 자기결정권에 대한 과도한 제한이라고 보기 어려우므로, 형법상 자기낙태죄 조항은 헌법에 위반되지 아니한다."라고 합헌으로 판시하였었다. 헌재 2012. 8. 23, 2010헌바402.

47) 여기서의 "등"은 "구 병역법(2006. 3. 24. 법률 제7897호로 개정되고 2009. 6. 9. 법률 제9754호로 개정되기 전의 것) 제5조 제1항, 구 병역법(2009. 6. 9. 법률 제9754호로 개정되고 2010. 1. 25. 법률 제9955호로 개정되기 전의 것) 제5조 제1항, 구 병역법(2010. 1. 25. 법률 제9955호로 개정되고 2013. 6. 4. 법률 제11849호로 개정되기 전의 것) 제5조 제1항, 구 병역법(2013. 6. 4. 법률 제11849호로 개정되고 2016. 1. 19. 법률 제13778호로 개정되기 전의 것) 제5조 제1항, 구 병역법(2016. 1. 19. 법률 제13778호로 개정되고 2016. 5. 29. 법률 제14183호로 개정되기 전의 것) 제5조 제1항, 병역법(2016. 5. 29. 법률 제14183호로 개정된 것) 제5조 제1항"을 의미한다.

확보해 현역복무를 회피할 요인을 제거한다면, 심사의 곤란성과 양심을 빙자한 병역기피자의 증가 문제를 해결할 수 있으므로, 대체복무제를 도입하면서도 병역의무의 형평을 유지하는 것은 충분히 가능하다. 따라서 대체복무제라는 대안이 있음에도 불구하고 군사훈련을 수반하는 병역의무만을 규정한 병역종류조항은 침해의 최소성 원칙에 어긋난다. 그리고 병역종류조항이 추구하는 '국가안보' 및 '병역의무의 공평한 부담'이라는 공익은 대단히 중요한 것은 부정할 수 없지만, 병역종류조항에 대체복무제를 도입한다고 하더라도 이러한 공익은 충분히 달성할 수 있다고 판단된다. 반면에 병역종류조항이 대체복무제를 규정하지 아니함으로 인하여 양심적 병역거부자들은 최소 1년 6월 이상의 징역형과 그에 따른 막대한 유·무형의 불이익을 감수해야 한다. 따라서 양심적 병역거부자들에게 공익 관련 업무에 종사하도록 한다면 이들을 처벌하여 교도소에 수용하고 있는 것보다는 넓은 의미의 안보와 공익실현에 더 유익한 효과를 거둘 수 있을 것이므로, 병역종류조항은 법익의 균형성 원칙에도 위반된다. 이에 양심적 병역거부자에 대한 대체복무제를 규정하지 아니한 병역종류조항은 과잉금지의 원칙에 저촉되어 양심적 병역거부자의 양심의 자유를 침해하므로, 병역종류조항은 헌법에 합치되지 아니한다. 이에 병역종류조항은 2019년 12월 31일을 시한으로 입법자가 개정할 때까지 계속 적용된다."라고 판시하였다.[48][49]

48) 헌재 2018. 6. 28. 2011헌바379·383, 2012헌바15·32·86·129·181·182·193·227·228·250·271·281·282·283·287·324, 2013헌바273, 2015헌바73, 2016헌바360, 2017헌바225(병합); 2012헌가17, 2013헌가5·23·27, 2014헌가8, 2015헌가5(병합).

49) 한편 헌법재판소는 2011년 8월 30일에 병역법상 병역종류조항이 위헌인지 여부에 대하여 "국민의 의무인 국방의 의무의 이행을 관철하고 강제함으로써 징병제를 근간으로 하는 병역제도 하에서 병역자원의 확보와 병역부담의 형평을 기하고 궁극적으로 국가의 안전보장이라는 헌법적 법익을 실현하고자 하는 것으로 그 입법목적이 정당하고, 입영을 기피하는 현역 입영대상자에 대하여 형벌을 부과함으로써 현역복무의무의 이행을 강제하고 있으므로, 이러한 입법목적을 달성하기 위한 적절한 수단이다. 그리고 병역의무와 관련하여 대체복무제를 도입할 것인지의 문제는 결국 '대체복무제를 허용하더라도 국가안보라는 중대한 공익의 달성에 아무런 지장이 없는지 여부'에 대한 판단의 문제로 귀결되는바, 남북이 대치하고 있는 우리나라의 특유한 안보상황, 대체복무제 도입시 발생할 병력자원의 손실 문제, 병역거부가 진정한 양심에 의한 것인지 여부에 대한 심사의 곤란성, 사회적 여론이 비판적인 상태에서 대체복무제를 도입하는 경우에 사회적 통합을 저해하여 국가 전체의 역량에 심각한 손상을 가할 우려가 있는 점 등을 고려할 때, 대체복무제를 허용하더라도 국가안보와 병역의무의 형평성이라는 중대한 공익의 달성에 아무런 지장이 없다는 판단을 쉽사리 내릴 수 없으므로, 양심적 병역거부자에 대하여 대체복무제를 도입하지 않은 채 형사처벌 규정만을 두고 있다고 하더라도 병역법상 병역종류조항이 최소 침해의 원칙에 반한다고 할 수 없다. 또한 양심적 병역거부자는 병역법상 병역종류조항에 의하여 3년 이하의 징역이라는 형사처벌을 받는 불이익을 입게 되지만, 병역법상 병역종류조항이 추구하는 공익은 국가의 존립과 모든 자유의 전제조건인 '국가안보' 및 '병

열째, 헌법재판소는 2019년 12월 27일에 공직선거법(2010. 1. 25. 법률 제9974호로 개정된 것) 제79조 제3항 제2호 중 '시·도지사 선거' 부분과 동법 동조 동항 제3호 및 공직선거법(2005. 8. 4. 법률 제7681호로 개정된 것) 제216조 제1항(이하에서 이를 모두 합하여 "선거법상 소음규제조항"으로 줄임)에 대하여 "선거법상 소음규제조항은 선거활동에 있어 확성장치를 사용함에 있어서 자동차에 부착하는 확성장치 및 휴대용 확성장치의 수는 '시·도지사선거는 후보자와 구·시·군 선거연락소마다 각 1대·각 1조, 지역구지방의회의원선거 및 자치구·시·군의 장 선거는 후보자마다 1대·1조를 넘을 수 없다.'라는 규정만 있을 뿐, 확성장치의 최고출력 내지 소음 규제기준이 전혀 마련되어 있지 아니하다. 기본권의 과소보호금지의 원칙에 부합하면서 선거운동을 위하여 필요한 범위 내에서 합리적인 최고출력 내지 소음 규제기준을 정할 필요성이 있다. … 따라서 선거법상 소음규제조항에서 선거운동을 위한 확성장치를 허용할 공익적 필요성을 인정하더라도, 다른 한편 정온한 생활환경이 보장되어야 할 주거지역에서 출근 또는 등교 이전 및 퇴근 또는 하교 이후 시간대에 확성장치의 최고출력 내지 소음을 제한하는 등 사용시간과 사용지역에 따른 수인한도 내에서 확성장치의 최고출력 내지 소음 규제기준에 관한 규정을 두지 아니한 것은 국민이 건강하고 쾌적하게 생활할 수 있는 양호한 주거환경을 위하여 노력하여야 할 국가의 의무를 부과한 헌법 제35조 제3항에 비추어 볼 때, 적절하고 효율적인 최소한의 보호조치를 취하지 아니하여, 국가의 기본권 보호의무를 과소하게 이행한 것으로서, 청구인의 건강하고 쾌적한 환경에서 생활할 권리를 침해하므로 헌법에 위반된다. 다만, 선거법상 소음규제조항에 대하여 단순 위헌 결정을 하여 즉시 효력을 상실시킨다면 법적 공백상태가 발생할 우려가 있고, 공직선거의 선거운동에서 확성장치의 사용에 따른 소음 규제기준은 입법자가 충분한 논의를 거쳐 결정하여야 할 사항이므로, 헌법불합치 결정을 선고하고, 2021년 12월 31일을 시한으로 입법자의 개선입법이 있을 때까지 잠정적용을 명하기로 한다."라고 판시하였다.[50]

역의무의 공평한 부담'이라는 대단히 중요한 공익이고, 병역의무의 이행을 거부함으로써 양심을 실현하고자 하는 경우는 누구에게나 부과되는 병역의무에 대한 예외를 요구하는 것이므로, 병역의무의 공평한 부담의 관점에서 볼 때, 그리고 타인과 사회공동체 전반에 미치는 파급효과가 대단히 큰 점 등을 고려해 볼 때, 병역법상 병역종류조항이 법익 균형성의 원칙을 상실하였다고 볼 수는 없다. 따라서 병역법상 병역종류조항은 양심의 자유를 침해하지 아니한다."라고 합헌으로 판시하였었다. 헌재 2011. 8. 30, 2008헌가22, 2009헌가7·24, 2010헌가16·37, 2008헌바103, 2009헌바3, 2011헌바16(병합).

50) 헌재 2019. 12. 27, 2018헌마730. 이러한 선거법상 소음규제조항에 관한 여러 문제점들과 향후

4. 기속력

헌법재판소는 합헌적 법률해석에 근거한 헌법재판소의 한정합헌 결정과 한정위헌 결정 및 헌법불합치 결정은 모두 단순 위헌 결정과 같이 헌법재판소의 법률에 대한 위헌 결정의 범위에 포함되며, 이러한 한정합헌 결정과 한정위헌 결정 및 헌법불합치 결정은 모두 다른 국가기관들에 대하여 당연히 기속력을 갖는 것으로 보고 있다.[51)]

즉, 헌법재판소는 1997년 12월 24일에 "헌법재판소의 법률에 대한 위헌 결정에는 단순 위헌 결정은 물론, 한정합헌 결정, 한정위헌 결정과 헌법불합치 결정도 포함되고 이들은 모두 당연히 기속력을 가진다. 헌법재판소는 법률의 위헌여부가 심판의 대상이 되었을 경우에 재판의 전제가 된 사건과의 관계에서 법률의 문언, 의미, 목적 등을 살펴 한편으로 보면 합헌으로, 다른 한편으로 보면 위헌으로 판단될 수 있는 등, 다의적인 해석가능성이 있을 때에 일반적인 해석 작용이 용인되는 범위 내에서 종국적으로 어느 쪽이 가장 헌법에 합치되는가를 가려서, 한정 축소적인 해석을 통하여 합헌적인 일정한 범위 내의 의미 내용을 확정하여 이것이 그 법률의 본래적인 의미이며, 그 의미의 범위 내에 있어서는 합헌이라고 결정할 수도 있고, 또 하나의 방법으로는 이러한 합헌적인 한정축소 해석의 타당성의 밖에 있는 경우에까지 법률의 적용 범위를 넓히는 것은 위헌이라는 취지로 법률의 문언자체는 그대로 둔 채, 위헌의 범위를 정하여 한정위헌의 결정을 선고할 수도 있다. 이러한 두 가지의 방법은 서로 표리관계에 있는 것이어서 실제적으로는 차이가 있는 것이 아니다. 합헌적인 한정축소의 해석은 위헌적인 해석의 가능성과 그에 따른 법 적용을 소극적으로 배제한 것이고, 적용 범위의 축소에 의한 한정적인 위헌 선언은 위헌적인 법의 적용 영역과 그에 상응하는 해석 가능성을 적극적으로 배제한다는 뜻에서 차이가 있을 뿐, 본질적으로는 다 같은 부분적인 위헌 결정에 속한다.[52)] 헌법재판소의 또 다른 변형결정의 하나인 헌법불합치 결정의 경우에도 개정 입법시까지 심판의 대상인 법률조항은 법률문언의 변화 없이 계속 존속하지만, 헌법재판소에 의한

바람직한 여러 입법적 개선방안들에 대해 자세한 것은 이희훈, "공직선거법상 선거 소음 규제 조항에 대한 개선방안", 입법학연구 제17집 제1호, 한국입법학회, 2020. 2, 121－142면.

51) 헌재 1997. 12. 24, 96헌마172.

52) 헌재 1992. 2. 25, 89헌가104.

위헌성 확인의 효력은 그 기속력을 가지는 것이다. … 모든 국가기관은 헌법의 구속을 받고 헌법에의 기속은 헌법재판을 통하여 사법 절차적으로 관철되므로, 헌법재판소가 헌법에서 부여받은 위헌 심사권을 행사한 결과인 법률에 대한 위헌 결정은 법원을 포함한 모든 국가기관과 지방자치단체를 기속한다. 따라서 헌법재판소가 위헌으로 결정하여 그 효력을 상실한 법률을 적용해서 행한 법원의 재판은 헌법재판소 결정의 기속력에 반하는 것일 뿐만 아니라, 법률에 대한 위헌심사권을 헌법재판소에 부여한 헌법의 결단(헌법 제107조 및 제111조)에 정면으로 위반된다. 그러한 판결은 헌법의 최고규범성을 수호하기 위하여 설립된 헌법재판소의 존재의의, 헌법재판제도의 본질과 기능, 헌법의 가치를 구현함을 목적으로 하는 법치주의의 원리와 권력분립의 원칙 등을 송두리째 부정하는 것이라고 하지 않을 수 없다."라고 판시하였다.[53]

그러나 대법원은 이중에서 한정위헌 결정에 대해서는 이러한 헌법재판소의 견해와 달리 "헌법재판소의 결정이 그 주문에서 당해 법률이나 법률조항의 전부 또는 일부에 대하여 위헌 결정을 선고함으로써 그 효력을 상실시켜 법률이나 법률조항이 폐지되는 것과 같은 결과를 가져온 것이 아니라, 그에 대하여 특정의 해석기준을 제시하면서 그러한 해석에 한하여 위헌임을 선언하는 '한정위헌 결정'의 경우에는 헌법재판소의 결정에 불구하고 법률이나 법률조항은 그 문언이 전혀 달라지지 않은 채 그냥 존속하고 있는 것이므로, 이와 같이 법률이나 법률조항의 문언이 변경되지 아니한 이상 이러한 한정위헌 결정은 법률 또는 법률조항의 의미와 내용 및 그 적용범위를 정하는 법률해석이라고 이해하지 않을 수 없다. 그런데 구체적인 사건에 있어서 당해 법률 또는 법률조항의 의미와 내용 및 적용범위가 어떠한 것인지를 정하는 권한 곧 법령의 해석과 적용의 권한은 바로 사법권의 본질적인 내용을 이루는 것으로서, 전적으로 대법원을 최고 법원으로 하는 법원에 전속한다. 이러한 법리는 우리나라 헌법에 규정된 권력분립의 구조의 기본원리와 대법원을 최고법원으로 규정한 헌법의 정신으로부터 당연히 도출되는 이치로서, 만약 법원의 이러한 권한이 훼손된다면 이는 헌법 제101조 및 어떤 국가기관으로부터도 간섭받지 않고 오직 헌법과 법률에 의하여 그 양심에 따라 독립하여 심판하도록 사법권 독립을 보장한 헌법 제103조에 각각 위반되는 결과를 초래한다. 그러므로 한정위헌 결정에 표현되어

53) 헌재 1997. 12. 24, 96헌마172·173(병합).

있는 헌법재판소의 법률해석에 관한 견해는 법률의 의미와 내용 및 그 적용범위에 관한 헌법재판소의 견해를 일응 표명한 것에 불과하여, 이와 같이 법원에 전속되어 있는 법령의 해석과 적용의 권한에 대하여 어떠한 영향을 미치거나 기속력도 가질 수 없다."라고 판시하였다.[54] 즉, 이처럼 대법원은 한정위헌 결정의 기속력에 대하여 헌법재판소가 한정위헌 결정에 대해서 기속력을 가지는 것으로 보고 있는 것과는 다르다는 점을 유의해야 한다.

5. 한계

합헌적 법률해석의 한계로는 먼저 그 필요성을 인정하더라도 해당 법조문이 가지고 있는 어의(語義)와 전혀 다른 의미로 변질되도록 해석하면 안 된다는 '문의적인 한계'가 있다. 그리고 입법자가 의도한 해당 법률의 입법의 목적과는 전혀 다른 해석을 하면 안 된다는 '법 목적적인 한계'가 있다.

이에 대하여 헌법재판소는 1989년 7월 14일에 "법률 또는 법률의 조항은 원칙적으로 가능한 범위 안에서 합헌적으로 해석해야 하지만, 그러한 해석은 법의 문구와 목적에 따른 한계가 있다. 즉, 법률의 조항의 문구가 간직하고 있는 말의 뜻을 넘어서 말의 뜻이 완전히 다른 의미로 변질되지 아니하는 범위 내이어야 한다는 '문의적 한계'와 입법권자가 그 법률의 제정으로써 추구하고자 하는 입법자의 명백한 의지와 입법의 목적을 헛되게 하는 내용으로 해석할 수 없다는 '법 목적적 한계'가 있다. 왜냐하면, 그러한 범위를 벗어난 합헌적 해석은 그것이 바로 실질적 의미에서의 입법작용을 뜻하게 되어 결과적으로 입법권자의 입법권을 침해하는 것이 되기 때문이다."라고 판시하였다.[55]

이밖에 합헌적 법률해석의 한계에 대하여 추가적으로 헌법 규범이 정상적으로 수용할 수 없을 정도로 그 의미와 내용을 초월하는 해석을 하면 안 된다는 '헌법 수용적인 한계'가 있다는 견해가 있다.[56]

---

54) 대판 1996. 4. 9, 95누11405 등.
55) 헌재 1989. 7. 14, 88헌가5·8·89헌가44(병합).
56) 허영, 한국헌법론, 박영사, 2015, 79면.

제 5 장

헌법의 제정과 개정

제 5 장 헌법의 제정과 개정

제 1 절 머리말

우리나라 헌법은 1948년 7월 17일에 제정되었다. 이후 총 아홉 차례의 개정을 거쳐 현재 헌법전(憲法典)에는 헌법 전문과 총강, 국민의 권리와 의무, 국회, 정부, 법원, 헌법재판소, 선거관리, 지방자치, 경제, 헌법 개정의 순서로, 총 열 개의 장으로 구성되어 있다. 즉, 우리나라 헌법전은 크게 헌법 전문과 본문 130조 및 부칙으로 이루어져 있다. 이하에서는 헌법의 제정과 개정에 대하여 각각 살펴보겠다.

제 2 절 헌법의 제정

1. 의의

'헌법의 제정'이란, 헌법제정권자인 국민이 헌법제정권력인 주권을 행사하여 한 국가의 새로운 기본적이고 기초적인 법 규범인 헌법을 창조하는 행위를 뜻한다.[1)]

2. 헌법제정권력

(1) 의의

'헌법제정권력'이란, 국가법질서의 근본법인 헌법을 시원적(始原的)으로 창조하는 힘을 뜻한다.[2)] 시예스(Abbe Sieyes)는 1789년 프랑스 시민혁명의 전야(前夜)

1) 성낙인, 헌법학, 법문사, 2019, 38면.
2) 김철수, 헌법학개론, 박영사, 2007, 35면.

에 '제3계급이란 무엇인가?'라는 전단을 통해 헌법의 제정주체는 제3신분인 국민이고, 국민이 보유하는 헌법제정권력은 절대적이고 오류를 범할 수 없는 단일 불가분의 시원적이고 자율적인 권력이며, 절차적인 면에서는 일체의 법적 제한을 받지 않는 권력이라고 주장하였다. 즉, 시예스는 헌법제정권력은 선재하는 실정법적 근거가 없어도 법창조능력을 가지는 시원적 권력이고, 바로 그러한 시원성에서 자기 정당화의 논리가 나오며 타인에게 양도할 수 없는 성질의 권력이라고 하였다.[3] 또한 시예스는 헌법을 제정하는 권력과 헌법에 의하여 제정된 권력을 구분한 후에, 입법권과 행정권 및 사법권은 모두 헌법에 의하여 창조된 권력으로서 헌법의 구속을 받게 된다고 주장하였다.[4]

한편 칼 슈미트(Carl Schmitt)는 "헌법제정권력이란, 고유의 정치적 실존의 종류와 형태에 대하여 구체적인 근본결단을 내릴 수 있는 권력이나 권위를 가진 정치적 의사를 뜻한다."라고 주장하였다.[5]

(2) 특성

헌법제정권력은 새로운 법이념에 기초하여 국가의 새로운 법질서를 창설하는 스스로 생성하여 행하는 권력이라는 점에서 '창조성·시원성'이 있고, 이러한 헌법제정권력은 다른 법규범에 구속되지 않는 권력이라는 점에서 '자율성'이 있으며, 입법부와 행정부 및 사법부 등의 여러 통치기구들에게 포괄적으로 기원 내지 연원(淵源)이 되는 권력이라서 이를 나누거나 쪼갤 수 없는 권력이라는 점에서 '불가분성'이라는 특성이 있다. 또한 헌법제정권력은 타인에게 양도할 수 없는 권력이라는 점에서 '불가양성'이라는 특성이 있고, 헌법제정권력은 이를 행사했더라도 감소 내지 축소되거나 소멸하는 것이 아니라 계속해서 행사할 수 있고 향유할 수 있는 권력이라는 점에서 '항구성'이라는 특성이 있다.[6]

(3) 주체

헌법제정권력의 주체에 대하여 시예스는 국민인 제3신분이라고 주장하였고, 칼 슈미트는 개인, 소수인, 국민 등 현실적으로 정치적인 실존의 종류와 형

3) 권영성, 헌법학원론, 법문사, 2009, 44면; 홍성방, 헌법학(상), 박영사, 2010, 41면.
4) 홍성방, 상게서, 41면.
5) 김철수, 전게서, 35면.
6) 성낙인, 전게서, 39-40면; 정종섭, 헌법학원론, 박영사, 2015, 45-46면.

식에 대해 근본결단을 내릴 수 있는 적나라한 실력자라고 주장하였다.7)

생각건대, 국민주권이 확립되어 있는 현대복지국가에서는 헌법제정권력의 주체는 국민일 수밖에 없으며, 이에 대해 헌법재판소는 "헌법전문은 헌법을 제정한 주체는 국민임을 밝히고 있고 …"라고 판시하였다.8)

또한 헌법재판소는 "헌법 제1조 제2항은 '대한민국의 주권은 국민에게 있고, 모든 권력은 국민으로부터 나온다.'라고 규정한다. 이와 같이 국민이 대한민국의 주권자이며, 국민은 최고의 헌법제정권력이기 때문에 성문헌법의 제·개정에 참여할 뿐만 아니라, 헌법전에 포함되지 아니한 헌법사항을 필요에 따라 관습의 형태로 직접 형성할 수도 있다."라고 판시하였다.9)

(4) 한계

1) 헌법제정권력의 무한계설(한계 부정설)

시예스는 헌법제정권력의 '시원성'에 의해서 헌법제정권력의 한계를 부정하였다. 그리고 칼 슈미트는 개인, 소수인, 국민 등 비상사태를 결단할 수 있는 주권자인 적나라한 실력자의 정치적 결단에 의한 '혁명성'에 의해서 헌법제정권력의 한계를 부정하였다.10)

2) 헌법제정권력의 유한계설(한계 긍정설)

케기(Kägi)는 헌법은 불변의 근본규범과 그 밖의 다른 규범의 중간에 위치하는 것이므로, 헌법제정권력은 이러한 '불변의 근본규범'에 구속되어 헌법제정권력의 한계를 긍정하였다. 그리고 마운츠(Maunz)는 헌법제정권력이 초국가적 인권 등과 같은 '자연법적 원리'에 의한 제한을 받아서 헌법제정권력에는 한계가 있다고 주장하였다.11)

3) 검토

생각건대, 헌법제정권력은 인간의 존엄과 가치성을 존중해야 하는 것 등과 같은 초국가적인 '자연법적 한계'를 준수해야 하는 한계가 있고, 민주주의·평화주의·법적 이성과 정의·법적 안정성 등과 같은 '법원리적 한계'를 준수해야 하

7) 홍성방, 전게서, 42면.
8) 헌재 2000. 8. 31, 97헌가12.
9) 헌재 2004. 10. 21, 2004헌마554·566(병합).
10) 홍성방, 전게서, 42면.
11) 권영성, 전게서, 47면.

는 한계가 있으며, 헌법의 제정 당시에 지배하는 정치적인 시대사상이나 생활감각을 반영해야 한다는 '이데올로기적(사상적·신념적) 한계'를 준수해야 하는 한계가 있고, 패전국인 독일이나 일본의 전후의 헌법제정과정에서 승전국의 의사가 영향력을 미치는 '국제법적 한계'를 준수해야 하는 한계 등이 있다.[12)]

따라서 위의 두 가지 견해들 중에서 '헌법제정권력의 유한계설', 즉 '헌법제정권력의 한계 긍정설'이 타당하다고 하겠다.

3. 우리나라 헌법의 제정

우리나라 제헌 헌법의 전문에서 국민이 헌법제정권자이며, 국민의 대표기관에서 헌법을 제정한 것임을 규정하고 있다. 그리고 현행 헌법의 전문에서 대한민국 국민이 헌법을 제정하였고, 국회의 의결을 거쳐 국민투표로서 개정하였음을 명확히 규정하고 있다.

제 3 절 헌법의 개정

1. 의의

'헌법의 개정'이란, 헌법에 규정된 개정절차에 의해 기존 헌법이 가지고 있는 기본적인 동일성을 유지하면서, 헌법상 특정한 조문이나 문구를 의식적으로 수정·삭제·추가하여 헌법전의 내용을 의식적으로 변경하는 행위를 뜻한다.[13)]

2. 헌법 개정의 필요성

헌법규범의 대상이 되는 현실은 사회의 발전에 따라 변화하게 되며, 이러한 변화는 헌법의 현실 적응성과 실효성의 유지를 위하여 헌법 개정을 해야 할 필요성이 발생한다. 만약 이러한 헌법 개정을 적절히 행하지 않으면 헌법이 파

12) 권영성, 상게서, 47면; 허영, 한국헌법론, 박영사, 2015, 45－46면.
13) 권영성, 상게서, 49면; 성낙인, 전게서, 49면.

괴되는 큰 문제점이 발생할 수도 있기 때문에, 사전에 미리 이러한 헌법의 파괴라는 문제점을 방지하기 위해서 헌법의 개정은 필요하다.

3. 헌법의 개정과 구별 개념

먼저 '헌법의 파괴 · 파기'란, 기존의 헌법전을 소멸시키고 그 헌법의 바탕이 되는 헌법제정권력까지도 배제하는 것으로, 기존의 헌법과 새로운 헌법 사이에 기본적인 동일성이 전혀 유지되지 않는 것을 의미한다.[14] 예를 들어, 1789년의 프랑스 대혁명과 1917년 11월의 러시아 혁명 등이 헌법의 파괴나 파기에 해당한다고 하겠다.[15]

다음으로 '헌법의 폐지 · 폐제'란, 기존의 헌법전은 배제하지만, 헌법제정권력은 변경되지 않는 경우를 의미한다. 이것은 주로 쿠데타 등에 의한 정권담당자의 교체를 의미한다.[16] 예를 들어, 1946년의 프랑스 헌법이 1958년 드골헌법으로 교체되었던 것과 우리나라에서 5 · 16 군사쿠데타 이후에 제2공화국 헌법에서 규정한 절차가 아닌 국가재건최고회의가 제정한 국민투표법에 의하여 치러진 국민투표를 통해 제2공화국 헌법이 제3공화국 헌법으로 교체된 것이 헌법의 폐지나 폐제에 해당한다고 하겠다.[17]

그리고 '헌법의 침해 · 침식'이란, 헌법의 조문은 명시적으로 고치지 않고 헌법규정에 반하는 어떤 공권력의 조치를 행하는 것을 의미한다.[18] 예를 들어, 우리나라 헌법 제77조 제3항에서 비상계엄에 따른 특별한 조치에 의해 이러한 합헌적인 헌법 침해나 침식이 발생할 수 있다.[19]

또한 '헌법의 정지'란, 특정한 헌법조항의 효력을 일시적으로 중단시키는 것을 의미한다.[20] 예를 들어, 우리나라에서 1961년에 5 · 16 군사쿠데타 이후의 국가비상조치나 1972년 10월 유신의 10 · 17 비상조치 또는 1980년 국가보위비상대책위원회의 5 · 17 조치 등이 헌법의 정지에 해당한다.[21]

---

14) 권영성, 상게서, 50면.
15) 홍성방, 전게서, 48면.
16) 권영성, 전게서, 50면.
17) 홍성방, 전게서, 48면.
18) 홍성방, 상게서, 48면.
19) 정종섭, 전게서, 95면.
20) 권영성, 전게서, 51면.
21) 홍성방, 전게서, 48-49면.

이밖에 '헌법의 변천·변질'이란, 헌법의 특정한 조항이 헌법에 규정된 개정절차에 의해서 정식으로나 의식적으로 변경되는 것이 아니라, 당해 법 조항은 원래의 상태 그대로 존속하면서 그 의미의 내용만이 실질적으로 변경되거나 변화되는 것을 의미한다. 즉, 헌법의 변천·변질은 의식적인 헌법변경행위인 헌법의 개정과는 달리, 암묵적·묵시적인 헌법변경이 행하여진다.[22] 예를 들어, 미국에서 1803년에 Marbury v. Madison 사건[23]이 계기가 되어, 미국 연방대법원이 위헌법률심사권을 행사하고 있는 점, 미국 연방헌법 제2조에서 미국의 대통령 선거에 대하여 선거인단을 통한 간접 선거제로 규정하고 있지만, 실제로는 직접 선거제와 같이 운영되고 있는 점, 일본 헌법 제9조에서 "제1항: 일본 국민은 정의와 질서를 기조로 하는 국제 평화를 성실히 수행하고, 국권 발동으로서의 전쟁 및 무력에 의한 위협이나 무력행사는 국제 분쟁을 해결하는 수단으로서는 영구히 이를 포기한다. 제2항: 전항의 목적 달성을 위하여 육군·해군·공군 및 기타 전력은 보유하지 않는다. 국가의 교전권 역시 인정하지 않는다."라고 규정하고 있지만, 사실상 자위대에 의하여 군사력을 보유하고 있는 점, 노르웨이·스웨덴·덴마크·네덜란드 헌법들에서 국왕이 가지고 있는 법률안 제출권이나 법률안거부권 또는 행정입법권 등이 명목적·형식적인 권한이 된 점 등[24]을 헌법의 변천이나 변질로 볼 수 있다.[25]

4. 헌법 개정의 방법과 형태

헌법 개정의 방법에는 전면 개정과 일부 개정의 형태가 있다. 이중에서 먼저 헌법을 전면적으로 개정하는 방법은 헌법전의 체제를 완전히 바꾸어 재구성하는 것을 뜻한다. 그리고 헌법을 일부 개정하는 방법은 헌법전의 하나 또는 여러 개의 조항을 변경하는 개정방식을 뜻한다.

한편 헌법을 개정하는 형태로는 미국에서 행하고 있는 '증보형(Amendment

22) 권영성, 전게서, 51면.
23) Marbury v. Madison 사건과 판례에 대해 자세한 것은 정연주, "Marbury v. Madison 판결의 재조명", 공법연구 제32집 제3호, 한국공법학회, 2004. 2, 199-222면 등.
24) 이밖에 우리나라의 1952년과 1954년 헌법에서 참의원 제도를 규정하였지만, 실제로는 참의원 제도가 시행되지 못한 점과 1962년 헌법부터 지방자치를 위한 지방의회 규정이 있었지만, 1991년에 와서야 비로소 지방의회가 실시된 점 등을 헌법의 변천이나 변질로 볼 수도 있지만, 이를 엄밀히 볼 때 헌법위반상태로 보는 것이 좀 더 타당하다. 성낙인, 전게서, 64면.
25) 권영성, 전게서, 60-61면; 성낙인 상게서, 63면.

형)'이 있고, 우리나라와 독일처럼 헌법의 개정시 헌법전 자체에 일부 수정이 필요한 조항의 내용만을 일부 추가하거나 변경하거나 또는 삭제를 행하는 방식으로 수정을 행하는 '삽입형(Revision형)'이 있다.

5. 헌법개정권력의 한계

(1) 헌법개정권력의 무한계설(한계 부정설)

헌법개정권력의 한계란, 헌법개정권자가 헌법 개정의 방법으로 모든 헌법 조문을 개정할 수 있는지의 문제로서, 헌법을 개정하는데 있어 헌법개정권력의 한계가 없다고 보는 '헌법개정권력 무한계설'은 헌법에 규정되어 있는 헌법의 개정절차나 개정순서만 잘 준수한다면 헌법상 어떠한 조항의 내용도 헌법개정권력에 의하여 개정할 수 있다는 견해로, 심지어 명시적으로 헌법의 개정을 금지하고 있는 헌법 조항까지도 헌법의 개정절차조항이나 개정순서조항만 준수하면 얼마든지 개정을 할 수 있다는 견해다.

(2) 헌법개정권력의 유한계설(한계 긍정설)

헌법을 개정하는데 있어 헌법개정권력의 한계가 있다고 보는 '헌법 개정권력의 유한계설'은 아무리 헌법에 규정된 헌법상 개정절차조항의 순서를 준수하더라도, 헌법제정권력의 한계에서처럼 헌법개정권력에도 자연법적인 한계와 법원리적인 한계 및 이데올로기적인 한계와 국제법적인 한계가 있으며, 특정한 헌법상 조항의 내용이나 헌법의 근본이념이나 가치 등은 개정할 수 없다는 견해다.[26)]

(3) 검토

생각건대, 헌법의 근본적인 핵심 가치나 이념 등에 해당하는 국민주권원리, 민주공화국, 기본권의 보장, 자유민주적 기본질서, 권력분립주의, 국제평화주의, 의회주의, 법치주의, 복수정당제, 사유재산제, 사법권의 독립성, 지방자치제, 사회적 시장경제질서 등은 헌법 개정의 대상이 될 수 없는 것으로 보는 것이 타당하다. 그리고 헌법제정권력의 한계에서와 같이 헌법개정권력에서도 자연법

---

26) 권영성, 전게서, 53–54면.

적인 한계와 법원리적인 한계 및 이데올로기적인 한계와 국제법적인 한계가 있다고 보는 것이 타당하다. 한편 헌법의 개정권력에는 헌법의 제정권력과는 다르게 헌법의 개정절차조항의 순서에 따라서 헌법을 개정해야 하는 '실정법적인 한계'가 있다.[27)]

6. 우리나라 헌법의 개정절차

우리나라 헌법의 개정절차는 다음과 같이 크게 다섯 가지의 단계를 거친다.

첫째, 헌법개정안은 대통령이 국무회의의 심의를 거쳐 발의하거나 또는 국회재적의원 과반수의 발의로 제안된다(헌법 제128조 제1항).

둘째, 이렇게 제안된 헌법개정안은 대통령이 20일 이상의 기간 동안 반드시 공고를 해야 한다(헌법 제129조). 이러한 헌법개정안에 대해서는 반드시 대통령이 공고를 해야 하는 강행적·강제적 규정이므로, 만약 대통령이 20일 이상의 기간 동안 헌법 개정안을 공고하지 않고 헌법 개정을 행하려고 한다면 이는 탄핵소추의 사유가 된다.

셋째, 국회는 헌법개정안이 대통령에 의하여 공고된 날로부터 60일 이내에 국회에서 재적의원 3분의 2이상의 찬성을 얻어서 의결을 한다(헌법 제130조 제1항). 이러한 정족수는 오늘날 여야의 대립이 심한 정치적인 현실에 비추어 볼 때, 국회에서 결코 사실상 얻기 쉬운 정족수가 아니므로, 이러한 국회의 의결이라는 단계를 통과하는 것은 상당히 어렵다고 할 것이다. 따라서 이로부터 우리나라 헌법은 '경성헌법성'이 있음을 알 수 있다. 다만 이때 국회에서의 헌법개정안에 대한 국회의원들의 투표방법은 책임소재를 분명히 하기 위해서 기명투표를 해야 한다(국회법 제112조 제4항).

넷째, 헌법개정안은 이러한 국회의 의결 후 30일 이내에 국민투표에 붙여서 국회의원 선거권자 과반수의 투표와 그 투표자 과반수의 찬성을 얻어야만 한다(헌법 제130조 제2항). 이러한 국민 투표의 정족수는 오늘날 선거시 해당 투표에 대체로 낮은 투표율 내지 선거 참여율을 보이고 있는 정치적인 현실을 고려할 때, 우리나라 전체의 국회의원 선거권자의 과반수가 투표에 참여해야만 하고, 다시 이러한 투표자의 과반수의 찬성을 얻는다는 것은 결코 쉽지 않으므로,

27) 홍성방, 전게서, 56-57면.

이러한 국민투표의 단계를 통과하는 것은 매우 어렵다고 할 것이다. 따라서 이로부터 우리나라 헌법은 '경성헌법성'이 있음을 알 수 있다. 다만 이러한 헌법개정안에 대한 국민 투표의 효력에 관하여 이의가 있는 투표인은 투표인 10만인 이상의 찬성을 얻어서 중앙선거관리위원회 위원장을 피고로 하여 투표일로부터 20일 이내에 대법원에 해당 국민투표에 대한 무효 소송을 제기할 수 있다(국민투표법 제92조). 이는 해당 대통령선거의 결과에 대한 중요성과 신속성 등 때문에 하급심 법원에 제소하지 않고 바로 대법원에 제소할 수 있도록 단심제로 규정하고 있다.

다섯째, 만약 헌법개정안에 대해서 국민 투표의 단계를 통과하게 되면 해당 헌법 개정은 확정이 되며, 대통령은 즉시 헌법 개정을 공포해야만 한다(헌법 제130조 제3항). 만약 대통령이 헌법 개정에 대하여 즉시 공포하지 않으면 이는 탄핵소추의 사유가 된다.

제 6 장

헌법의 보장

제 6 장 헌법의 보장

제 1 절 머리말

헌법은 입법권, 행정권, 사법권 등의 여러 국가권력들 또는 통치권들을 적절하게 합리적으로 규제하여 국민 등의 기본권을 보장 또는 보호해 주는 국내의 최고법이며 근본법이다. 따라서 헌법은 보수, 진보, 중도 등의 다양한 정치적인 세력들의 이해관계나 상호관계에 의해서 그 실효성을 다소 위협받을 수 있기 때문에, 이로부터 헌법을 보호 내지 수호하기 위하여 '헌법의 보장'이 필요하다. 즉, 헌법에 대하여 어떤 적대적인 행위에 의해 헌법 자체가 위협받는 상황으로부터 헌법의 규범력과 기능을 보호하여 국민 등의 기본권을 보장해 주고 국가권력이나 통치권의 정당성을 확보해 주려는 것이 바로 '헌법의 보장'이다.

이렇듯 헌법의 보장은 협의, 즉 좁은 의미로는 국가 내의 최고법이며 최상위의 규범으로서 헌법 자체의 효력을 보장하는 것을 의미하고, 광의, 즉 넓은 의미로는 헌법 자체의 보장에서 더 나아가 한 국가의 보장을 의미한다.

이하에서는 우리나라 헌법의 보장제도와 국가긴급권 및 저항권에 대하여 각각 고찰하겠다.

제 2 절 대한민국 헌법의 보장제도

1. 평상시 헌법의 보장제도

(1) 사전 예방적 헌법의 보장제도

헌법이 위협을 받거나 침해를 받기 전에 이를 방지하기 위한 '사전 예방적인 헌법의 보장제도'로는 합리적인 정당정치의 구현, 유권자들에 의한 선거를 통한 국정의 통제, 국민의 호헌(護憲)의식의 고양과 같은 정치적 성격의 헌법의 보장제도가 있다. 그리고 헌법의 최고 법규성 또는 최상위 법규성, 헌법 제5조 제2항의 군(軍)의 정치적 중립성 보장, 헌법 제7조 제2항의 공무원의 정치적 중립성 보장, 헌법 제8조 제4항의 방어적 민주주의[1]의 채택, 헌법 제69조의 대통령의 헌법에 대한 준수의무의 선서, 헌법 제40조와 제66조 제4항 및 제101조 제1항과 제111조 제1항에 의한 국가권력의 분립에 의한 상호 견제와 균형, 헌법 제130조 제1항 및 제2항의 경성헌법성에 의한 헌법 개정의 엄격성 등과 같은 법적 성격의 헌법의 보장제도가 있다.[2]

(2) 사후 교정적 헌법의 보장제도

만약 헌법이 현실적으로 침해가 되었을 경우에 그러한 헌법의 침해행위를 배제하거나 그 효력을 부정하여, 헌법의 최고 법규성과 그 최상위의 법규성을 회복하기 위한 '사후 교정적인 헌법의 보장제도'로는 헌법 제8조 제4항의 위헌정당해산심판제도,[3] 헌법 제29조 제1항의 국가배상책임제도, 헌법 제61조의 국정감사제도 및 국정조사제도, 헌법 제63조의 국회의 대통령을 향한 국무총리나 국무위원의 해임 건의권, 헌법 제65조 제1항과 제111조 제1항 제2호의 탄핵심판제도, 헌법 제107조 제1항과 제2항의 위헌법률심판제도 및 위헌·위법 명령·규칙·처분심사제도, 헌법 제111조 제4항과 제5항에 의한 권한쟁의심판제도 및 헌법소원심판제도 등이 있다.[4]

---

1) '방어적 민주주의'란 민주주의의 실현이라는 명목으로 민주주의를 공격하여 파괴하거나 자유의 이름으로 자유 그 자체를 말살하려는 등 헌법질서의 적을 효과적으로 방어하고 그와 투쟁하기 위한 것을 의미한다. 이러한 방어적 민주주의는 민주주의의 본질을 침해하는 자기모순을 행하지 못하도록 해 주는바, 방어적 민주주의로 인한 각종 제한은 엄격한 비례의 원칙에 의해서만 행해져야 한다. 장영수, 헌법학, 홍문사, 2015, 174-177면; 홍성방, 헌법학(상), 박영사, 2010, 87면. 이러한 방어적 민주주의에 대하여 자세한 것은 장영수, "통합진보당과 독일공산당의 비교", 고려법학 제72호, 고려대 법학연구원, 2014. 3, 141-145면; F. K. Fromme, Die streitbare Demokratie im Bonner Grundgesetz, in: Verfassungsschutz und Rechtsstaat, 1981, SS.184-185; J. Schaefer, Grundlegung ordoliberalen Verfassungstheorie, Berlin, 2007, SS.568-569.

2) 권영성, 헌법학원론, 법문사, 2009, 63-64면; 성낙인, 헌법학, 법문사, 2019, 67면.

3) 이러한 위헌정당해산심판제도에 대하여 자세한 것은 본서의 제12장-제2절-3번-(4)번 참조.

4) 권영성, 전게서, 66-67면; 성낙인, 전게서, 67면.

2. 비상시 헌법의 보장제도

현행 헌법에서 비상시 헌법의 보장제도로는 헌법 제76조의 대통령의 긴급 명령권[5]과 긴급재정·경제처분 및 명령권[6], 헌법 제77조의 대통령의 계엄선포권[7], 국민의 저항권 등이 있다.

제 3 절 국가긴급권

1. 의의

입헌주의적 헌법은 국민의 기본권 보장을 그 이념으로 하고 그것을 위한 권력분립과 법치주의를 그 수단으로 하기 때문에 국가권력은 언제나 헌법의 테두리 안에서 헌법에 규정된 절차에 따라 발동되어야 한다. 그러나 입헌주의적 국가에서도 전쟁이나 내란 또는 경제공황 등과 같은 비상사태가 갑자기 발생하여 국가의 존립이나 헌법의 질서 유지가 매우 힘들어지게 되거나 위태롭게 되는 때에는 정상적인 평상시의 헌법적 체제의 유지와 헌법에 규정된 정상적인 권력행사의 방식만을 계속 고집할 수는 없게 된다. 이러한 갑작스런 여러 비상사태의 하에서 국가적·헌법적인 위기를 극복하기 위한 비상적인 헌법적 조치가 필요하게 된다. 이러한 비상적인 헌법적 조치나 수단을 발동할 수 있는 권한이 바로 '국가긴급권'이다. 즉 국가긴급권은 국가의 존립이나 헌법질서를 위태롭게 하는 비상사태가 발생한 경우에 국가를 보전하고 헌법질서를 유지하기 위

5) 우리나라는 국가의 전쟁·내란 또는 경제공항과 같은 비상사태가 발생한 경우에 대통령으로 하여금 평상시와 다른 특수한 통치권을 행사하여 그러한 위기를 극복할 수 있도록 규정하고 있다. 이에 대하여 헌법 제76조 제2항에서는 국가의 안위에 관계되는 중대한 교전상태에 있어서 국가를 보위하기 위하여 긴급한 조치가 필요하고, 국회의 집회가 불가능한 때에 한하여 대통령으로 하여금 법률적 효력을 갖는 '긴급명령권'을 행사할 수 있도록 규정하고 있다.

6) 헌법 제76조 제1항에서는 내우·외환·천재·지변 또는 재정·경제상의 위기에 있어서 국가의 안전보장 또는 공공의 안녕질서를 유지하기 위하여 긴급한 조치가 필요하고, 국회의 집회를 기다릴 여유가 없을 때에는 대통령으로 하여금 법률적 효력을 갖는 긴급재정·경제처분 및 명령권을 발할 수 있도록 규정하고 있다.

7) 헌법 제77조 제1항에서는 대통령이 전시·사변 또는 이에 준하는 국가비상사태에 있어서 병력으로써 군사상의 필요에 응하거나 공공의 안녕질서를 유지할 필요가 있을 때에는 법률이 정하는 바에 의하여 계엄을 선포할 수 있도록 규정하고 있다.

한 헌법 보장의 한 수단이다.[8)]

2. 발동요건

국가긴급권을 발동하기 위한 요건으로는 헌법이 평상시에 예견하고 있는 수단으로는 제거할 수 없는 정도의 매우 중하고 긴급한 국가적 비상사태가 발생해야 하고, 국가의 존립과 안전을 신속히 회복하기 위한 것이어야 하며, 기타의 다른 목적을 위한 것이어서는 안 된다. 그리고 국가긴급권을 누가 행사할 것인지에 대하여 국가긴급권의 행사 주체가 확정되어 있어야 한다. 또한 헌법에 규정된 정상적인 수단으로 해결될 수 없는 것이어야 한다. 따라서 대통령이 사고로 직무를 수행할 없게 된 경우 등과 같이 헌법기관이 헌법상의 기능을 어떤 이유로 수행할 수 없게 되었을 때에 헌법에 규정된 정상적인 수단으로 해결할 수 있는 '헌법의 장애상태'와 구별된다.[9)]

3. 한계

국가긴급권의 행사는 그 목적이 국가의 존립과 안전을 확보하기 위한 것이어야 하고(소극성의 원칙), 그 시기는 일시적이며 잠정적으로 행사되어야 하므로 무한정 행사되어서는 안 되며(잠정성의 원칙), 통상적인 헌법상 절차로는 해결할 수 없는 국가적인 비상사태가 발생해야 하고, 국가긴급권의 발동이 불가피한 최후 수단임이 객관적으로 납득될 수 있는 경우이어야 한다(보충성·객관성의 원칙). 그리고 국가긴급권은 기본권의 제한시 과잉금지의 원칙에 위반되지 않도록 필요 최소한의 기본권을 규제해야 한다(최소성의 원칙).[10)]

한편 국가긴급권이 헌법상 명문으로 규정되어 있지 않더라도 극도의 국가적인 비상사태 하에서 헌법상의 제한을 무시하고 일종의 독재적인 조치를 행할 수 있다는 의미의 '초헌법적 국가긴급권'의 인정 유무에 대하여, 헌법재판소는 1994년 6월 30일에 "국가보위에 관한 특별조치법은 초헌법적인 국가긴급권을 대통령에게 부여하고 있다는 점에서 이는 헌법을 부정하고 파괴하는 반입헌주

8) 헌재 1994. 6. 30, 92헌가18.
9) 권영성, 전게서, 71-72면.
10) 권영성, 상게서, 72면.

의적이고 반법치주의적인 위헌적 법률에 해당하고, 국가긴급권의 발동(비상사태의 선포)의 조건을 규정한 국가보위에 관한 특별조치법 제2조의 '국가안전보장에 대한 중대한 위협에 효율적으로 대처하고 사회의 안녕질서를 유지하여 국가를 보위하기 위하여 신속한 사태대비조치를 취할 필요가 있을 경우'라는 규정의 내용은 너무 추상적이고 광범위한 개념으로 되어 있어서 이를 남용 및 악용의 소지가 매우 크므로, 기본권의 제한법률 특히 형벌 법규의 명확성의 원칙에 위반된다. 그럼에도 불구하고 국회에 의한 사후적인 통제장치도 전무하다는 점에 비추어 볼 때, 비상사태의 선포에 관한 국가보위에 관한 특별조치법 제2조는 위헌·무효이고, 비상사태의 선포가 합헌·유효인 것을 전제로 해서만 합헌·유효가 될 수 있는 국가보위에 관한 특별조치법상 다른 규정들은 모두 위헌이다." 라고 판시하여,[11] 대통령의 초헌법적 국가긴급권을 부정하는 입장을 밝혔다.

제 4 절 저항권

1. 의의

'저항권'이란, 국가권력에 의하여 헌법의 기본원리에 대한 중대한 침해가 행하여지고 그 침해가 헌법의 존재 자체를 부인하는 것으로서, 다른 합법적인 구제수단으로는 목적을 달성할 수 없을 때에 국민이 자기의 권리·자유를 지키기 위하여 실력으로 저항하는 권리를 뜻한다.[12]

2. 주체

저항권의 행사 주체는 모든 국민이며, 단체와 정당도 여기에 포함된다.[13] 그러나 국가기관이나 지방자치단체와 같은 공법인은 저항권의 주체가 될 수 없다.[14]

11) 헌재 1994. 6. 30, 92헌가18.
12) 헌재 1997. 9. 25, 97헌가4.
13) 홍성방, 전게서, 82면.
14) 성낙인, 전게서, 73면.

3. 인정 여부

저항권의 인정 여부에 대하여 대법원은 1980년 5월 20일에 "현대 입헌 자유민주주의 국가의 헌법이론상 자연법에서 우러나온 자연권으로서, 소위 저항권이 헌법 기타 실정법에 규정되어 있든 없든 간에 엄존하는 권리로 인정되어야 한다는 논지가 시인된다고 하더라도 그 저항권이 실정법에 근거를 두지 못하고 오직 자연법에만 근거하고 있는 한, 법관은 이를 재판규범으로 원용할 수 없다고 할 것이다. 헌법 및 법률에 저항권에 관하여 아무런 규정이 없는 우리나라는 저항권의 이론을 재판의 근거규범으로 채용 및 적용할 수 없다."라고 판시하여,[15] 설사 저항권의 존재 자체를 인정하더라도 재판규범으로 원용할 수 없다는 부정적인 입장을 밝혔다.

다만 이러한 대법원의 판결에 대하여 그 당시 1인의 대법관은 소수 의견으로 저항권에 대하여 "형식적으로 보면 합법적으로 성립된 실정법이지만 실질적으로는 국민의 인권을 유린하고 민주적 기본질서를 문란케 하는 내용의 실정법상의 의무이행이나 이에 대한 복종을 거부하는 등을 내용으로 하는 저항권은 헌법에 명문화되어 있지 않았더라도 일종의 자연법상의 권리로서 이를 인정하는 것이 타당하다 할 것이다. 이러한 저항권이 인정된다면 재판규범으로서의 기능을 배제할 근거가 없다고 할 것이다. 저항권의 존재를 부정할 수 없는 근거로는 4·19 의거의 이념을 계승하여 … 새로운 민주공화국을 건설한다고 선언하여 4·19 사태가 당시의 실정법에 비추어 보면 완전한 범법행위로 위법행위임에도 불구하고 이를 우리나라의 기본법인 헌법의 전문에서 의거라고 규정짓고 그 의거의 정신을 계승한다고 선언하고 있으므로, 이러한 헌법 전문을 법률적으로 평가하면 우리나라의 헌법은 4·19의 거사를 파괴되어가는 민주질서의 유지 또는 옹호하려는 국민의 저항권 행사로 보았다고 해석할 수밖에 없는바, 우리나라의 헌법이 인정한 것으로 보여지는 저항권을 사법적 판단에서는 이를 부정할 수 있을지 의문이며, 또한 저항권이 인정되는 이상 재판규범으로는 적용될 수 없다고 판단하여 그 실효성을 상실시킬 합리적 이유가 있다고 볼 수도 없다. 대법원의 다수의견은 저항권이 실정법에 근거를 두지 못하고 있어서 이를 재판규범으로 적용할 수 없다는 취지로 실시하고 있지만, 자연법상의 권리

15) 대판 1980. 5. 20, 80도306.

는 일률적으로 재판규범으로 기능될 수 없다는 법리도 있을 수 없으며, 우리나라의 헌법 전문을 저항권의 실정법상의 근거로 볼 수도 있다."라고 저항권의 존재 자체와 그 실정법적 근거를 인정하면서 이를 재판규범으로도 원용할 수 있다는 사유로, 저항권에 대한 긍정설의 입장을 밝혔다.[16]

생각건대, 저항권은 입헌주의의 적으로부터 입헌적 헌법질서를 보호 및 수호하기 위한 국민의 최종적이고 최후의 수단으로써 헌법의 명문규정 여부를 떠나서 자연법적 권리로 인정하는 것이 타당하다.[17] 다만 저항권의 존재를 인정하더라도 아래와 같은 엄격한 행사요건 하에서만 인정하는 것이 바람직하다.

4. 행사요건

국민의 저항권 행사가 정당화되기 위한 요건으로는 먼저 국가권력의 행사가 민주적인 기본질서를 중대하게 침해하고 헌법의 존재 자체를 부정하는 것이어야 한다. 다음으로 불법적인 국가권력의 행사라는 것이 객관적으로 명백해야 한다. 그리고 저항권은 헌법이나 법률에 규정된 모든 법적 구제수단이 이미 유효한 수단이 될 수 없을 때(보충성), 법의 유지나 회복을 위하여 남겨진 최후의 수단(최후 수단성)이어야 한다.[18]

한편 저항권은 그 행사로 인하여 곧 위헌적인 국가권력의 행사를 없앨 가능성이 있어야만 한다는 이른바 '성공가능성'을 저항권의 행사요건으로 보는 견해가 있다.[19] 그러나 이러한 저항권의 성공가능성의 요건에 대해서는 국민이 헌법의 침해상태의 초기에 저항권을 행사해야 이룰 수 있거나 성공할 수 있을 것인바, 이러한 헌법의 침해상태의 초기 단계에서는 아직 저항권의 최후수단성의 요건이 충족되지 않게 된다. 따라서 저항권에 대한 성공가능성의 요건은 최후수단성의 요건과 상호 간에 모순되는 관계에 있다는 점[20] 및 국민의 저항권의 타당성 여부가 아닌 '성공가능성'이라는 사실적인 조건에 의하여 저항권의 행사 여부에 대한 정당성을 판단하는 것에 동의할 수 없다.

---

16) 대판 1980. 5. 20, 80도306 판결에서 임항준 대법관의 소수의견.
17) 성낙인, 전게서, 72면.
18) 성낙인, 상게서, 74면; 홍성방, 전게서, 83면.
19) Isensee, Josef, Das legalisierte Widerstandsrecht, eine staatsrechtliche Analyse des Art. 20 Abs. 4 Grundgesetz, Bad Homburg; Berlin; Zürich: Gehlen, 1969, SS.74-75.
20) 홍성방, 전게서, 84면.

5. 행사방법과 효과

국민이 저항권을 행사하는 방법은 객관적으로 명백히 존재하는 불법적인 권력행사에 대하여 원칙적으로 평화적인 방법으로 행사되어야 하므로, 사전적·예방적인 과잉 행사는 당연히 금지된다. 다만 예외적으로 불가피한 경우에 국민이 저항권을 필요 최소한의 폭력적인 방법으로 행사하는 것에 대해서 인정해 줄 필요성이 있다. 한편 정당하게 국민이 저항권을 행사한 것에 대해서는 일종의 형법 제20조의 정당행위에 속하는 것으로 보아, 공무집행방해죄 등 기타의 범죄에 대한 위법성 조각사유가 되는 것으로 보는 것이 타당하다.[21]

21) 성낙인, 전게서, 73면.

제 7 장

대한민국 헌정사

제 7 장 대한민국 헌정사

제 1 절 머리말

대한민국 헌법은 1948년 7월 17일에 제정된 이후에 총 아홉 차례 개정이 이루어졌다. 이하에서는 대한민국 헌법의 제정 및 개정의 각 역사적 배경과 시대적 상황 및 이러한 제정·개정 헌법의 주요 내용들을 각각 검토하겠다.

제 2 절 대한민국 헌법의 주요 제정·개정 내용

1. 제헌 헌법의 제정(1948. 7. 17. 제정·시행)

(1) 역사적 배경과 시대적 상황

대한민국은 1945년 8월 15일에 광복이 되었지만, 북위 38도를 기준으로 하여 한반도의 남쪽에는 미군이, 한반도의 북쪽에는 소련군이 각각 군정을 실시하였다. 이후 한반도의 정세는 모스크바 3상 회의와 미소공동위원회를 거치면서 임시정부를 수립하고 5년간의 신탁통치를 통하여 완전한 독립을 도모하는 것을 주요 골자로 하는 안(案)이 나왔지만, 우리나라 국민들의 강한 반대에 부딪히게 되었다. 이에 1948년 2월 27일에 UN 총회에서 한반도에서 총선거를 실시하되, 총선거가 가능한 지역에서만 실시하여 정부를 수립하는 것으로 결의되었고, 1948년 5월 10일에 남한의 대한민국에서 최초로 국회의원 선거가 실시되어 198명의 의원으로 구성된 제헌국회가 구성되었는바, 1948년 5월 31일에 최초의 국회가 열렸고, 1948년 7월 17일에 대한민국 헌법이 공포되었다.[1)]

1) 위키백과, 대한민국 제헌 헌법, 제정 과정.

(2) 제헌 헌법의 주요 내용

이러한 역사적 배경과 시대적 상황 하에 1948년 7월 17일에 제정된 제헌 헌법의 주요 내용들을 살펴보면 다음과 같다.

즉, 단원제 국회, 대통령과 부통령의 국회 간선제(4년 임기로 1차 중임제), 대통령의 법률안 거부권과 법률안 제출권 및 국가긴급권과 계엄선포권, 국무원제도(의결기관), 헌법위원회와 탄핵재판소 신설, 국무총리와 대법원장은 국회의 승인을 얻어 대통령이 임명, 국회의결에 의한 헌법개정, 사기업에 있어서 근로자의 이익분배균점권[2], 가예산제도(1개월 이내), 탄핵제도, 자연자원의 국유화, 통제경제의 원칙, 정당조항과 평화통일조항의 부존재 등을 들 수 있다.

2. 제1차 개정 헌법(1952. 7. 7. 개정 · 시행)

(1) 역사적 배경과 시대적 상황

1950년 1월 28일에 국회에 야당 의원들에 의하여 의원내각제에 대한 개헌안이 제출되었지만, 정부와 여당의 극렬한 반대와 백지투표 등의 문제로 결국 부결되었다. 그러나 1950년 5월 30일에 국회의원 선거의 결과 야당이 압승하게 되었다. 이후 1950년 6월 25일에 북한의 기습적인 침공에 의하여 한국에서 전쟁이 발발하면서 정부는 부산으로 이전했고, 이승만 대통령은 전시특별법령을 발하는 등 비상계엄 하에 통치를 계속하였다. 이승만 대통령은 이러한 비상상황 하에서 다수의 야당 국회의원들에 의하여 자신이 대통령으로 재선될 가능성은 매우 힘들다고 판단하였고, 이에 1951년 11월 30일에 양원제 국회와 대통령의 직선제를 주요 골자로 하는 개헌안을 국회에 제출하였지만 부결되었다. 이에 다수의 야당 국회의원들은 1952년 4월 17일에 123명이 발의한 내각책임제의 개헌안을 국회에 제출하였는바, 이에 위기감을 느낀 이승만 정부는 1952년 5월 14일에 대통령의 직선제 개헌안과 같은 내용의 개헌안을 제출한 뒤 국회의원들을 연행하여 국회의사당 내에 감금하였으며, 1952년 5월 25일에 국회를 해산할 목적으로 23개의 시·군에 계엄령을 선포하였다. 이에 대하여 국제적인 비난 여

2) '근로자의 이익분배균점권'에 대해서는 1948년 7월 제헌 헌법 제18조에서 " … 영리를 목적으로 하는 사기업에 있어서는 근로자는 법률의 정하는 바에 의하여 이익의 분배에 균점할 권리가 있다."라고 규정하였다.

론이 쇄도하자 이승만 정부는 국회의 해산을 보류하였고, 1952년 7월 4일에 이승만 정부의 대통령의 직선제 개헌안과 야당의 국무원 불신임제를 발췌해서 만든 소위 '발췌 개헌안'을 경찰과 군인이 국회의사당을 포위한 상태에서 국회의원들의 기립 투표에 의하여 이 개헌안을 통과시켜서 이승만 대통령은 결국 재선에 성공하게 되어 이승만의 장기집권이 지속될 수 있었다.[3]

(2) 제1차 개정 헌법의 주요 내용

이러한 역사적 배경과 시대적 상황 하에서 개정된 제1차 개정 헌법의 주요 내용들을 살펴보면 다음과 같다.

즉, 정·부통령의 직선제, 참의원과 민의원의 양원제 국회(사실상 민의원에 의한 단원제로 운영), 국회에서의 양원은 모두 직선제, 국회의 국무원 불신임제도, 국무총리의 국무위원 임명제청권 등을 들 수 있다.

그러나 이러한 제1차 개정 헌법은 대통령에 의하여 공고하지 않고 발췌 개헌안을 통과시켰다는 점(헌법 개정안에 대한 대통령의 공고 절차 위반) 및 국회에서 발췌 개헌안에 대한 자유로운 토론과 표결 등의 자유가 제대로 보장되지 않고 부당하게 억압 또는 통제된 상황 하에 국회에서 의결이 이루어졌던 점 등의 문제점이 있었다.

3. 제2차 개정 헌법(1954. 11. 29. 개정·시행)

(1) 역사적 배경과 시대적 상황

대통령의 재선에 성공한 이승만 대통령은 3선을 할 목적으로 초대 대통령에 한하여 그 당시 헌법에서 대통령의 중임을 제한하는 규정을 철폐하는 내용의 개헌안을 준비하였다. 이에 1954년 5월 20일의 국회의원 선거에서 그 당시 여당인 자유당 소속의 국회의원들이 다수가 되자, 이승만 정부는 1954년 9월 8일에 초대 대통령에 한하여 3선을 제한하는 헌법 규정을 철폐하는 것을 주요 골자로 하는 개헌안을 국회에 제출하였다. 그러나 1954년 11월 27일에 국회의 투표 결과 국회 재적의원 203명 중에 찬성이 135명, 반대가 60명, 기권이 7명으로 나타났는 바, 그 당시의 개헌이 가능한 국회의 의결정족수는 국회 재적의원의 3분의 2 이

---

3) 위키백과, 대한민국 헌법 제2호, 개헌 과정.

상이었다. 따라서 이러한 의결정족수에 의해 개헌안이 통과되기 위해서는 국회 재적의원 136명의 찬성이 필요했다. 왜냐하면 그 당시 국회 재적의원의 3분의 2이라는 정족수는 135.333 … 명이었으므로, 국회에서 의결이 되기 위한 최소한의 인원은 136명이어야 하기 때문이다. 이에 국회에서는 이 개헌안에 대하여 부결을 선포하였지만 자유당은 수학에서 사사오입(4捨5入)론, 즉 반올림 시에는 0.3 … 명은 자연수에 해당하지 않으므로, 3분의 2는 135명이라는 논리를 적용하여 국회에서의 이 개헌안에 대한 부결 선포를 번복하였고, 국회에서 자유당 소속의 국회의원들만 모여서 자유당 국회의원 125명 중 123명의 찬성(김두한·민관식 국회의원만 반대)으로 제2차 개헌안이 가결되었음을 선포하였다.[4)]

(2) 제2차 개정 헌법의 주요 내용

이러한 역사적 배경과 시대적 상황 하에서 개정된 제2차 개정 헌법의 주요 내용들을 살펴보면 다음과 같다.

즉, 이승만 초대 대통령에 대한 중임제한의 철폐, 대통령의 궐위시 부통령의 대통령직 승계제도, 주권의 제약·영토의 변경 등 국가안위에 관한 중대 사항에 대한 헌법의 개정시 국회에서 가결한 후의 국민투표제 실시, 국무위원에 대한 개별적 불신임제도, 특별법원인 군법회의의 헌법적 근거 마련, 자유시장경제체제로의 전환, 국무총리제의 폐지, 헌법개정안에 대한 국민발안제 도입, 헌법개정 금지조항의 명문화 등을 들 수 있다.

이러한 제2차 개정 헌법(사사오입 개헌)은 초대 대통령에 한해서만 대통령의 중임제한을 철폐하였다는 점에서 평등의 원칙에 위반될 가능성이 높은 문제점과 국회에서 의결정족수가 미달하여 부결(否決)로 처리했어야 함에도 불구하고, 이를 사사오입이라는 수학논리를 앞세워 이를 가결로 처리했던 점 등의 문제점이 있었다.

4. 제3차 개정 헌법(1960. 6. 15. 개정·시행)

(1) 역사적 배경과 시대적 상황

이승만 정부는 3선 개헌 이후에 계속해서 4번째 대통령이 되기 위하여,

---

4) 위키백과, 대한민국 헌법 제3호, 개헌 과정.

1960년 3월 15일의 제4대 정·부통령 선거에서 투표 및 개표 조작 등의 부정을 통하여 이승만 및 이기붕이 당선되었다. 그러나 이러한 부정선거를 규탄하는 시위가 전국으로 퍼져나갔는바, 이를 진압하려는 경찰과 시위대 간에 마찰과 충돌이 도처에서 빈발하였다. 그러던 중 1960년 4월 11일에 마산에서 시위에 참여했었던 얼굴에 최루탄이 박힌 채로 김주열 고등학생의 시체가 마산 앞바다에서 발견되면서, 이승만의 독재정권에 대한 국민들의 시위는 날로 격화되었다. 이에 이승만 정부는 비상계엄령을 선포하여 이 시위를 강하게 통제해보려고 했지만, 오히려 이 시위는 더욱 더 전국으로 급속히 확산되자, 드디어 1960년 4월 27일에 이승만은 대통령 사직서를 국회에 제출하였다. 이에 1960년 5월 2일에 허정을 수반으로 한 과도 정부가 수립되었다. 그리고 1960년 6월 7일에 헌법개정안에 대하여 국회에서 표결을 할 때에는 기명투표의 방식으로 하도록 국회법이 개정되었다. 이후 1960년 6월 15일에 제3차 개헌안이 국회에서 가결되었다.[5]

(2) 제3차 개정 헌법의 주요 내용

이러한 역사적 배경과 시대적 상황 하에서 개정된 제3차 개정 헌법의 주요 내용들을 살펴보면 다음과 같다.

즉, 의원내각제와 국회의 양원제 채택, 대통령의 국회 간선제(대통령 선거는 국회의 양원 합동회의에서 국회 재적의원 3분의 2이상 찬성 필요, 대통령의 임기는 5년 임기로 1차 중임제), 언론·출판·집회·결사에 대한 사전검열 금지와 허가제의 금지조항 신설, 일반적 법률유보조항의 신설, 기본권의 본질적인 침해금지조항의 신설, 정당조항의 신설, 헌법재판소의 신설, 대법원장과 대법관을 법관의 자격이 있는 자로 조직되는 선거인단에 의한 선거제 도입, 중앙선거관리위원회의 헌법기관화, 경찰과 기타 공무원의 정치적 중립성 보장, 직업공무원제도의 신설, 지방자치단체장에 대한 선거제 도입, 준예산제도의 도입 등을 들 수 있다.

---

5) 위키백과, 대한민국 헌법 제4호, 4·19 혁명과 개헌 과정.

5. 제4차 개정 헌법(1960. 11. 29. 개정·시행)

(1) 역사적 배경과 시대적 상황

1960년의 3·15 부정선거의 관련자 및 그러한 부정선거에 항의하는 국민에 대하여 살상 기타의 부정행위를 한 자를 처벌해야 한다는 등의 국민의 요구가 격화되자, 1960년 11월 23일에 민의원에서 헌법 부칙에 이러한 내용의 특별 처벌법의 제정 근거를 마련하는 것을 주요 골자로 하는 개헌안이 통과되었고, 1960년 11월 28일에 참의원에서 이 개헌안이 통과되었다. 그리고 1960년 11월 29일에 반민주행위자들에 대한 처벌을 소급하여 적용하는 것을 주요 골자로 하는 제4차 헌법 개정이 이루어졌다.[6]

(2) 제4차 개정 헌법의 주요 내용

이러한 역사적 배경과 시대적 상황 하에서 개정된 제4차 개정 헌법의 주요 내용들을 살펴보면 다음과 같다.

즉, 제4차 개정 헌법의 부칙에서 1960년의 3월 15일의 부정선거 관련자 및 4·19 혁명에 대하여 탄압한 자들을 처벌하기 위한 특별법의 제정 근거 마련, 지위나 권력을 이용한 반민주행위자와 부정축재자의 처벌에 대한 특별법의 제정 근거 마련, 이러한 사건들을 처리하기 위하여 특별검찰부 및 특별재판소를 둘 수 있도록 규정한 것 등을 들 수 있다.

6. 제5차 개정 헌법(1962. 12. 26. 개정, 1963. 12. 17. 시행)

(1) 역사적 배경과 시대적 상황

1961년 5월 16일에 박정희를 중심으로 한 군 세력이 정권을 장악한 후에 국가재건최고회의 포고 제4호를 발하여 국회와 지방의회를 해산하고, 1961년 5월 22일에 국가재건최고회의 포고 제6호를 발하여 정당과 사회단체의 해산에 의하여 정치활동을 금지시켜 헌정이 중단되는 사태가 발생하였다. 이러한 헌정의 공백을 채우기 위하여 국가재건최고회의는 1961년 6월 6일에 국가재건비상조치법을 제정하여 공포하였다. 국가재건비상조치법에 의하여 국가재건최고회

6) 위키백과, 대한민국 헌법 제5호, 개헌 과정.

의에 입법권·행정권·사법권을 부여하고, 국민의 기본권은 군사혁명 수행에 지장을 주지 않는 범위 안에서 인정되며, 제2공화국 헌법을 국가재건비상조치법에 저촉되지 않는 범위 내에서만 그 효력을 인정하였다. 1961년 8월 12일에 소위 8·12선언에 의하여 박정희 국가재건최고회의 의장이 민정이양을 약속하고, 민정이양의 사전작업으로써 헌법 개정에 착수하였다. 이후 국가재건최고회의는 1962년 12월 6일에 전문 5장, 본문 121조, 부칙 9조로 된 헌법개정안을 통과시켰고, 이후 1962년 12월 17일에 이 헌법개정안에 대하여 국민투표를 실시하여 통과되었는바, 1963년 12월 17일부터 제5차 개정 헌법은 시행되는 것으로 1962년 12월 26일에 공포되었다.[7]

(2) 제5차 개정 헌법의 주요 내용

이러한 역사적 배경과 시대적 상황 하에서 개정된 제5차 개정 헌법의 주요 내용들을 살펴보면 다음과 같다.

즉, 최초로 헌법 전문의 개정, 인간의 존엄과 가치 조항의 신설, 대통령제로 회귀, 단원제 국회, 헌법재판소의 폐지 및 대법원에 위헌법률심사권의 부여, 정당의 추천이 없으면 대통령과 국회의원에 입후보를 할 수 없게 하고 임의적으로 당적을 이탈·변경시 국회의원직을 상실시키는 극단적인 정당제도의 실시, 대법원장과 대법관에 대해서 법관추천회의 제청에 의한 대통령의 임명, 헌법개정시 국민투표제의 신설, 탄핵심판위원회와 경제과학심의회의 및 국가안전보장심의회를 신설, 국무총리에 대하여 국회의 동의 없이 대통령의 임명권 부여, 근로자의 이익분배균점권 조항의 폐지, 지방의회는 실제로 구성되지 못한 점 등을 들 수 있다.

7. 제6차 개정 헌법(1969. 10. 21. 개정·시행)

(1) 역사적 배경과 시대적 상황

1969년 8월 7일에 민주공화당의 윤치영 국회의원의 대표 발의로 박정희 대통령이 3선을 할 수 있도록 하는 것을 주요 골자로 하는 개헌안이 국회에 제출되었고, 1969년 9월 14일에 이 개헌안은 국회에서 통과되었으며, 1969년 10월

---

7) 위키백과, 대한민국 헌법 제6호, 개헌 경과.

17일에 국민투표에서 유권자의 77.1%의 매우 높은 참여 속에 유권자의 65.1%의 찬성을 얻어서 이 헌법 개정안은 확정되었다. 이 개헌에 의하여 박정희 대통령은 3선을 할 수 있는 기회를 얻게 되었고, 1971년 4월에 제7대 대통령 선거에 공화당 후보로 출마하여 대통령으로 당선되었다.[8)]

(2) 제6차 개정 헌법의 주요 내용

이러한 역사적 배경과 시대적 상황 하에서 개정된 제6차 개정 헌법의 주요 내용들을 살펴보면 다음과 같다.

즉, 대통령의 재임 기간이 3기로 연장되었고, 국회의원에게 국무위원을 겸직하는 것을 허용하였으며, 대통령에 대한 국회의 탄핵소추의결의 정족수를 가중시킨 점 등을 들 수 있다. 이러한 제6차 개정 헌법은 대통령의 장기집권을 가능하게 했던 점 등의 문제점이 있었다.

8. 제7차 개정 헌법(1972. 12. 27. 개정·시행)

(1) 역사적 배경과 시대적 상황

1971년 4월 27일에 실시된 제7대 대통령선거에서 박정희 후보는 세 번째 계속 대통령으로 당선되었고, 이후 국회의원 선거에서도 민주공화당이 다수 의석을 차지했지만, 여당과 야당의 차이가 적어져 거의 균형을 이루게 되었다. 따라서 여당과 야당 간에 국회에서 충돌이 격화되자 박정희 대통령은 남북한의 관계 악화를 이유로 1971년 12월 6일에 국가비상사태를 선포하였다. 이후 1971년 12월 27일에 국회에서 야당의 거센 항의에도 불구하고 국가보위에 관한 특별조치법을 통과시켰다. 이 국가보위에 관한 특별조치법은 대통령이 국가안전보장에 효율적으로 대처하고 사회의 안녕질서를 유지하기 위하여 국가비상사태를 선포할 수 있으며, 필요한 경우에는 경제규제나 국가동원령을 발할 수 있고, 대통령에게 언론 및 출판과 옥외집회 및 시위를 규제하거나 또는 금지하기 위하여 특별한 조치를 할 수 있도록 규정하였으며, 국가기관이나 지방자치단체·국영기업체·공익사업·국민경제에 중대한 영향을 미치는 사업에 종사하는 근로자의 단체행동권을 제한할 수 있으며, 대통령에게 군사상의 목적을 위한 세

8) 위키백과, 대한민국 헌법 제7호, 개헌안 의결 경과.

출예산을 변경할 수 있도록 하는 등의 내용들을 규정하였다. 그리고 1972년 10월 17일에 10·17 비상조치를 행하여 국회를 해산시켰고, 헌법의 일부 조항의 효력을 정지시킨 후, 국회의 권한을 비상국무회의가 대신 행사하는 것 등을 규정하였다. 또한 전국에 비상계엄이 선포되었는바, 비상국무회의는 1972년 10월 26일에 헌법 개정안을 의결한 후에 공고하였다. 그리고 1972년 11월 21일에 실시된 국민투표로 확정된 헌법 개정안은 1972년 12월 27일에 공포되었다. 이를 소위 '유신헌법(維新憲法)'이라고 한다.[9)]

(2) 제7차 개정 헌법의 주요 내용

이러한 역사적 배경과 시대적 상황 하에서 개정된 제7차 개정 헌법의 주요 내용들을 살펴보면 다음과 같다.

즉, 최초로 헌법 전문에서 '조국의 평화적 통일의 역사적 사명'에 입각하여 자유민주적 기본질서를 더욱 공고히 하도록 규정하였고, 국민은 그 대표자나 국민투표에 의하여 주권을 행사한다는 내용의 주권의 행사방법에 대하여 규정하였다. 그리고 구속적부심사제도와 임의성 없는 자백의 증거능력을 부정하는 규정을 폐지하였고, 군인과 군무원의 이중배상청구를 금지하는 등 기본권의 보장이 상당히 약화되었으며, 기본권을 제한할 수 있는 사유로 '국가안전보장'을 추가하였다.

그리고 임기 6년의 대통령에 대한 중임이나 연임을 제한하는 규정을 폐지하여 평생 이러한 제한 없이 대통령을 할 수 있게 되었고, 대통령에게 긴급조치권과 국회해산권 및 국회의원 재적의원의 3분의 1의 추천권을 부여하였으며, 대통령이 대법원장을 포함한 모든 법관들의 임명권과 파면을 할 수 있도록 개정하였으며, 국회의 정기회의 회기를 90일(기존의 제6차 개정 헌법에서는 120일)로 단축하였고, 국정감사권을 폐지하였다.

또한 대통령과 국회의원 재적의원의 3분의 1을 선출할 수 있는 '통일주체국민회의'를 신설하였고, 헌법위원회를 설치하여 여기에서 위헌법률심사권과 탄핵심판권, 위헌정당해산심판권을 부여하였으며, 만약 대통령이 헌법 개정을 제안할 경우에는 국민투표로 확정되도록 규정하였고, 국회의원이 헌법 개정을 제안할 경우에는 국회의 의결을 거쳐서 통일주체국민회의에서 의결하여 확정되도록 규정하여 헌법 개정의 방법을 이원화하였다. 또한 지방의회를 우리나라

9) 위키백과, 대한민국의 헌정사, 제7차 헌법개정(유신헌법), 긴급조치와 개헌 과정.

가 통일된 이후에 구성하도록 규정하였고, 헌법에서 기본권의 본질적인 내용의 침해금지조항을 삭제하였다는 점 등을 들 수 있다.

이러한 제7차 개정 헌법은 남북한 간의 관계나 정세의 위기를 극복해야 한다는 명분으로, 국가보위에 관한 특별조치법을 시행하여 대통령이 위헌적인 국가긴급권의 행사할 수 있도록 하였고, 대통령이 입법권·행정권·사법권 위에 군림하는 절대적인 권력을 가진 권위주의적 대통령제인 신(新)대통령제를 채택하여, 자유민주주주의 등을 약화시켜 헌법 개정의 한계를 벗어난 점 등의 문제점이 있었다.

9. 제8차 개정 헌법(1980. 10. 27. 개정·시행)

(1) 역사적 배경과 시대적 상황

박정희 대통령이 중앙정보부장인 김재규에 의하여 암살된 10·26 사건 이후에 1979년 11월 10일에 최규하 국무총리가 대통령의 권한을 대행하게 되었고, 이전의 제7차 개정 헌법인 유신헌법을 개정하여 새로운 헌법질서를 수립하겠다는 내용의 국민 담화를 발표하였다. 그리고 1979년 12월 6일에 최규하는 통일주체국민회의에서 대통령으로 선출되었다. 그러나 1979년 12월 12일에 12·12 군사 반란으로 전두환과 노태우 등을 중심으로 한 신군부 세력인 하나회가 실질적으로 권력을 장악한 후에 비상계엄조치를 전국으로 확대하였고, 국회를 해산시켰으며, 정치활동의 금지와 언론 보도의 검열 강화 등의 조치를 하였다. 그리고 신군부 세력은 5·18 광주민주화 운동을 군을 동원하여 무력으로 무참하게 진압하였고,[10] 이후 국가보위비상대책위원회를 설치하여 정권을 장악하였다. 이후 최규하 대통령은 1980년 8월 16일에 사퇴하였고, 1980년 8월 27일에 전두환 국가보위비상대책위원회 상임위원장이 통일주체국민회의에서 제11대 대통령으로 선출되었고, 1980년 9월 1일에 전두환이 정식으로 대통령에 취임하였다. 이후 국가보위비상대책위원회는 1980년 9월 9일에 제8차 헌법 개정안을 통과시켰고, 1980년 10월 22일에 국민투표에서 통과되어 1980년 10월 27일에 제8차 개정 헌법이 공포·시행되었다.[11]

---

10) 이와 관련된 영화들은 화려한 휴가, 26년, 택시운전사 등.
11) 위키백과, 대한민국의 헌정사, 제8차 헌법개정, 신군부의 대두와 개헌 과정.

(2) 제8차 개정 헌법의 주요 내용

이러한 역사적 배경과 시대적 상황 하에서 개정된 제8차 개정 헌법의 주요 내용들을 살펴보면 다음과 같다.

즉, 기존의 통일주체국민회의를 폐지한 후에 대통령을 '대통령 선거인단'에 의하여 간접선거로 선출하도록 규정하였고, 대통령의 임기를 7년 단임제로 규정하였으며, 대통령의 긴급조치권을 폐지한 후 그 대신에 비상조치권을 신설하였다.

그리고 헌법에 전통문화의 창달, 정당보조금의 지급, 행복추구권, 연좌제의 폐지, 사생활의 비밀과 자유, 환경권, 형사피고인의 무죄추정원칙, 재외국민의 보호조항, 적정임금조항, 평생교육 등의 규정들을 각각 신설하였고, 구속적부심사제도를 부활하였다.

또한 대법원장에게 법관에 대한 임명권을 부여하였고, 국회의 국정조사권을 신설하였으며, 독과점의 금지, 중소기업의 보호육성, 소비자의 보호제도, 국가표준제도 등을 헌법의 경제 부분에 신설하였고, 헌법개정절차를 국민투표로 일원화하였다는 점 등을 들 수 있다.

이러한 제8차 개정 헌법은 비록 제7차 개정헌법에 비하여 국민의 기본권의 보장 내지 보호를 상대적으로 강화 및 제고시켰다는 점 등의 장점은 있었지만, 전두환이 군 세력을 동원하여 부적절하게 집권하였다는 점에서 민주적 정당성이 희박하였다는 점 등의 문제점이 있었다.[12)]

10. 제9차 개정 헌법(1987. 10. 29. 개정, 1988. 2. 25. 시행)

(1) 역사적 배경과 시대적 상황

전두환 정권에 대하여 국민들의 민주화에 대한 열망은 뜨거웠고, 이러한 국민들의 민주화 요구는 1987년 6월 10일부터 6월 29일까지 전국에서 벌어진 반정부 시위인 소위 '6월 항쟁'에 의하여 폭발하였다. 이에 당시 민주정의당 대표위원이었던 노태우는 1987년 6월 29일에 여당과 야당의 합의 하에 대통령을

12) 이러한 제8차 개정 헌법에 대한 헌법적 평가는 이희훈, "1980년 헌법의 형성과 발전 및 평가", 외법논집 제28집, 한국외대 법학연구소, 2007. 11, 139－168면; 전광석, "헌법 개정의 역사와 이론", 헌법재판연구 제5권 제1호, 헌법재판연구원, 2018. 6, 186면 등.

직선제로 선출하는 개헌을 통과시켜 평화적으로 정권을 이양하는 것을 주요 골자로 하는 소위 '6·29 선언'을 발표하였다. 이에 대통령의 직선제 개헌에 대하여 여당인 민주정의당 소속 4명과 야당인 통일민주당 소속 4명간의 8자 회담을 통해서, 1987년 9월 18일에 여당과 야당 간에 공동으로 제9차 헌법 개정안이 국회에 발의되었다. 이후 1987년 10월 12일에 국회에서 의결된 제9차 개정 헌법은 1987년 10월 27일에 국민투표를 통과하여 1987년 10월 29일에 공포되었고, 1988년 2월 25일에 시행되었다.[13)]

(2) 제9차 개정 헌법의 주요 내용

이러한 역사적 배경과 시대적 상황 하에서 개정된 제9차 개정 헌법의 주요 내용들을 살펴보면 다음과 같다.

즉, 대통령의 임기를 5년 단임제로 규정하였고, 대통령의 국회해산권과 비상조치권을 폐지하였으며, 대통령에게 긴급명령권과 긴급재정·경제처분 및 명령권을 행사할 수 있도록 규정하였고, 국가의 통일 지향 및 자유민주적 기본질서에 입각한 평화적인 통일정책을 수립과 추진 조항을 신설하였으며, 최저임금제와 재외국민에 대한 국가의 보호의무 및 국군의 정치적 중립성을 헌법에 명시하였다.

그리고 헌법 전문에서 대한민국 임시정부의 법통과 4·19 민주이념의 계승 및 조국의 민주개혁의 사명에 대한 규정을 명시하였고, 체포구속이유고지제도와 형사피고인에 대한 국선변호사제도 및 범죄피해자구조청구권과 모성보호조항 등을 신설하였다.

또한 국회의 국정감사권을 부활하였고, 대법관을 대법원장의 제청으로 국회의 동의를 얻어 대통령이 임명하도록 규정하였으며, 헌법위원회를 폐지한 후에 헌법재판소를 설치하여 위헌법률심사권, 탄핵심판권, 위헌정당해산심판권, 권한쟁의심판권, 헌법소원심판권을 할 수 있도록 규정하였고, 그 부칙에서 지방의회의 구성시기에 대한 기존의 법률유보조항을 폐지하였다는 점 등을 들 수 있다.

이러한 제9차 개정 헌법은 평화적이고 민주적으로 여당과 야당 간의 합의에 의하여 대통령의 직선제를 주요 골자로 하는 개헌안을 마련하여 평화적인 정권교체가 이루어지도록 했다는 점에서 그 의의가 있으며, 국회의 권한이 이전에 비하여 강화되었다는 점 등의 발전이 있었다.

13) 위키백과, 대한민국의 헌정사, 제9차 헌법개정, 민주화와 개헌 과정.

제 8 장

1980년 제8차 개정 헌법에 대한 평가

제 8 장　1980년 제8차 개정 헌법에 대한 평가

제 1 절　머리말

최근 2021년 8월 9일에 전두환은 과거 자신의 회고록을 통하여 고(故) 조비오 신부의 명예를 훼손한 혐의가 인정되어 1심 법원에서 사자(死者)명예훼손죄로 실형을 선고 받은 후에 이에 대한 항소심 재판이 광주지방법원에서 열렸다는 내용의 보도 및 기사가 많은 방송들 및 각종 신문 등에 의하여 방영 및 게재되었다.[1)]

대법원은 1997년 4월 17일에 96도3376 전원합의체 판결에서 "우리나라는 제헌 헌법의 제정을 통하여 국민주권주의, 자유민주주의, 국민의 기본권 보장, 법치주의 등을 국가의 근본이념 및 기본원리로 하는 헌법질서를 수립한 이래 여러 차례에 걸친 헌법 개정이 있었으나, 지금까지 한결같이 위 헌법질서를 그대로 유지하여 오고 있는 터이므로, 군사반란과 내란을 통하여 폭력으로 헌법에 의하여 설치된 국가기관의 권능행사를 사실상 불가능하게 하고 정권을 장악한 후에 국민투표를 거쳐서 헌법을 개정하고 개정된 헌법에 따라 국가를 통치하여 왔다고 하더라도 그 군사반란과 내란을 통하여 새로운 법질서를 수립한 것이라고 할 수는 없으며, 우리나라의 헌법질서 아래에서는 헌법에 정한 민주적 절차에 의하지 아니하고 폭력에 의하여 헌법기관의 권능행사를 불가능하게 하거나 정권을 장악하는 행위는 어떠한 경우에도 용인될 수 없다. 따라서 그 군사반란과 내란행위는 처벌의 대상이 된다."라고 판시하였다.

이하에서는 1980년 제8차 개정 헌법의 주요 내용들을 살펴보면서, 이에 대하여 각각 헌법적인 평가를 하겠다.[2)]

---

1) 2021. 8. 9. 자. KBS, MBC, SBS 등의 많은 방송 뉴스들 및 각종 신문 등의 언론기사들.
2) 본서의 제8장의 내용들에 대하여 자세한 것은 이희훈, "1980년 헌법의 형성과 발전 및 평가", 외법논집 제28집, 한국외대 법학연구소, 2007. 11, 139－168면.

제 2 절 1980년 제8차 개정 헌법의 전문과 총강 부분

1. 전문 부분

1980년 제8차 개정 헌법의 전문을 살펴보면, 제7차 개정 헌법인 유신헌법의 전문에 규정되어 있었던 '4·19와 5·16 혁명의 이념'을 계승하는 부분을 삭제한 후, 3·1운동의 독립정신만을 계승하는 것으로 규정하였다.

이는 비합헌적인 방법으로 헌정체제의 변혁과 정권교체를 위한 시도를 사전에 차단하기 위한 것으로 보인다. 생각건대, 이러한 개정은 독재 정권에 항거하여 자유민주주의를 수호하고자 했던 정신을 계승하겠다는 것을 올바르게 나타내지 못하게 하고, 오히려 약화시켰다는 점에서 바람직하지 않은 헌법 개정이라고 할 것이다.

한편 1980년 제8차 개정 헌법 전문에서는 '사회적 폐습과 불의를 타파하고 정의로운 사회를 구현'하겠다는 내용이 헌법의 기본정신으로 선언되었다.

이는 건국 이래 줄곧 국가의 발전을 이루어왔지만 다른 한편으로는 각종 여러 부조리들과 악습들이 싹터 왔으므로 국가는 이를 배제한다는 것을 천명하고자 동 규정을 헌법 전문에 마련한 것으로 보인다.[3] 생각건대, 동 규정은 우리 사회에서 급속한 경제발전에 따른 사회적 악습과 부조리를 국가가 결코 좌시하지 않고 적극적으로 이를 방지하겠다는 의지를 표명했다는 점에서 바람직한 개정이라고 할 것이다.

2. 총강 부분

1980년 제8차 개정 헌법의 총강 부분의 헌법 제1조 제1항에서는 민주공화국으로서의 국가형태를 규정하였고, 제1조 제2항에서는 "대한민국의 주권은 국민에게 있고, 모든 권력은 국민으로부터 나온다."고 규정하였다.

이는 국가의 의사 또는 국가정치의 최종적인 결정을 하는 최고의 권력자가 국민임을 밝히고, 국민적 동의나 승인이 없는 권력은 이미 합법성과 정당성이

---

3) 법제처, "개정헌법의 주요내용", 법제 제46호, 1980. 10, 34면.

없다고 하는 것을 보다 선명하게 밝힌 것으로,[1] 민주주의의 실현과 보장이라는 측면에서 볼 때 바람직한 헌법 개정이라고 할 것이다.

한편 1980년 제8차 개정 헌법 제2조 제2항에서 재외국민의 보호조항을 신설하였다. 이는 우리나라의 국력이 신장됨에 따라 많은 우리나라의 국민이 해외에 진출하여 활동하고 있는 상황에 따라 해외동포의 이익을 최대한 보호해 주고, 분단국으로서의 우리나라 현실에 비추어 볼 때 해외동포의 민족의식 고취와 애국심을 고양시켜주어 우리나라 국민의 일체감을 조성해 주고 조국에 대한 귀속감을 확고하게 심어 주기 위해서 규정한 것이라는 점[2]에서 바람직한 헌법 개정이라고 할 것이다.

그리고 1980년 제8차 개정 헌법 제3조는 "대한민국의 영토는 한반도와 부속도서로 한다."라고 규정하여, 우리나라 헌법의 적용범위가 한반도 전체라는 것을 명확하게 밝혀주었다는 점[3]과 동 헌법 제4조 제2항에서 대한민국의 국군은 국민의 군대로서 본래의 사명이 무엇인가를 분명하게 알려주기 위해서 국군의 국가안전보장의무와 국토방위의무에 대한 조항을 신설하였다는 점에서 바람직한 헌법 개정이라고 할 것이다.

또한 동 헌법 제7조 제3항에서 정치풍토의 개선을 모색한다는 점에서 최소한 정당운영자금을 국가가 보조해 주어 건전한 국민정당을 육성하고 발전적인 정치풍토를 이룩하기 위해서 국가가 법률이 정하는 바에 의하여 정당의 운영에 필요한 자금을 보조할 수 있는 근거조항을 헌법에 신설하였다는 점에서 바람직한 헌법 개정이라고 할 것이다.

이밖에 동 헌법 제8조에서 "국가는 전통문화의 계승·발전과 민족문화의 창달에 노력하여야 한다."라고 규정하여, 국가의 전통문화에 대한 굳은 의지와 그 시책을 구체화하였다는 점에서[4] 바람직한 헌법 개정이라고 할 것이다.

---

1) 한상범, "제5공화국 헌법의 특색 -특히 신·구 헌법의 대조를 통해서-", 고시계 제288호, 1981. 2, 14면.

2) 이때 당시 북한 헌법에도 이런 재외국민 보호규정이 있어 조총련의 선전에 내세워졌다고 한다. 임홍빈, "제5공화국 헌법과 시대정신", 정경문화 제188호, 1980. 10, 80면.

3) 이는 구서독기본법 제23조와 제146조에서 그 기본법이 서독의 11개 주에만 적용되고, 통일헌법이 제정되기까지 잠정적 효력을 가진다고 규정한 것과 대조를 이룬다. 권영성, "제5공화국 헌법의 특색", 고시연구 제81호, 1980. 12, 13면.

4) 한상범, 전게 논문, 15-16면.

제 3 절 1980년 제8차 개정 헌법의 기본권 부분

1. 인간의 존엄과 가치 및 행복추구권 부분

1980년 제8차 개정 헌법 제9조에서 "모든 국민은 인간으로서의 존엄과 가치를 가지며, 행복을 추구할 권리를 가진다. 국가는 개인이 가지는 불가침의 기본적 인권을 확인하고 이를 보장할 의무를 진다."라고 규정하였다.

이는 헌법에서 직접 개개인의 인격과 존엄성에 대한 불가침을 보호하고, 국민 개개인이 자기 스스로 원하고 하고 싶은 것을 해 나가려는데 있어서, 국가의 부당한 간섭이나 통제를 배제하여 행복하게 살아갈 수 있도록 국민 개개인의 창의성과 독자성 등을 국가가 살려주고 보호해 주려는 것이라는 점[5]에서 바람직한 헌법 개정이라고 할 것이다.

2. 평등권 부분

1980년 제8차 개정 헌법 제10조는 "모든 국민은 법 앞에 평등하다. 누구든지 성별·종교 또는 사회적 신분에 의하여 정치적·경제적·사회적·문화적 생활의 모든 영역에 있어서 차별을 받지 아니한다(제1항). 사회적 특수계급의 제도는 인정되지 아니하며, 어떠한 형태로도 이를 창설할 수 없다(제2항). 훈장 등의 영전은 이를 받은 자에게만 효력이 있고, 어떠한 특권도 이에 따르지 아니한다(제3항)."라고 규정하였고, 동 헌법 제34조 제1항에서 "혼인과 가족생활은 개인의 존엄과 양성의 평등을 기초로 성립되고 유지되어야 한다."고 규정하였다.

이는 세계적인 여성해방운동에 발맞추어 우리나라에서 그동안 가부장제적인 사고의 영향으로 남성 우위의 사고방식에서 탈피할 수 있도록 규정한 것으로, 바람직한 헌법 개정이라고 할 것이다.[6]

---

5) 임홍빈, 전게 논문, 82면.
6) 법제처, 전게 논문, 35면.

3. 자유권 부분

1980년 제8차 개정 헌법은 제11조에서부터 제22조까지 자유권적 기본권을 규정하였다.

먼저 신체의 자유에 대하여 동 헌법 제11조 제1항 전단에서 규정하였다. 다음으로 죄형법정주의로부터 파생되는 형벌불소급의 원칙과 일사부재리의 원칙을 동 헌법 제12조에서 규정하였고, 동 헌법 제11조 제2항 등에서 고문의 금지와 불리한 진술거부권 등에 대하여 규정하였으며, 동 헌법 제11조 제1항 후단에서 적법절차의 원칙 및 영장제도와 변호인의 조력을 받을 권리, 재판청구권, 공개재판제도, 형사보상청구권 등을 규정하였다. 또한 동 헌법에서 강제노역은 형의 선고에 의해서만 가능하도록 규정하였고, 긴급구속의 요건을 '장기 3년 이상의 형에 해당하는 죄를 범하고 도피 또는 증거인멸의 염려가 있을 때에만' 사후에 영장을 청구할 수 있도록 규정하였다. 이러한 수사절차에 있어서 국민의 신체가 침해되지 않도록 보장하기 위한 여러 규정들은 바람직한 헌법 개정이라고 할 것이다.[7)]

그리고 동 헌법 제12조 제3항에 연좌제 금지조항을 신설하여 아무리 친족관계이더라도 자신의 행위가 아닌 타인의 행위에 의해 불이익을 받지 않게 하였고, 현대 사회가 점점 더 정보화 사회로 발전하면서 개인의 사생활이나 프라이버시가 노출되거나 알려지는 등의 위험성이 증대하고, 국가기관이나 각종 사회단체에 의한 개인의 사사(私事)에 관한 정보의 수집·보관 등의 절차에서 개인의 사생활이나 프라이버시가 침해되는 면이 많아서 개인의 사생활을 보호해야 할 필요성이 커져서 개인의 사생활을 포괄적으로 보호하는 조항을 동 헌법 제16조에서 신설한 것[8)]은 바람직한 헌법 개정이라고 할 것이다.

한편 동 헌법 제20조 제2항에서 언론·출판의 자유에 대하여 "언론·출판은 타인의 명예나 권리 또는 공중도덕이나 사회윤리를 침해하여서는 아니 된다. 언론·출판이 타인의 명예나 권리를 침해한 때에는 피해자는 이에 대한 피해의 배상을 청구할 수 있다."라고 규정하여, 언론·출판의 책임성을 강조한 후에 언론·출판이 타인의 명예나 권리의 침해에 의한 해당 피해자의 구제를 철저히 보

7) 윤화우, "대한민국헌법사에 관한 고찰(Ⅲ)", 평화통일연구 제7집, 1990. 4, 36면.
8) 성낙인, 언론정보법, 나남출판, 1998, 486면; 이희훈, "주민등록번호에 대한 헌법적 고찰－개인정보자기결정권의 침해를 중심으로－", 토지공법연구 제37집 제1호, 2007. 8, 380－381면.

호해 주기 위하여 해당 피해자의 피해배상청구권을 신설했다는 점에서 바람직한 헌법 개정이라고 할 것이다.

이밖에 이전 헌법에서는 재산권의 수용·사용 또는 제한에 대한 보상을 법률로 정하도록 규정하였지만, 1980년 제8차 개정 헌법 제22조 제3항에서 재산권을 수용·사용 또는 제한할 때에는 반드시 보상을 하도록 하면서 그 보상은 공익과 사익을 정당하게 형량해서 법률이 정하는 바에 따라 정하도록 개정하여 재산권의 보호조항을 보다 충실하게 보완했다는 점에서 바람직한 헌법 개정이라고 할 것이다.

4. 참정권 부분

1980년 제8차 개정 헌법은 참정권으로 동 헌법 제23조에서 선거권, 동 헌법 제24조에서 공무담임권, 동 헌법 제47조에서 외교·국방·통일 기타 국가안위에 관한 중요 정책에 대한 국민투표권과 동 헌법 제40조에서 대통령선거인단의 선출권에 대하여 각각 규정하였다. 그리고 동 헌법 제77조에서 국회의원은 국민의 직선에 의하도록 규정하였고, 동 헌법 제131조 제2항에서 헌법개정안은 대통령이 제안한 것이든 국회의원이 제안한 것이든 언제나 국회의 의결을 거친 후에 국민투표로 확정하도록 규정하였다.

생각건대, 전체 국회의원들을 국민의 직선에 의하여 선출하도록 규정했던 것과 헌법개정안을 언제나 국민투표로 일원화해서 확정하도록 규정한 것은 이전의 제7차 개정 헌법인 유신헌법에 비하여 상대적으로 국민들에게 정치참여의 기회를 충실하게 확대해 주어 민주주의의 실현 가능성을 제고시켰다는 점에서[9] 바람직한 헌법 개정이라고 할 것이다.

5. 청구권 부분

1980년 제8차 개정 헌법은 기본권의 보장을 위한 일련의 청구권적 기본권으로 동 헌법 제25조에서 청원권을, 동 헌법 제26조에서 재판청구권을, 동 헌법 제27조에서 형사보상청구권을, 동 헌법 제28조에서 국가배상청구권 등을 규정

9) 윤화우, 전게 논문, 36면.

하였다.

이 중에서 동 헌법 제26조 제4항에서 범죄수사와 재판 등의 형사절차가 진행되는 과정에서 피고인의 인권보장을 더욱 강조하기 위하여 설사 형사피고인이라고 하더라도 유죄의 판결이 확정될 때까지는 무죄로 추정한다는 조항을 신설하였던 점과 형사피고인으로서 구금되었던 자가 무죄판결을 받은 때에는 법률이 정하는 바에 의하여 국가에 정당한 보상을 청구할 수 있도록 형사보상을 적정화하여 형사사법상의 과오로 인하여 국민의 신체의 자유가 부당하게 침해된 경우에 그로 인한 피해에 대하여 적정한 보상을 받지 못하던 것을 시정하도록 규정하였던 점[10]은 바람직한 헌법 개정이라고 할 것이다.

6. 사회권 부분

1980년 제8차 개정 헌법은 동 헌법 제29조에서 제34조까지 교육을 받을 권리(제29조), 근로의 권리(제30조), 근로3권(제31조), 인간다운 생활을 할 권리(제32조), 환경권(제33조), 보건에 관한 권리(제34조) 등의 여러 사회적 기본권 규정들을 이전의 제7차 개정 헌법인 유신헌법 때보다 비교적 상세하게 규정하였던 점에서 바람직한 헌법 개정이라고 할 것이다. 이에 대한 내용들을 크게 네 가지로 나누어 좀 더 자세하게 살펴보면 다음과 같다.

첫째, 동 헌법 제29조에서 교육정책의 수립 및 집행에 가급적 교육전문가가 참여할 수 있도록 하였고, 법률이 정하는 바에 의하여 교육의 전문성을 보장한다는 규정을 신설하여 교육재정의 확보와 교원의 지위향상을 위하여 교육재정과 교원의 지위에 관한 사항을 법률로 정하도록 명문화 하였다(제29조 제4항과 제6항). 그리고 '초등교육과 법률이 정하는 교육'을 의무교육으로 규정하였으며, 오늘날 모든 나라에서 급속도로 발전하는 복잡한 현대생활에 대처하기 위하여 정규의 학교교육 외에도 국가의 평생교육 진흥의무를 선언적으로 규정하고 이에 관한 기본적인 사항을 법률로 정하도록 하였다(제29조 제5항과 제6항).

둘째, 산업사회의 역군인 근로자의 사기를 높이고 인간다운 생활을 할 권리를 보장하며 장기적 안목에서 근로능력의 향상 및 그에 따른 국민경제의 발전을 기할 수 있도록 근로자의 적정임금을 보장하고(제30조 제1항), 근로조건의 기

10) 법제처, 전게 논문, 36면; 윤화우, 상게 논문, 37면.

준은 인간의 존엄성을 보장하도록 법률로 정하는 조항을 신설하였다(제30조 제3항). 그리고 제7차 개정 헌법인 유신 헌법에서는 근로 3권의 보장에 있어서 이른바 법률유보조항을 두어 근로 3권은 법률이 정하는 범위 안에서 보장하는 것으로 규정하였었지만, 1980년 제8차 개정 헌법에서는 이러한 근로 3권에 대한 법률유보조항을 삭제하여 자주적인 단결권과 단체교섭권 및 단체행동권을 보장하되 공무원의 경우에 한하여 이를 제한하고, 국가나 지방자치단체, 국공영기업체, 방위산업체, 공익사업체 또는 국민경제에 중대한 영향을 미치는 사업체에 종사하는 근로자의 단체행동권은 법률로서 제한하거나 인정하지 않을 수 있도록 규정하였다(제31조).

셋째, 인간다운 생활권과 관련해서 사회보장 뿐만 아니라 사회복지의 증진에 노력할 국가의 의무를 규정하였다(제32조 제2항). 특히 1970년대 이후에 급속한 산업화에 따라 환경오염이 점점 더 심각해져 자연이 파괴되고, 국민 건강 등 인간의 생활에 지대한 영향을 끼칠 우려가 있어서 국가가 환경오염을 방지하고, 자연자원을 보호하고 개발할 필요성이 대두되었다. 이에 제7차 개정 헌법인 유신 헌법에서는 환경권에 대한 내용을 사회권의 범주에 포함되는 것으로 보아서 환경권에 대하여 별도의 규정을 두지 않았지만, 1980년 제8차 개정 헌법에서는 환경권을 비롯하여 환경보전을 위한 국가적·국민적 의무까지 신설하였다(제33조)는 점에서 바람직한 헌법 개정이라고 할 것이다.

넷째, 제7차 개정 헌법인 유신 헌법에서는 이른바 일반적 법률유보조항을 규정하면서 이와 함께 거주·이전의 자유, 직업선택의 자유, 주거의 자유, 통신의 자유, 학문과 예술의 자유 등의 조항들에서 "법률에 의하지 아니하고는 … 제한받지 아니한다."라고 이른바 개별적 법률유보조항을 별도로 각각 규정하였다. 이와 같이 기본권에 대한 제한 규정을 일반적 법률유보조항과 개별적 법률유보조항의 형태로 중복해서 규정하는 방식은 그러한 기본권을 해당 근거 법률로써 얼마든지 제한할 수 있다는 기본권에 대한 제한의 측면이 강조된 인상을 주게 된다. 생각건대, 헌법이 기본권 규정을 둔 본래의 취지가 기본권을 원칙적으로 최대한 보장해 주고 예외적으로 불가피한 경우에 한해서만 필요 최소한으로 제한해야 한다는 점에서 이는 바람직하지 않은 헌법 개정이라고 할 것이다. 따라서 1980년 제8차 개정 헌법에서는 여러 기본권들에서 규정되어 있었던 개별적 법률유보조항을 삭제하고 일반적 법률유보조항을 두도록 개정하였다.

그리고 1980년 제8차 개정 헌법 제35조 제2항에서 국민의 자유와 권리의 본질적 내용은 침해할 수 없다는 규정을 신설하여, 일반적 법률유보조항에 의하여 불가피한 목적으로 기본권을 제한하더라도 그 자유와 권리의 본질적인 내용을 침해할 수 없다는 것을 명백히 규정하여, 기본권의 자연권적 성격을 강조하였다는 점[11]에서 바람직한 헌법 개정이라고 할 것이다.

제 4 절 1980년 제8차 개정 헌법의 통치구조 부분

1. 대통령 부분

1980년 제8차 개정 헌법의 정부형태에 관하여 대통령제와 의원내각제 및 이원정부제가 거론되었다. 이중에서 1980년 제8차 개정 헌법의 정부형태로 대통령제가 채택된 이유는 다음과 같은 두 가지 사유 때문이라고 할 것이다.

첫째, 정치문화적인 측면에 비추어 볼 때, 건국 후 우리나라의 정치제도는 1960년 헌법시대에서의 단기간의 혼란기를 제외하고는 줄곧 대통령을 중심으로 운영되어 왔는바, 우리의 정치문화는 대통령제를 중심으로 운영되어 온 것에 익숙해 있다. 따라서 우리의 정치문화에 익숙한 대통령제가 국가의 유지·발전에 있어서 가장 잘 그 기능을 발휘할 것이며, 대통령제의 단점도 비교적 잘 파악하고 있으므로 여러 개선방안들을 통하여 그러한 단점을 보완하는 것도 용이하며, 의원내각제나 이원정부제 등의 우리의 정치문화에는 다소 생소하거나 낯선 제도를 채택하여 시행하는 것에 의한 위험성을 방지할 수 있기 때문이었다고 생각된다. 둘째, 새로운 민주복지의 국가를 건설하기 위하여 정치적·경제적·사회적인 안정을 위한 지도자의 강력하고도 결단력 있는 영도력과 능률성, 그리고 위기에 있어서의 신속한 대처능력을 갖춘 정부형태가 필요하므로 대통령제를 채택하게 되었다고 생각된다.

한편 대통령은 대통령선거인으로 구성되는 대통령선거인단이 무기명투표로 선거하도록 규정하였고(제39조 제1항), 대통령과 대통령선거인의 선거에 관한 사항은 법률로 정하도록 규정하였는바(제39조 제5항), 이에 대한 법률이 1980년 12월 31

11) 법제처, 상게 논문, 37-38면; 윤화우, 상게 논문, 37면.

일에 공포된 대통령선거법이다. 동 법률에서 대통령선거 방법은 먼저 대통령선거인에 대한 선거를 실시토록 규정하였고, 다음으로 대통령선거인에 의한 대통령선거의 2단계로 실시토록 규정하였다. 그리고 대통령선거인단은 국민의 보통·평등·직접·비밀선거에 의하여 선출된 대통령선거인으로 구성되는(제40조 제1항) 대통령 선임기관이다(대통령선거법 제2조). 이처럼 대통령선거를 간접선거제로 했던 이유를 살펴보면 다음과 같다. 즉, 만약 대통령제 하에서 직선제를 선택할 경우에는 국민의 의사를 최대한 반영할 수 있어서 대통령에 대하여 강력한 영도력을 발휘케 할 수 있는 민주적 정당성이 부여되는 장점은 있었지만, 선거의 과열을 필연적으로 수반하게 되어, 인적·물적인 측면에서 국력의 과다한 소모와 막중한 선거비의 지출과 이에 따르는 정치적인 부패와 선거의 부조리가 심화될 것이고, 여야 대립의 격화와 인기에 영합하기 위한 무책임한 공약의 남발로 인하여 국론이 분열되거나 또는 장기간의 행정공백과 그로 인한 국정 운영의 차질 및 지나친 지역감정의 유발과 그 후유증이 생길 것 등의 단점 때문에 1980년 제8차 개정 헌법에서는 국론의 통일과 안보적·경제적인 안정을 위하여 대통령 선거인단에 의한 간선제를 채택한 것이라고 법제처에서 밝혔다.[12)]

그러나 1980년 제8차 개정 헌법에서 이전의 제7차 개정 헌법과 동일하게 여전히 대통령의 선출방법을 국민에 의한 직선 형태가 아닌 대통령 선거인단이라는 간접선거 방식으로 대통령을 선출토록 한 것은 국민의 대통령 선거에 대한 진의가 대통령 선거인단이라는 중간의 매개체를 통하여 표출되는 과정에서 전두환이라는 그 당시 집권자의 민주적 정당성을 표면적으로 뒷받침해 주기 위한 하나의 포장수단으로 전락하여 국민의 대통령선거에 대한 진의가 왜곡될 수 있어 대통령이 국민들의 민주적 정당성이 극히 낮거나 결여될 수 있다는 점에서 그 비판을 면하지 못할 것이다.

그리고 대통령의 임기는 7년이며 중임할 수 없고(제45조), 대통령의 임기연장이나 중임변경을 위한 헌법 개정은 그 헌법 개정을 제안한 당시의 대통령에 대해서는 효력이 없도록 규정하였다(제129조 제2항). 이는 대통령의 임기 도중의 선거를 없애버림으로써 대통령의 연임 선거에 따르는 폐단, 즉 대통령의 연임 선거가 허용된다면 대통령이 1차 임기가 끝나갈 쯤에 자신의 대통령 연임을 위하여 정치가 매우 혼란스러워질 수 있고, 대통령의 재임 중 대통령선거에 관권

12) 법제처, 상게 논문, 39－40면.

이 개입될 우려가 커지며, 대통령 선거자금의 조달을 위하여 정치가 부패해 질 수 있는 등의 여러 문제점들을 사전에 방지하고, 처음부터 대통령에게 7년이라는 장기간의 임기를 보장해 주어 비교적 장기의 정치적인 계획을 수립하여 정국을 안정시켜서 지속적이고 일관성 있는 여러 정책들을 수행할 수 있도록 해 주는 한편 대통령의 중임을 금지하여 과거와 같이 대통령의 장기집권의 가능성을 제도적으로 봉쇄하거나 차단하여 정권의 평화적인 교체의 기틀을 마련하기 위해서였다는 점[13]에 비추어 볼 때, 제7차 개정 헌법보다는 다소 긍정적으로 평가된다. 그러나 대통령의 임기를 단임제로 하는 대신에 대통령의 재임기간을 7년이라는 우리나라 헌법상 우리나라 대통령의 임기를 가장 길게 규정한 점은 비록 단임제이기는 하지만 비교적 장기간동안 집권할 수 있도록 했다는 점에서 민주주의의 이념에 저촉될 수 있으므로 그 비판을 면하기 어렵다.

또한 대통령에게 국가안보와 국가적 위기에 대처할 수 있도록 '비상조치권'을 인정하되, 국가적 위기를 빙자하여 비상조치권을 남용할 경우에는 그 폐해나 문제점이 클 것이므로, 이러한 비상조치권을 행사하기 위해서는 '국가의 안전을 위협하는 교전상태나 그에 준하는 중대한 비상사태에 처하여 국가를 보위하기 위하여'라고 명시하여 사전예방적인 조치를 인정하지 않았다. 그리고 이러한 비상조치권을 국회에 통고하여 그 승인을 받도록 하여 만약 승인을 얻지 못하면 당연히 실효되도록 규정하였다. 또한 국회가 비상조치권의 해제를 요구한 경우에는 대통령은 이에 응하도록 하여 국회에 의하여 강력한 견제를 받도록 하였고, 이 비상조치권은 필요한 최단기간만 존속하도록 하는 규정을 명시하였으며, 이 비상조치권은 사법적 심사의 대상이 되도록 하여 비상조치권 남용을 방지하기 위한 규정을 두었다(제51조).[14]

이에 대하여 대통령제 정부형태에 있어서 행정부와 국회가 극단적으로 대립할 경우에는 그 조정수단이 없기 때문에 그 대립이 장기화하고 이로 인하여 국정의 혼란을 초래할 소지가 있다. 따라서 이러한 문제를 해결하기 위한다는 명분하에 대통령은 의원내각제적 요소인 의회 해산권을 가질 필요가 있어서 이러한 의회 해산권을 대통령이 행사할 수 있도록 하되, 제7차 개정 헌법인 유신헌법상 대통령에게 일임된 의회 해산권의 요건을 좀 더 제한 내지 엄격하게 규

13) 이환경, "대통령의 임기", 경희행정논총 제8집 제1호, 1995. 2, 11면.
14) 김태일, "제4공화국과 제5공화국 헌법 비교", 한국정치와 헌정사, 한울, 2001, 330면.

정하였다. 즉, 1980년 제8차 개정 헌법에서는 '국가의 안정 또는 국민전체의 이익을 위하여 필요하다고 판단할 상당한 이유가 있을 때'에 한하여 대통령이 비상조치권을 행사할 수 있도록 규정하였고, 의회 해산절차도 국회의장의 자문 및 국무회의의 심의를 거친 후에야 가능하도록 규정하였으며, '국회 구성 후 1년 이내' 또는 '같은 사유로 2차에 걸쳐' 해산할 수 없도록 규정하였다(제57조)는 점에 비추어 볼 때, 제7차 개정 헌법인 유신 헌법에 비하여 대통령의 의회 해산권과 비상조치권의 행사요건이 좀 더 엄격해지고 까다로워졌다는 점에 한해서는 다소 긍정적으로 평가할 수 있다.

그러나 1980년 제8차 개정 헌법에서 여전히 대통령이 의회 해산권과 비상조치권을 계속 행사할 수 있도록 규정하여 국회에 대하여 대통령의 권한이 막강해서 독재를 할 수 있는 수단으로 악용되어 민주주의의 원리와 법치주의의 원리 등에 위반되는 문제점이 있으므로 그 비판을 면할 수 없다.

이밖에 국무위원의 수를 국정운영에 있어서 국민복지적 기능과 문화개발적 기능이 대폭 증대될 것으로 예상하여 15인 이상 30인 이하로 그 상한을 증가시켜 놓았다는 점과 대통령이 국정의 주요 사항들에 대하여 정치적인 경험이 많은 국가의 원로들에게 국정참여의 기회를 부여할 수 있도록 하기 위하여 정치적인 과열을 합리적으로 조정해 주고 국민들의 화합을 촉진할 수 있는 제도적인 장치를 마련하기 위해서 '국정자문회의'를 신설하였다는 점(제66조)과 조국의 평화적 통일과 민족의 재결합이라는 민족적 과업을 지속적으로 추진하기 위하여 보다 기본적이고 장기적인 차원에서 보편타당하고 실효성 있는 평화통일정책의 수립이 필요하여 '평화통일정책 자문회의'를 신설하였다(제68조)는 점[15)]은 다소 긍정적으로 평가할 수 있다.

2. 국회 부분

1980년 제8차 개정 헌법은 국회의 구성을 단원제로 규정하였고, 국회의원의 선출은 국민의 보통·평등·직접·비밀선거에 의하여 시행하되, 각계 각층의 직능대표 등을 국회에 진출할 수 있도록 하여 국회의 기능수행에 이바지하고 정당정치의 발전에 기여할 수 있도록 비례대표제를 가미하였다(제77조)는 점은

15) 법제처, 전게 논문, 41면; 윤화우, 전게 논문, 39면.

바람직한 헌법 개정이라고 할 것이다.

그리고 동 개정 헌법에서 국회가 진정으로 민의를 대변해 주는 기관으로서의 소임과 국회의원의 성실한 국민대표로서의 역할 수행을 위하여 국회의원의 청렴의무조항과 직무수행에 있어서 국익우선의무조항 및 그 지위를 이용한 이권개입금지조항을 신설(제82조)한 점도 바람직한 헌법 개정이라고 할 것이다.

또한 동 개정 헌법에서 제7차 개정 헌법인 유신 헌법에서 조약의 중요성의 경중(輕重)을 불문하고 조약의 체결·비준에 있어서 국회의 동의권이 필요하도록 규정한 것은 국가의 대외적인 교섭 활동에 여러 지장을 주게 되는 문제점이 있으므로, 그 중에서 중요한 조약의 체결·비준에 대해서만 국회의 동의를 받도록 제8차 개정 헌법 제96조에서 이를 합리적으로 조정하였다는 점은 바람직한 헌법 개정이라고 할 것이다.

이밖에 국정조사권을 신설하여(제97조) 국회의 정부에 대한 감시·비판·통제 기능을 확대 및 강화한 것과 입법 자료의 수집기능 등을 향상시키려고 한 점[16]은 바람직한 헌법 개정이라고 할 것이다. 다만, 국정감사권을 부활하지 않은 것은 그 비판을 면할 수 없다.

3. 법원 부분

1980년 제8차 개정 헌법에서 대법원장은 국회의 동의를 얻어 대통령이 임명하고 대법원 판사는 대법원장의 제청으로 대통령이 임명하도록 규정하였다(제105조). 특히 재판의 신속·능률적인 처리를 위한 재판의 전문성을 강화할 필요성에 의하여 대법원에 행정·조세·노동·군사 등을 전담하는 부를 두도록 규정하였고(제103조 제2항), 대통령의 수중에 있던 일반 법관에 대한 임명권과 보직권을 대법원장에게 귀속시킨 점(제105조) 및 법관의 징계처분에 의한 파면을 배제함으로써 법관의 신분보장에 의한 사법권의 독립을 강화한 점(제107조)은 바람직한 헌법 개정이라고 할 것이다.

이밖에 동 개정 헌법은 법원에 제1차적인 위헌법률심사권을 부여하고(제108조 제1항), 행정심판에 관한 헌법적인 근거를 마련하였다(제108조 제3항). 이는 현대 국가에서 행정심판의 절차에 의한 쟁송해결의 필요가 늘어나고 있는 상황을 고

16) 법제처, 상게 논문, 41-42면.

려한 것이라는 점에서 바람직한 헌법 개정이라고 할 것이다.[17)]

4. 헌법위원회·선거관리위원회·지방자치 부분

1980년 제8차 개정시 헌법위원회의의 존치 여부에 대하여 위헌법률심사권과 위헌정당해산심판권을 대법원에 부여하자는 의견도 있었다. 그러나 그렇게 할 경우에 헌법소송사항은 일반적인 재판과는 달리 정치적인 성격이 있으므로, 사법부가 정치적인 논쟁에 휘말려들 위험성이 크기 때문에 사법부의 독립성을 해칠 우려가 있으며, 헌법해석의 특수성을 충분히 살릴 수 없다는 문제점이 있다고 보아서 종래와 같이 헌법보장을 위한 독립기구로서 헌법위원회를 존치시키게 되었다고 법제처에서 밝혔다(제112조와 제114조).[18)]

그러나 1980년 제8차 개정 헌법 하에서 헌법위원회는 법률 제3992호로 1988년 2월 25일부터 시행된 헌법위원회법 제15조 제3항에 의해서, 대법원에서 위헌여부를 제청하는 경우를 포함하여 대법원에서 하급법원의 위헌여부제청에 대하여 대법관 전원의 3분의 2이상으로 구성되는 합의체에서 당해 법률의 헌법에 대한 위반 여부를 결정하고 만약 헌법에 위반되는 것으로 인정될 때에는 그 제청서를 헌법위원회에 송부하도록 규정하여, 위헌법률심판을 활발히 행할 수 없어서 거의 사실상 휴면기관화 되어 헌법을 수호하는 본연의 기능을 제대로 다할 수 없었던 점은 그 비판을 면하기 어렵다.

한편 제7차 개정 헌법인 유신 헌법에서는 중앙선거관리위원장을 대통령이 임명하도록 규정하고 있었지만, 1980년 제8차 개정 헌법에서는 중앙선거관리위원회의 9인 위원들 중에서 해당 위원장을 호선하도록 규정하여(제115조 제2항), 중앙선거관리위원회의 독립성을 보장해 주었고, 각종 선거관리의 업무를 공명하고 정의롭게 유지되도록 규정하였던 점 및 선거관리의 업무를 원활히 행할 수 있도록 선거의 공정성을 보장하기 위하여 헌법에서 각급 선거관리위원회가 관계 행정기관에게 선거사무에 대하여 필요한 지시를 할 수 있도록 직접 명시한 점(제116조)은 바람직한 헌법 개정이라고 할 것이다.[19)]

---

17) 한상범, 전게 논문, 25면.
18) 법제처, 전게 논문, 44면.
19) 윤화우, 전게 논문, 40면.

제 5 절 1980년 제8차 개정 헌법의 경제 부분과 헌법 개정 부분

1. 경제 부분

1980년 제8차 개정 헌법에서는 사유재산제를 보장하는 규정을 두었고(제22조 1항), 경제 질서는 개인의 경제상의 자유와 창의를 존중함을 기본으로 하는 것을 규정하였던 점(제120조 제1항)에 비추어 볼 때, 자유주의적 시장경제질서를 원칙으로 하면서도 동 개정 헌법 제120조 제2항에 의해서 사회적 시장경제질서로서의 기본성격을 그대로 유지하였다.

즉, 경제성장에 따르는 부의 편중과 소득 분배의 불균형을 시정하고, 자원의 효율적인 배분을 유도하며, 기업 간의 공정한 경쟁을 촉진하고 경쟁을 통한 효율을 제고하기 위하여, 독과점에 대한 규제와 조정을 행하는 조항(제120조 제3항)을 신설한 점과 소비자의 권리의식을 고취하고, 소비자의 권리보호에 관한 국가의 의지를 천명하며, 기업 간의 기업윤리관을 확립시키고자 소비자의 보호운동에 대한 보호 규정(제125조)을 신설한 점은 바람직한 헌법 개정이라고 할 것이다.

또한 경영자의 능력 및 자원의 부족, 기술도입의 낙후와 시설 근대화의 지연, 자금압박 등 여러 가지 문제점을 안고 있는 중소기업에 대하여 그 경영 및 관리의 합리화, 기술 및 품질의 향상, 시설의 근대화, 생산의 전문화, 대기업의 중소기업에의 침투방지 등을 위하여 중소기업의 보호육성 조항을 신설한 점(제124조 제2항) 또한 바람직한 헌법 개정이라고 할 것이다.

이밖에 동 개정 헌법은 국민경제의 건전성을 위하여 농어민과 중소기업의 자조조직의 정치적 중립성을 선언하였고(제124조 제3항), 산업구조의 변화와 인구의 도시집중으로 인한 농업인구의 감소에 대처하기 위하여 농지의 소작제는 원칙적으로 금지하되, 예외적으로 농업 생산성의 제고와 합리적인 이용을 위한 농지의 임대차 및 위탁경영제를 도입하였으며(제122조), 도량형과 시간 등 각종 계측의 표준을 명확히 규정하여 과학의 진흥과 기술의 혁신, 공정거래의 보장, 국제교역의 확대, 공업의 발전을 꾀하기 위해 국가표준제도를 확립하였다(제128

조 제2항)는 점 역시 바람직한 헌법 개정이라고 할 것이다.[20]

2. 헌법 개정 부분

1980년 제8차 개정 헌법에서 헌법을 개정할 때에는 제7차 개정 헌법인 유신 헌법에서 규정하였던 헌법의 개정절차와는 다르게 대통령이 제안한 경우와 국회의원이 제안한 경우 모두, 해당 헌법개정안을 국회가 의결하고 국민투표로 확정하도록 규정하여(제131조 제2항) 헌법개정절차를 일원화하였다.

이렇듯 동 개정 헌법에서 헌법 개정시 국회의 의결을 필수적으로 거치도록 하고, 국민투표로 확정토록 규정한 것은 헌법 개정절차에 있어 국민의 민주적 정당성을 강화해 주려고 했던 것으로 바람직한 헌법 개정이라고 할 것이다.

---

20) 권영성, "제5공화국 헌법과 경제질서", 서울대 법학 제47호, 1981. 11, 110-111면.

제 9 장

대한민국의 국가형태와 구성요소

제 9 장　대한민국의 국가형태와 구성요소

제 1 절　머리말

'국가형태'란, 국가의 성격과 조직형태 및 기본적 가치질서 등에 대한 기준에 의한 한 국가의 유형을 뜻한다. 우리나라 헌법 제1조 제1항에서는 "대한민국은 민주공화국이다."라고 규정하여, 우리나라의 국가형태는 민주공화국임을 밝히고 있다.

그리고 대한민국의 구성요소에 대하여 동 헌법 제1조 제2항에서 "대한민국의 주권은 국민에게 있고, 모든 권력은 국민으로부터 나온다."라고 규정하여, 주권이 국민에게 있고 모든 통치권은 국민의 기본권 보장을 위한 수단에 해당하는 것을 규정하고 있다.

또한 동 헌법 제2조에서는 국민의 요건 및 재외국민의 보호 의무에 대하여 규정하고 있고, 동 헌법 제3조에서는 영역에 대하여 규정하고 있다.

이하에서는 국가형태에 대한 일반론과 국가형태에 대한 우리나라의 헌법 규정 및 우리나라 헌법 규정에서 민주공화국의 의미에 대하여 살펴본 후, 대한민국의 구성요소인 주권, 국민, 영역에 대하여 각각 고찰하겠다.

제 2 절 대한민국의 국가형태

1. 국가형태에 대한 일반론

국가의 형태에는 크게 단일국가, 연방국가, 국가연합이 있다. 이중에서 먼저 '단일국가'란, 국가의 구성이 단일한 국가로써 통치권이 중앙에 집중되어 있는 국가형태를 뜻한다. 이에 해당하는 예로는 대한민국 등을 들 수 있다.

다음으로 '연방국가'란, 국가의 성격을 가진 여러 개의 지방국인 주(州)들이 연방헌법에 의하여 영구적인 결합을 하여 한 개의 국가를 구성하는 국가형태를 의미하는바, 진정한 의미의 국가라고 하겠다. 다만 이러한 연방국가에서는 연방정부만이 국가이고, 지방국인 주(州)는 대내적인 주권을 갖지만, 대외적인 주권이 없어서 대외적으로 국가가 아니므로, 연방정부가 국제법상 주체가 되는 특성이 있다. 그리고 병력은 연방정부만이 보유할 수 있고, 통치권인 입법권·행정권·사법권은 연방정부와 지방국인 주(州)가 나누어 행사한다. 이에 해당하는 예로는 오늘날의 미국, 독일, 스위스 등을 들 수 있다.

끝으로 '국가연합'이란, 각자 주권을 가진 여러 개의 국가들, 즉 국가연합에 속하는 각 구성국들 간에 조약을 체결하여 일시적·잠정적·한시적으로 결합체를 이루는 국가형태를 의미하는바, 진정한 의미의 국가형태가 아니다. 이러한 국가연합은 국가연합에 속하는 구성국들 모두가 각자 주권을 계속 가지므로, 국가연합 자체는 예외적으로 각 구성들들 간의 조약에 의하여 특수한 한정적인 경우를 제외하고 원칙적으로 국제법상의 주체가 될 수 없고, 국가연합에 속하는 각 구성국들이 국제법상 주체가 될 수 있다. 그리고 국가연합 자체는 진정한 의미의 국가형태가 아니므로, 그 자체로 병력을 보유할 수는 없고, 통치권인 입법권·행정권·사법권은 국가연합에 속하는 각 구성국들이 각자 행사할 수 있으며, 국가의 책임은 국가연합 자체가 아닌 국가연합에 속하는 각 구성국들만이 책임을 진다. 이에 해당하는 예로는 과거 연방국가였던 구소련이 해체된 후에 성립된 독립국가연합(CIS)[1] 및 유럽연합(EU) 등을 들 수 있다.[2]

2. 국가형태에 대한 대한민국 헌법 규정과 민주공화국의 의미

우리나라 헌법 제1조 제1항에 의하면 "대한민국은 민주공화국이다."라고 규정되어 있다.

여기서 '민주공화국'이란, 대한민국이라는 국가는 국민이 국가의 주인인 국

1) '독립국가연합(CIS: Commonwealth of Independent States)'이란, 1991년 12월 31일에 구 소련(소비에트 사회주의 연방공화국: USSR)이 소멸되면서 여기에 속해 있었던 구성국들 중 2020년을 기준으로 러시아, 몰도바, 벨라루스, 아르메니아, 아제르바이잔, 우즈베키스탄, 카자흐스탄, 키르기스스탄, 타지키스탄의 9개 공화국이 결성한 정치공동체를 의미한다.

2) 이러한 단일국가, 연방국가, 국가연합의 개념 및 그 차이점에 대하여 자세한 것은 권영성, 헌법학원론, 법문사, 2009, 109－11면; 성낙인, 헌법학, 법문사, 2019, 108－112면.

가이며, 통치권은 세습적이고 종신적인 권력을 행사하는 성격의 군주제나 군주적 통치권을 부정하는 비군주국임을 뜻한다.[3] 즉, '공화국' 또는 '공화주의'란, 공화제의 요청에 따라 모든 공권력이 공동체에 귀속되어야 하고, 시민들이 자유롭고 평등한 인간으로서 존재할 수 있도록 공공복리에 봉사해야 한다는 것을 뜻하는 것으로, 이미 민주주의가 정착되어 있는 현대에서 공화주의는 군주제가 존재하지 않거나 또는 군주가 실제로 통치권을 행사하지 않는 국가형태를 뜻하는바, 세습군주가 아닌 한시적인 공직의 담당자에 의하여 국가권력을 행사하는 것을 뜻한다. 즉, 권력보유자가 자의적으로 지배하는 전제(專制)와 대비되는 참되고 자유로운 공동체질서가 오늘날 민주주의와 법치주의에 의해서 구체적으로 실현되고 있다는 점에서 공화국이란 개념의 의미는 오늘날 많이 축소되거나 퇴색되었다고 할 것인바, 오늘날 이러한 공화주의의 대부분의 내용은 민주주의의 이념과 내용 및 제도 등이 발전하면서 민주주의에 포섭되었으므로, 오늘날 국가형태로의 공화주의는 그 역사적인 의미를 다했다고 할 것이다.[4]

이러한 민주공화국은 국민주권의 원리, 자유민주주의원리, 권력분립의 원리, 기본권 존중의 원리 등에 의하여 지배되는 국가형태로, 우리나라 헌법 제1조 제1항은 헌법제정권자의 근본적인 결단임과 동시에 핵(核)에 속하는 것이므로, 헌법개정절차에 의해서 개정할 수 없다고 보는 것이 타당하다.

제 3 절 대한민국의 구성요소

1. 주권

먼저 '주권'이란, 대내적으로는 국가의사를 결정하는 최고의 권력이고, 입법권·행정권·사법권 등 모든 권력에 상위하는 근본적인 힘이며, 대외적으로는 국가의 독립의 권력을 뜻한다.

이러한 의미의 주권은 헌법제정권력에 의하여 조직된 권력인 통치권과 구별되는바, 이러한 주권의 특성에는 창조성·시원성, 자율성, 불가분성, 불가양

3) Klaus Stern, Das Staatsrecht der Bundesrepublik deutschland, Bd Ⅰ, 2. Aufl., München, 1984, S.579.

4) 장영수, 헌법학, 홍문사, 2015, 136–137면; 전광석, 한국헌법론, 집현재, 2018, 71면.

성, 항구성이 있다.5) 이에 대하여 우리나라 헌법 제1조 제2항에서는 "대한민국의 주권은 국민에게 있고, 모든 권력은 국민으로부터 나온다."라고 규정되어 있다.

2. 국민

(1) 국민의 의의

'국민'이란, 어느 국가에 속하여 해당 국가의 국적을 보유하며, 그 소속 국가의 통치권에 복종할 의무가 있는 자연인이나 전체의 집합체를 의미한다. 즉, 국민은 헌법의 효력이 미치는 인적 범위에 해당한다.

한편 이러한 국민에 속하지 않는 자연인을 외국인6)이라고 한다. 국민은 항구적으로 해당 국가의 소속원이므로, 원칙적으로는 그가 속해 있는 해당 국적의 국가의 통치권에 복종할 의무를 부담하지만, 예외적으로 그가 국외에 있을 때에는 해당 거주국의 통치권에 복종할 경우도 있다.7)

(2) 국적의 개념과 성격8)

국적은 국민이 되는 자격·신분을 의미한다. 국적의 취득은 대체로 출생에 의한 경우와 귀화에 의한 경우로 나눌 수 있고, 출생에 의한 국적의 취득은 다시 혈통주의인 속인주의와 출생지주의인 속지주의로 나누어진다.

먼저 혈통주의인 속인주의를 취하는 국가들 중 유럽 지역은 모두 부모양계 혈통주의를, 아시아 지역은 1997년 12월 13일에 법률 제5431호로 국적법이 개정되기 전의 우리나라의 국적법(이하에서 "구 국적법"으로 줄임)과 중동의 회교권 국가들 및 대만, 인도네시아, 태국 등 일부 국가들의 국적 관련 법률에서 부계 혈통주의를 취하고 있거나 취하였다. 이러한 아시아 지역의 소수의 국가들을 제외한 일본과 중국 및 1997년 12월 13일에 법률 제5431호로 국적법이 개정된 이후의 우리나라 등 대부분의 아시아 국가들은 부모양계 혈통주의를 채택하고 있다.

---

5) 이에 대하여 자세한 것은 본서의 제5장－제2절－2. 헌법제정권력－(2) 특성.
6) 이러한 외국인의 범위에는 외국 국적자, 이중(복수) 국적자, 무국적자가 포함된다.
7) 헌재 2000. 8. 31, 97헌가12.
8) 헌재 2000. 8. 31, 97헌가12.

한편 북미 지역과 남미 지역의 국가들은 대부분 출생지주의인 속지주의에 의하고 있지만, 국외에서 출생한 자녀에게는 부모양계 혈통주의의 원칙에 따라 국적을 부여하고 있다. 국적은 국가와 그의 구성원 간의 법적유대이고 보호와 복종관계를 뜻하므로 이를 분리하여 생각할 수 없다. 즉, 국적은 국가의 생성과 더불어 발생하고 국가의 소멸은 바로 국적의 상실 사유이며, 국적은 성문의 법령을 통해서가 아니라 국가의 생성과 더불어 존재하는 것이므로, 헌법의 위임에 따라 국적법이 제정되나 그 내용은 국가의 구성요소인 국민의 범위를 구체화·현실화하는 헌법사항을 규율하고 있다.

(3) 헌법과 국적법의 변화에 따른 국민의 범위

1948년 7월 17일에 제정된 제헌 헌법 제3조에서 “대한민국의 국민이 되는 요건은 법률로써 정한다.”라는 규정에 의하여 1948년 12월 20일에 법률 제16호로 국적법을 제정하였다. 국적법은 이중(복수) 국적의 발생 여지를 줄임으로써 국적단일주의를 강화해 나가면서 그 골격은 대체로 유지하였다.

즉, 구 국적법상 기본원칙으로는 국적법정주의, 부계우선혈통주의, 부중심주의, 국적단일주의, 가족국적 동일주의 등으로 요약할 수 있다. 이후 1997년 12월 13일에 법률 제5431호로 개정된 국적법은 1984년의 유엔의 ‘여성에 대한 모든 형태의 차별 철폐에 관한 협약’에 가입할 당시 국적취득에서의 남녀평등 조항을 유보했던 것을 철회하여, 구 국적법의 부계혈통주의 조항을 평등원칙에 부합되게 부모양계혈통주의로 개정함과 동시에 현실에 맞지 않거나 미비한 조항을 합리적으로 개선·보완하였다.[9]

우리나라 헌법은 제헌 헌법 이래(제헌 헌법 제4조부터 현행 헌법 제3조까지)로 “대한민국의 영토는 한반도와 그 부속도서로 한다.”라는 규정을 두어 왔는바, 우리나라 대법원은 이를 근거로 하여 북한지역도 대한민국의 영토에 속하는 한반도의 일부를 이루는 것이므로, 대한민국의 주권이 미치므로, 북한주민도 대한민국의 국적을 취득·유지하는데 아무런 영향이 없는 것으로 보고 있다. 즉, 1948년 5월 11일에 남조선 과도정부 법률 제11호에 의한 국적에 관한 임시조례 제2조 제1호는 조선인을 부친으로 하여 출생한 자는 조선의 국적을 가지는 것으로 규정하였고, 제헌 헌법 제3조에서 “대한민국의 국민이 되는 요건을 법률로써 정한

9) 헌재 2000. 8. 31, 97헌가12.

다."라고 규정하면서 제헌 헌법 제100조에서 "현행 법령은 이 헌법에 저촉되지 아니하는 한 효력을 가진다."라고 규정하였으므로, 조선인을 부친으로 하여 출생한 자는 설사 그가 북한법의 규정에 따라 북한 국적을 취득하였더라도 위의 임시조례의 규정에 따라 조선국적을 취득하였다가 1948년 7월 17일에 대한민국의 제헌 헌법의 공포와 동시에 대한민국 국적을 취득한 것이라고 판시하여,[10] 북한 주민도 대한민국 국민으로 보았다. 한편 현행 헌법 제2조 제1항에서는 "대한민국의 국민이 되는 요건은 법률로 정한다."라고 규정되어 있다. 이러한 헌법 제2조 제1항에서의 법률이 국적법이다.

(4) 국적법의 주요 내용

1) 국적의 취득

국적의 취득에는 선천적 국적 취득과 후천적 국적 취득이 있다. 이중에서 선천적인 국적의 취득에는 출생이 있고, 후천적인 국적의 취득에는 인지(認知), 귀화(歸化), 국적회복 등이 있다.

먼저 '선천적 국적 취득'에 대하여 살펴보면 다음과 같다. 즉, 우리나라는 부(父) 또는 모(母)의 국적에 따라 취득하는 혈통주의인 '속인주의'를 원칙으로 하고 있고, 예외적인 경우에 한하여 출생지주의인 '속지주의'를 채택하고 있다. 즉, 국적법 제2조에 의하면 "제1항: 다음 각 호의 어느 하나에 해당하는 자는 출생과 동시에 대한민국 국적을 취득한다. 1. 출생 당시에 부 또는 모가 대한민국의 국민인 자, 2. 출생하기 전에 부가 사망한 경우에는 그 사망 당시에 부가 대한민국의 국민이었던 자, 3. 부모가 모두 분명하지 아니한 경우나 국적이 없는 경우에는 대한민국에서 출생한 자, 제2항: 대한민국에서 발견된 기아(棄兒)는 대한민국에서 출생한 것으로 추정한다."라고 규정되어 있다.

한편 구 국적법에서는 부계혈통주의를 채택하고 있었지만, 헌법재판소는 2000년 8월 31일에 "부계혈통주의 원칙을 채택한 구 국적법 제2조 제1항[11]은 출생한 당시의 자녀의 국적을 부의 국적에만 맞추고 모(母)의 국적은 단지 보충적인 의미만을 부여하는 차별을 하고 있으므로 위헌이라고 판시하였다. 즉, 한국인 부(父)와 외국인 모 사이의 자녀와 한국인 모와 외국인 부 사이의 자녀를

10) 대판 1996. 11. 12, 96누1221.

11) 구 국적법 제2조 제1항에서는 "다음 각호의 1에 해당하는 자는 대한민국의 국민이다. 1. 출생한 당시에 부가 대한민국의 국민인 자"라고 규정되어 있다.

차별취급을 하는 것은 모가 한국인인 자녀와 그 모에게 불리한 영향을 끼치므로, 헌법 제11조 제1항의 남녀 간의 평등원칙에 어긋남이 분명하고 이러한 차별취급은 헌법상 허용되지 않는다. 그리고 헌법 제36조 제1항[12]은 혼인제도와 가족제도에 관한 헌법 원리를 규정하고 있는바, 혼인제도와 가족제도는 인간의 존엄성 존중과 민주주의의 원리에 따라 규정되어야 함을 천명한 것으로서, 헌법 제36조 제1항은 가족생활이 '양성의 평등'을 기초로 성립 및 유지될 것을 명문화한 것이므로, 입법자가 가족제도를 형성함에 있어서는 이를 반드시 고려할 것을 요구하고 있다. 구 국적법 제2조 제1항이 규율하는 사실관계를 다시 살펴보면 한국인과 외국인 간의 혼인에서 배우자의 한쪽이 한국인 부인 경우와 한국인 모인 경우 사이에 성별에 따른 특별한 차이가 있는 것도 아니고, 양쪽 모두 그 자녀는 한국의 법질서와 문화에 적응하고 공동체에서 흠 없이 생활해 나갈 수 있는 동등한 능력과 자질을 갖추었음에도 불구하고 전체 가족의 국적을 가부(家父)에만 연결시키고 있다. 그러나 이와 같이 가족의 장(長) 또는 중심을 부(父)로 정하는 것은 가족생활에서 양성 평등의 원칙을 선언하고 있는 헌법의 명문에 비추어 볼 때, 그 타당성이 희박하다. 국적의 취득에서 혈통주의는 사회적 단위인 가족에로의 귀속을 보장하는 한편 특정한 국가공동체로의 귀속을 담보하며 부모와 자녀 간의 밀접한 연관관계를 잇는 기본이 된다. 만약 이러한 연관관계를 부와 자녀 관계에서만 인정하고 모와 자녀 관계에서는 인정하지 않는다면 이는 가족 내에서의 여성의 지위를 폄하하고 모의 지위를 침해하는 것이다. 따라서 구 국적법 제2조 제1항은 헌법 제36조 제1항이 규정한 가족생활에 있어서의 양성의 평등 원칙에 위반된다."라고 판시하여,[13] 구 국적법 제2조 제1항에서 부계혈통주의만을 인정하였던 것에 대하여 헌법불합치 결정을 하였다.

다음으로 '후천적 국적취득'에 대한 주요 내용들을 살펴보면 다음과 같다.

국적법 제3조에서 인지에 의한 국적 취득에 대하여 "제1항: 대한민국의 국민이 아닌 자(이하에서 "외국인"으로 줄임)로서 대한민국의 국민인 부 또는 모에 의하여 인지된 자가 다음 각 호의 요건을 모두 갖추면 법무부장관에게 신고함으로써 대한민국 국적을 취득할 수 있다. 1. 대한민국의 민법상 미성년일 것, 2. 출생 당시에 부 또는 모가 대한민국의 국민이었을 것, 제2항: 제1항에 따라 신고

12) 헌법 제36조 제1항에서는 "혼인과 가족생활은 개인의 존엄과 양성의 평등을 기초로 성립되고 유지되어야 하며 국가는 이를 보장한다."라고 규정되어 있다.

13) 헌재 2000. 8. 31, 97헌가12.

한 자는 그 신고를 한 때에 대한민국 국적을 취득한다. 제3항: 제1항에 따른 신고 절차와 그 밖에 필요한 사항은 대통령령으로 정한다."라고 규정하고 있다.

국적법 제4조에서는 귀화에 의한 국적 취득에 대하여 "제1항: 대한민국 국적을 취득한 사실이 없는 외국인은 법무부장관의 귀화 허가를 받아 대한민국 국적을 취득할 수 있다. 제2항: 법무부장관은 귀화허가 신청을 받으면 제5조부터 제7조까지의 귀화 요건을 갖추었는지를 심사한 후 그 요건을 갖춘 사람에게만 귀화를 허가한다. 제3항: 제1항에 따라 귀화허가를 받은 사람은 법무부장관 앞에서 국민선서를 하고 귀화증서를 수여받은 때에 대한민국 국적을 취득한다. 다만, 법무부장관은 연령, 신체적·정신적 장애 등으로 국민선서의 의미를 이해할 수 없거나 이해한 것을 표현할 수 없다고 인정되는 사람에게는 국민선서를 면제할 수 있다. 제4항: 법무부장관은 제3항 본문에 따른 국민선서를 받고 귀화증서를 수여하는 업무와 같은 항 단서에 따른 국민선서의 면제 업무를 대통령령으로 정하는 바에 따라 지방출입국·외국인관서의 장에게 대행하게 할 수 있다. 제5항: 제1항부터 제4항까지에 따른 신청절차, 심사, 국민선서 및 귀화증서 수여와 그 대행 등에 관하여 필요한 사항은 대통령령으로 정한다."라고 규정하고 있다.

국적법 제5조에서는 일반귀화의 요건에 대하여 "외국인이 귀화허가를 받기 위해서는 제6조나 제7조에 해당하는 경우 외에는 다음 각 호의 요건을 갖추어야 한다. 1. 5년 이상 계속하여 대한민국에 주소가 있을 것, 1의2. 대한민국에서 영주할 수 있는 체류자격을 가지고 있을 것, 2. 대한민국의 민법상 성년일 것, 3. 법령을 준수하는 등 법무부령으로 정하는 품행 단정의 요건을 갖출 것, 4. 자신의 자산(資産)이나 기능(技能)에 의하거나 생계를 같이하는 가족에 의존하여 생계를 유지할 능력이 있을 것, 5. 국어능력과 대한민국의 풍습에 대한 이해 등 대한민국 국민으로서의 기본 소양(素養)을 갖추고 있을 것, 6. 귀화를 허가하는 것이 국가안전보장·질서유지 또는 공공복리를 해치지 아니한다고 법무부장관이 인정할 것"이라고 규정하고 있다.

국적법 제6조에서는 간이귀화의 요건에 대하여 "제1항: 다음 각 호의 어느 하나에 해당하는 외국인으로서 대한민국에 3년 이상 계속하여 주소가 있는 사람은 제5조 제1호 및 제1호의2의 요건을 갖추지 아니하여도 귀화허가를 받을 수 있다. 1. 부 또는 모가 대한민국의 국민이었던 사람, 2. 대한민국에서 출생한 사람으로서 부 또는 모가 대한민국에서 출생한 사람, 3. 대한민국 국민의 양자(養子)로서 입양 당시 대한민국의 민법상 성년이었던 사람, 제2항: 배우자가 대한민국의 국민인 외국인으로서 다음 각 호의 어느 하나에 해당하는 사람은 제5조 제1호 및 제1호의2의 요건을 갖추지 아니하여도 귀화허가를 받을 수 있다. 1. 그 배우자와 혼인한 상태로 대한민국에 2년 이상 계속하여 주소가 있는 사람, 2. 그 배우자와 혼인한 후 3년이 지나고 혼인한 상태로 대한민국에 1년 이상 계속하여 주소가 있는 사람, 3. 제1호나 제2호의 기간을 채우지 못하였으나, 그 배우자와 혼인한 상태로 대한민국에 주소를 두고 있던 중 그 배우자의 사망이나 실종 또는 그 밖에 자신에게 책임이 없는 사유로 정상적인 혼인 생활을 할 수 없었던 사람으로서 제1호나 제2호의 잔여기간을 채웠고 법무부장관이 상당하다고 인정하는 사람, 4. 제1호나 제2호의 요건을 충족하지 못하였으나, 그 배우자와의 혼인에 따라 출생한 미성년의 자(子)를 양육하고 있거나 양육하여야 할 사람으로서 제1호나 제2호의 기간을 채웠고 법무부장관이 상당하다고 인정하는 사람"이라고 규정하고 있다.

국적법 제7조에서는 특별귀화의 요건에 대하여 "제1항: 다음 각 호의 어느 하나에 해당하는 외국인으로서 대한민국에 주소가 있는 사람은 제5조 제1호·제1호의2·제2호 또는 제4호의 요건을 갖추지 아니하여도 귀화허가를 받을 수 있다. 1. 부 또는 모가 대한민국의 국민인 사람. 다만 양자로서 대한민국의 민법상 성년이 된 후에 입양된 사람은 제외한다. 2. 대한민국에 특별한 공로가 있는 사람, 3. 과학·경제·문화·체육 등 특정 분야에서 매우 우수한 능력을 보유한 사람으로서 대한민국의 국익에 기여할 것으로 인정되는 사람, 제2항: 제1항 제2호 및 제3호에 해당하는 사람을 정하는 기준 및 절차는 대통령령으로 정한다."라고 규정하고 있다.

국적법 제8조에서는 수반 취득에 대하여 "제1항: 외국인의 자로서 대한민국의 민법상 미성년인 사람은 부 또는 모가 귀화허가를 신청할 때 함께 국적 취득을 신청할 수 있다. 제2항: 제1항에 따라 국적 취득을 신청한 사람은 부 또는 모가 대한민국 국적을 취득한 때에 함께 대한민국 국적을 취득한다. 제3항: 제1항에 따른 신청절차와 그 밖에 필요한 사항은 대통령령으로 정한다."라고 규정하고 있다.

국적법 제9조에서는 국적회복에 의한 국적 취득에 대하여 "제1항: 대한민국의 국민이었던 외국인은 법무부장관의 국적회복허가를 받아 대한민국 국적을 취득할 수 있다. 제2항: 법무부장관은 국적회복허가 신청을 받으면 심사한 후 다음 각 호의 어느 하나에 해당하는 사람에게는 국적회복을 허가하지 아니한다. 1. 국가나 사회에 위해(危害)를 끼친 사실이 있는 사람, 2. 품행이 단정하지 못한 사람, 3. 병역을 기피할 목적으로 대한민국 국적을 상실하였거나 이탈하였던 사람, 4. 국가안전보장·질서유지 또는 공공복리를 위하여 법무부장관이 국적회복을 허가하는 것이 적당하지 아니하다고 인정하는 사람, 제3항: 제1항에 따라 국적회복허가를 받은 사람은 법무부장관 앞에서 국민선서를 하고 국적회복증서를 수여받은 때에 대한민국 국적을 취득한다. 다만 법무부장관은 연령, 신체적·정신적 장애 등으로 국민선서의 의미를 이해할 수 없거나 이해한 것을 표현할 수 없다고 인정되는 사람에게는 국민선서를 면제할 수 있다. 제4항: 법무부장관은 제3항 본문에 따른 국민선서를 받고 국적회복증서를 수여하는 업무와 같은 항 단서에 따른 국민선서의 면제 업무를 대통령령으로 정하는 바에 따라 재외공관의 장 또는 지방출입국·외국인관서의 장에게 대행하게 할 수 있다. 제5항: 제1항부터 제4항까지에 따른 신청절차, 심사, 국민선서 및 국적회복증서 수여와 그 대행 등에 관하여 필요한 사항은 대통령령으로 정한다. 제6항: 국적회복허가에 따른 수반 취득에 관하여는 제8조를 준용한다."라고 규정하고 있다.

국적법 제10조에서는 국적 취득자의 외국 국적 포기 의무에 대하여 "제1항: 대한민국 국적을 취득한 외국인으로서 외국 국적을 가지고 있는 자는 대한민국 국적을 취득한 날부터 1년 내에 그 외국 국적을 포기하여야 한다. 제2항: 제1항에도 불구하고 다음 각 호의 어느 하나에 해당하는 자는 대한민국 국적을 취득한 날부터 1년 내에 외국 국적을 포기하거나 법무부장관이 정하는 바에 따라 대한민국에서 외국 국적을 행사하지 아니하겠다는 뜻을 법무부장관에게 서약하여야 한다. 1. 귀화허가를 받은 때에 제6조 제2항 제1호·제2호 또는 제7조 제1항 제2호·제3호의 어느 하나에 해당하는 사유가 있는 자, 2. 제9조에 따라 국적회복허가를 받은 자로서 제7조 제1항 제2호 또는 제3호에 해당한다고 법무부장관이 인정하는 자, 3. 대한민국의 민법상 성년이 되기 전에 외국인에게 입양된 후 외국 국적을 취득하고 외국에서 계속 거주하다가 제9조에 따라 국적회복허가를 받은 자, 4. 외국에서 거주하다가 영주할 목적으로 만 65세 이후에 입국하여 제9조에 따라 국적회복허가를 받은 자, 5. 본인의 뜻에도 불구하고 외국의 법률 및 제도로 인하여 제1항을 이행하기 어려운 자로서 대통령령으로 정하는 자, 제3항: 제1항 또는 제2항을 이행하지 아니한 자는 그 기간이 지난 때에 대한민국 국적을 상실한다."라고 규정하고 있다.

국적법 제11조에서는 국적의 재취득에 대하여 "제1항: 제10조 제3항에 따라 대한민국 국적을 상실한 자가 그 후 1년 내에 그 외국 국적을 포기하면 법무부장관에게 신고함으로써 대한민국 국적을 재취득할 수 있다. 제2항: 제1항에 따라 신고한 자는 그 신고를 한 때에 대한민국 국적을 취득한다. 제3항: 제1항에 따른 신고 절차와 그 밖에 필요한 사항은 대통령령으로 정한다."라고 규정하고 있다.

2) 복수국적자의 국적선택의무

국적법 제11조의2에서는 복수국적자의 법적 지위에 대하여 "제1항: 출생이나 그 밖에 이 법에 따라 대한민국 국적과 외국 국적을 함께 가지게 된 사람으로서 대통령령으로 정하는 사람(이하에서 "복수국적자"로 줄임)은 대한민국의 법령 적용에서 대한민국 국민으로만 처우한다. 제2항: 복수국적자가 관계 법령에 따라 외국 국적을 보유한 상태에서 직무를 수행할 수 없는 분야에 종사하려는 경우에는 외국 국적을 포기하여야 한다. 제3항: 중앙행정기관의 장이 복수국적자를 외국인과 동일하게 처우하는 내용으로 법령을 제정 또는 개정하려는 경우에는 미리 법무부장관과 협의하여야 한다."라고 규정하고 있다.

국적법 제12조에서는 복수국적자의 국적선택의무에 대하여 "제1항: 만 20세가 되기 전에 복수국적자가 된 자는 만 22세가 되기 전까지, 만 20세가 된 후에 복수국적자가 된 자는 그 때부터 2년 내에 제13조와 제14조에 따라 하나의 국적을 선택하여야 한다. 다만 제10조 제2항에 따라 법무부장관에게 대한민국에서 외국 국적을 행사하지 아니하겠다는 뜻을 서약한 복수국적자는 제외한다. 제2항: 제1항 본문에도 불구하고 병역법 제8조에 따라 병역준비역에 편입된 자는 편입된 때부터 3개월 이내에 하나의 국적을 선택하거나 제3항 각 호의 어느 하나에 해당하는 때부터 2년 이내에 하나의 국적을 선택하여야 한다. 다만 제13조에 따라 대한민국 국적을 선택하려는 경우에는 제3항 각 호의 어느 하나에 해당하기 전에도 할 수 있다. 제3항: 직계존속이 외국에서 영주(永住)할 목적 없이 체류한 상태에서 출생한 자는 병역의무의 이행과 관련하여 다음 각 호의 어느 하나에 해당하는 경우에만 제14조에 따른 국적이탈신고를 할 수 있다. 1. 현역·상근예비역·보충역 또는 대체역으로 복무를 마치거나 마친 것으로 보게 되는 경우, 2. 전시근로역에 편입된 경우, 3. 병역면제처분을 받은 경우"라고 규정하고 있다.

국적법 제13조에서는 대한민국 국적의 선택 절차에 대하여 "제1항: 복수국적자로서 제12조 제1항 본문에 규정된 기간 내에 대한민국 국적을 선택하려는 자는 외국 국적을 포기하거나 법무부장관이 정하는 바에 따라 대한민국에서 외국 국적을 행사하지 아니하겠다는 뜻을 서약하고 법무부장관에게 대한민국 국적을 선택한다는 뜻을 신고할 수 있다. 제2항: 복수국적자로서 제12조 제1항 본문에 규정된 기간 후에 대한민국 국적을 선택하려는 자는 외국 국적을 포기한 경우에만 법무부장관에게 대한민국 국적을 선택한다는 뜻을 신고할 수 있다. 다만 제12조 제3항 제1호의 경우에 해당하는 자는 그 경우에 해당하는 때부터 2년 이내에는 제1항에서 정한 방식으로 대한민국 국적을 선택한다는 뜻을 신고할 수 있다. 제3항: 제1항 및 제2항 단서에도 불구하고 출생 당시에 모가 자녀에게 외국 국적을 취득하게 할 목적으로 외국에서 체류 중이었던 사실이 인정되는 자는 외국 국적을 포기한 경우에만 대한민국 국적을 선택한다는 뜻을 신고할 수 있다. 제4항: 제1항부터 제3항까지의 규정에 따른 신고의 수리(受理) 요건, 신고 절차, 그 밖에 필요한 사항은 대통령령으로 정한다."라고 규정하고 있다.

3) 국적의 상실

국적법 제14조에서는 대한민국 국적의 이탈 요건 및 절차에 대하여 "제1항: 복수국적자로서 외국 국적을 선택하려는 자는 외국에 주소가 있는 경우에만 주소지 관할 재외공관의 장을 거쳐 법무부장관에게 대한민국 국적을 이탈한다는 뜻을 신고할 수 있다. 다만 제12조 제2항 본문 또는 같은 조 제3항에 해당하는 자는 그 기간 이내에 또는 해당 사유가 발생한 때부터만 신고할 수 있다. 제2항: 제1항에 따라 국적 이탈의 신고를 한 자는 법무부장관이 신고를 수리한 때에 대한민국 국적을 상실한다. 제3항: 제1항에 따른 신고 및 수리의 요건, 절차와 그 밖에 필요한 사항은 대통령령으로 정한다."라고 규정하고 있다.

국적법 제14조의2에서는 복수국적자에 대한 국적선택명령에 대하여 "제1

항: 법무부장관은 복수국적자로서 제12조 제1항 또는 제2항에서 정한 기간 내에 국적을 선택하지 아니한 자에게 1년 내에 하나의 국적을 선택할 것을 명하여야 한다. 제2항: 법무부장관은 복수국적자로서 제10조 제2항, 제13조 제1항 또는 같은 조 제2항 단서에 따라 대한민국에서 외국 국적을 행사하지 아니하겠다는 뜻을 서약한 자가 그 뜻에 현저히 반하는 행위를 한 경우에는 6개월 내에 하나의 국적을 선택할 것을 명할 수 있다. 제3항: 제1항 또는 제2항에 따라 국적선택의 명령을 받은 자가 대한민국 국적을 선택하려면 외국 국적을 포기하여야 한다. 제4항: 제1항 또는 제2항에 따라 국적선택의 명령을 받고도 이를 따르지 아니한 자는 그 기간이 지난 때에 대한민국 국적을 상실한다. 제5항: 제1항 및 제2항에 따른 국적선택의 절차와 제2항에 따른 서약에 현저히 반하는 행위 유형은 대통령령으로 정한다."라고 규정하고 있다.

국적법 제14조의3에서는 대한민국 국적의 상실결정에 대하여 "제1항: 법무부장관은 복수국적자가 다음 각 호의 어느 하나의 사유에 해당하여 대한민국의 국적을 보유함이 현저히 부적합하다고 인정하는 경우에는 청문을 거쳐 대한민국 국적의 상실을 결정할 수 있다. 다만 출생에 의하여 대한민국 국적을 취득한 자는 제외한다. 1. 국가안보, 외교관계 및 국민경제 등에 있어서 대한민국의 국익에 반하는 행위를 하는 경우, 2. 대한민국의 사회질서 유지에 상당한 지장을 초래하는 행위로서 대통령령으로 정하는 경우, 제2항: 제1항에 따른 결정을 받은 자는 그 결정을 받은 때에 대한민국 국적을 상실한다."라고 규정하고 있다.

국적법 제14조의4에서는 복수국적자에 관한 통보의무에 대하여 "제1항: 공무원이 그 직무상 복수국적자를 발견하면 지체 없이 법무부장관에게 그 사실을 통보하여야 한다. 제2항: 공무원이 그 직무상 복수국적자 여부를 확인할 필요가 있는 경우에는 당사자에게 질문을 하거나 필요한 자료의 제출을 요청할 수 있다. 제3항: 제1항에 따른 통보 절차는 대통령령으로 정한다."라고 규정하고 있다.

국적법 제15조에서는 외국 국적 취득에 따른 국적 상실에 대하여 "제1항: 대한민국의 국민으로서 자진하여 외국 국적을 취득한 자는 그 외국 국적을 취득한 때에 대한민국 국적을 상실한다. 제2항: 대한민국의 국민으로서 다음 각 호의 어느 하나에 해당하는 자는 그 외국 국적을 취득한 때부터 6개월 내에 법무부장관에게 대한민국 국적을 보유할 의사가 있다는 뜻을 신고하지 아니하면 그 외국 국적을 취득한 때로 소급하여 대한민국 국적을 상실한 것으로 본다. 1. 외국인과의 혼인으로 그 배우자의 국적을 취득하게 된 자, 2. 외국인에게 입양되어 그 양부 또는 양모의 국적을 취득하게 된 자, 3. 외국인인 부 또는 모에게 인지되어 그 부 또는 모의 국적을 취득하게 된 자, 4. 외국 국적을 취득하여 대한민국 국적을 상실하게 된 자의 배우자나 미성년의 자로서 그 외국의 법률에 따라 함께 그 외국 국적을 취득하게 된 자, 제3항: 외국 국적을 취득함으로써 대한민국 국적을 상실하게 된 자에 대하여 그 외국 국적의 취득일을 알 수 없으면 그가 사용하는 외국 여권의 최초 발급일에 그 외국 국적을 취득한 것으로 추정한다. 제4항: 제2항에 따른 신고 절차와 그 밖에 필요한 사항은 대통령령으로 정한다."라고 규정하고 있다.

국적법 제16조에서는 국적상실자의 처리에 대하여 "제1항: 대한민국 국적을 상실한 자(제14조에 따른 국적이탈의 신고를 한 자는 제외한다)는 법무부장관에게 국적상실신고를 하여야 한다. 제2항: 공무원이 그 직무상 대한민국 국적을 상실한 자를 발견하면 지체 없이 법무부장관에게 그 사실을 통보하여야 한다. 제3항: 법무부장관은 그 직무상 대한민국 국적을 상실한 자를 발견하거나 제1항이나 제2항에 따라 국적상실의 신고나 통보를 받으면 가족관계등록 관서와 주민등록 관서에 통보하여야 한다. 제4항: 제1항부터 제3항까지의 규정에 따른 신고 및 통보의 절차와 그 밖에 필요한 사항은 대통령령으로 정한다."라고 규정하고 있다.

국적법 제18조에서는 국적상실자의 권리 변동에 대하여 "제1항: 대한민국 국적을 상실한 자는 국적을 상실한 때부터 대한민국의 국민만이 누릴 수 있는 권리를 누릴 수 없다. 제2항: 제1항에 해당하는 권리 중 대한민국의 국민이었을 때 취득한 것으로서 양도할 수 있는 것은 그 권리와 관련된 법령에서 따로 정한 바가 없으면 3년 내에 대한민국의 국민에게 양도하여야 한다."라고 규정하고 있다.

국적법 제20조에서는 국적의 판정에 대하여 "제1항: 법무부장관은 대한민국 국적의 취득이나 보유 여부가 분명하지 아니한 자에 대하여 이를 심사한 후 판정할 수 있다. 제2항: 제1항에 따른 심사 및 판정의 절차와 그 밖에 필요한 사항은 대통령령으로 정한다."라고 규정하고 있다.

국적법 제21조에서는 허가 등의 취소에 대하여 "제1항: 법무부장관은 거짓이나 그 밖의 부정한 방법으로 귀화허가나 국적회복허가 또는 국적보유판정을 받은 자에 대하여 그 허가 또는 판정을 취소할 수 있다. 제2항: 제1항에 따른 취소의 기준·절차와 그 밖에 필요한 사항은 대통령령으로 정한다."라고 규정하고 있다.

국적법 제22조에서는 권한의 위임에 대하여 "이 법에 따른 법무부장관의 권한은 대통령령으로 정하는 바에 따라 그 일부를 지방출입국·외국인관서의 장에게 위임할 수 있다."라고 규정하고 있다.

4) 재외국민의 보호

'재외국민'이란, 대한민국의 국적을 보유한 상태에서 외국에서 거주하는 자를 뜻한다. 이러한 재외국민에 대하여 국가의 보호의무규정을 신설한 것은 제8차 개정헌법 제2조 제2항에서 "재외국민은 국가의 보호를 받는다."라고 규정한 것을 들 수 있다. 다만 여기서 재외국민에 대한 국가의 보호의무는 다소 소극적이었다. 그러나 현행 제9차 개정 헌법 제2조 제2항에서는 "국가는 법률이 정하는 바에 의하여 재외국민을 보호할 의무를 진다."라고 규정하여 재외국민에 대한 국가의 보호 의무는 다소 적극적으로 변경되었다.

이러한 재외국민에 대하여 재외국민등록법 제2조에서 "외국의 일정한 지역에 계속하여 90일을 초과하여 거주하거나 체류할 의사를 가지고 그 지역에 체류하는 대한민국 국민은 이 법에 따라 등록하여야 한다."라고 규정하고 있다.

한편 재외동포는 재외국민보다는 조금 더 넓은 개념으로, 재외동포에 대해서는 재외동포의 출입국과 법적 지위에 관한 법률 제2조에서 "이 법에서 '재외동포'란, 다음 각 호의 어느 하나에 해당하는 자를 말한다. 1. 대한민국의 국민으로서 외국의 영주권을 취득한 자 또는 영주할 목적으로 외국에 거주하고 있는 자, 2. 대한민국의 국적을 보유하였던 자(대한민국정부 수립 전에 국외로 이주한 동포를 포함한다) 또는 그 직계비속으로서 외국국적을 취득한 자 중 대통령령으로 정하는 자"라고 규정하고 있다.

이러한 재외동포에 대한 국가의 보호 의무에 대하여 1993년 12월 23일에 헌법재판소는 "헌법 제2조 제2항에서 규정한 재외국민을 보호할 국가의 의무에 의하여 재외국민이 거류국에 있는 동안 받는 보호는 조약 기타 일반적으로 승인된 국제법규와 당해 거류국의 법령에 의하여 누릴 수 있는 모든 분야에서의 정당한 대우를 받도록 거류국과의 관계에서 국가가 하는 외교적 보호와 국외거주 국민에 대하여 정치적인 고려에서 특별히 법률로써 정하여 베푸는 법률·문화·교육 기타 제반영역에서의 지원을 뜻하는 것이다. … 1980년 해직공무원의 보상 등에 관한 특별조치법에서 해직 공무원에 대한 이민 간 이후의 보상을 배제하는 규정을 두었다고 하여도 국가가 헌법 제2조 제2항에 규정한 재외국민을 보호할 의무를 행하지 않은 경우라고 할 수는 없다."라고 판시하였다.[14)]

한편 재외동포의 범위에 대하여 헌법재판소는 2001년 11월 29일에 "재외동포법은 외국 국적동포 등에게 광범한 혜택을 부여하고 있는바, 재외동포의 출입국과 법적지위에 관한 법률 제2조 제2호에서 대한민국 정부수립 이전에 국외로 이주한 동포와 그 이후 국외로 이주한 동포를 구분하여 후자에게는 위와 같은 혜택을 부여하고 있고, 전자는 그 적용대상에서 제외하고 있다. 그런데 정부수립 이후의 이주동포와 정부수립 이전의 이주동포는 이미 대한민국을 떠나 그들이 거주하고 있는 외국의 국적을 취득한 우리의 동포라는 점에서 같고, 국외로 이주한 시기가 대한민국 정부수립 이전인가 이후인가는 결정적인 기준이 될 수 없는데도, 정부수립 이후의 이주동포(주로 재미동포, 그 중에서도 시민권을 취득한 재미동포 1세)의 요망사항은 재외동포법에 의하여 거의 완전히 해결된 반면에 정부수립 이전의 이주동포(주로 중국동포 및 구 소련동포)는 재외동포법의 적용대상에서 제외됨으로써 그들이 절실히 필요로 하는 출입국 기회와 대한민국 내에서의 취업 기회를 차단당하였고, 사회경제적 또는 안보적 이유로 거론하는 우려도 당초 재외동포법의 적용범위에 정부수립 이전의 이주동포도 포함시키려 하였다가 제외시킨 입법과정에 비추어 보면 엄밀한 검증을 거친 것이라고 볼 수 없으며, 또한 재외동포법상 외국국적 동포에 대한 정의규정에는 중립적인 과거국적주의를 표방하고, 시행령으로 일본에 주권을 빼앗겼을 때 독립운동을 위하여 또는 일제의 강제징용이나 수탈을 피하기 위하여 조국을 떠날 수밖에 없었던 중국동포나 구 소련동포가 대부분인 대한민국 정부수립 이전에 이주한 자들에게 외국국적 취득 이전에 대한민국의 국적을 명시적으로 확인받은 사실을 입증하도록 요구함으로써 이들을 재외동포법의 수혜대상에서 제외한 것은 정당성을 인정받기 어렵다. 따라서 재외동포의 출입국과 법적지위에 관한 법률 제2조 제2호에서 정부수립 이전의 이주동포를 재외동포법의 적용대상에서 제외한 것은

14) 헌재 1993. 12. 23, 89헌마189.

합리적 이유 없이 정부수립 이전의 이주동포를 차별하는 자의적인 입법이므로, 헌법 제11조의 평등의 원칙에 위반된다."라고 판시하였다.[15]

3. 영역

'영역'이란, 국가가 통치권을 배타적으로 행사하는 것이 허용되는 공간을 뜻한다. 이러한 '영역'은 '영토'와 '영해' 및 '영공'으로 구성된다.

(1) 영토

우리나라의 영토에 대하여 현행 제9차 개정 헌법 제3조에서 "대한민국의 영토는 한반도와 그 부속도서로 한다."라고 규정하고 있다. 이러한 영토조항은 제헌헌법 제4조에서부터 계속 규정되어 왔었는바, 현행 제9차 개정 헌법에서는 제3조에 규정되어 있다.

이렇듯 헌법에 영토조항을 둔 이유는 대한민국 헌법이 결코 남한에만 국한해서 시행되는 것이 아니라, 우리나라 고유의 한반도의 영토 전체에 시행된다는 것을 대한민국 헌법에 명시하기 위해서라고 할 것이다.[16] 즉, 헌법상 영토조항은 대한민국 헌법의 효력이 남한은 물론이고 북한에도 적용된다는 것을 규정한 것으로, 대한민국의 주권이 북한지역에도 미친다는 것을 뜻한다. 그리고 이러한 헌법상 영토조항은 대한민국만이 대한제국과 상해임시정부의 정통성을 계승한 유일한 국가라는 것을 명시하기 위하여 헌법에 규정한 것으로, 한반도에서 휴전선의 북방지역은 북한이 불법적으로 점령한 미수복지역이라는 것을 선언하고 있는 것을 규정한 것이다. 또한 대한민국이 일제의 통치로부터 벗어나 독립된 민족국가를 건설하면서 영토에 대한 확인적 규정을 두기 위하여 헌법에 규정한 것이며, 헌법에 공간적 효력범위를 명시하여 다른 지역에 대한민국 헌법의 적용범위를 확대시킬 의지가 없음을 국제사회에 명백히 하여 국제평화의 의지를 표명하기 위하여 헌법에 규정한 것으로,[17] 이러한 헌법상의 영토조항에 의하여 대

15) 헌재 2001. 11. 29, 99헌마494.
16) 유진오, 헌법해의, 명세당, 1949, 50면.
17) 김철수, 헌법학개론, 박영사, 2007, 168면, 112면; 전광석, 전게서, 187~188면; 제성호, "분단과 통일에 관한 법적 쟁점", 중앙법학 제6집 제2호, 중앙법학회, 2004. 8, 80면; 최대권, "한국헌법의 좌표－영토조항과 평화적 통일 조항－", 법제연구 제2권 제1호, 한국법제연구원, 1992. 6, 9면.

한민국의 주권과 통치권이 북한 지역에도 미친다고 해석된다.[18)]

한편 대한민국 헌법 제4조에서 "대한민국은 통일을 지향하며, 자유민주적 기본질서에 입각한 평화적 통일 정책을 수립하고 이를 추진한다."라고 규정하고 있다. 대한민국 헌법 제3조에 의할 때 한반도의 전체 및 그 부속도서가 한국의 영토인바, 이를 실제로 실현하기 위해서는 북한정권과 통일을 이루어야 하는바, 그 방법으로 무력사용에 의한 통일이 아닌 평화적인 방법에 의한 통일을 이룩해야 한다는 것을 규정하고 있다. 다만 여기서 주의할 점은 헌법 제4조에 의하여 이러한 평화적인 통일을 이룩하는데 있어서 한국의 '자유민주적 기본질서에 입각'해서 통일을 이루도록 규정하고 있다는 점이다. 즉, 헌법 제4조의 평화통일조항에서 '자유민주적 기본질서에 입각'한 평화적인 통일이 뜻하는 것은 북한의 헌법질서에 기초하여 통일을 실현하는 것은 금지되고, 한국의 자유민주적 기본질서에 기초하여 통일을 실현해야 한다는 것을 명확히 밝혀 놓은 것이다.[19)]

이에 비추어 볼 때, 대한민국 헌법 제3조의 영토조항은 한국이 한반도에서 유일한 정통적 합법국가임을 밝힌 헌법제정권자의 의지적 표현을 담은 규정이라고 할 것이고, 대한민국 헌법 제4조의 평화통일조항은 헌법 제3조를 실현하기 위한 방법으로 북한을 무력으로 타도하여 통일을 이루어야 할 대상이 아닌 대화와 협력으로 통일을 이루어야 할 대화와 타협의 대상임을 밝힌 규정이라고 할 것이다.[20)]

이러한 대한민국 헌법 제3조의 영토조항과 대한민국 헌법 제4조의 평화통일조항에 대하여 헌법재판소는 1993년 7월 29일에 "현 단계에 있어서의 북한은 조국의 평화적 통일을 위한 대화와 협력의 동반자임과 동시에 대남적화노선을 고수하면서 우리 자유민주체제의 전복을 획책하고 있는 반국가단체라는 성격도 함께 갖고 있음이 엄연한 현실인 점에 비추어 볼 때, 헌법 제4조가 천명하는 자유민주적 기본질서에 입각한 평화적 통일정책을 수립하고 이를 추진하는 한

---

18) 이희훈, "중국 내 탈북자의 법적지위와 인권보호에 대한 연구", 공법연구 제35집 제2호, 한국공법학회, 2006. 12, 218면.

19) 전광석, 전게서, 197면. 이와 같은 취지로, 남북한 간의 통일에 대해서 일종의 일국양제(一國兩制)를 염두에 둔 연방제 통일방안이나 한국과 북한의 정치체제를 동등한 위치에 놓고 타협이나 다수결에 의해서 통일 헌법상의 정치체제를 결정하려는 주장들은 모두 위헌적이라는 견해는 장영수, "통일 이후의 한국 사회와 방어적 민주주의", 통일과 법률 제28집, 법무부, 2016. 11, 12면.

20) 同旨: 김문현, "영토조항과 북한주민의 법적 지위", 사례연구헌법, 법원사, 2005, 31면; 제성호, 전게 논문, 80면; 최대권, 전게 논문, 15면.

편 국가의 안전을 위태롭게 하는 반국가활동을 규제하기 위한 법적 장치로서, 전자를 위해서는 남북교류협력에 관한 법률 등의 시행으로써 이에 대처하고 후자를 위해서는 국가보안법의 시행으로써 이에 대처하고 있는 것이다. 이와 같이 국가보안법과 남북교류협력에 관한 법률은 상호 그 입법목적과 규제대상을 달리하고 있으므로, 1991년 5월 31일에 법률 제4373호로서 개정되기 전의 국가보안법(이하에서 "구 국가보안법"으로 줄임) 제6조 제1항 소정의 잠입·탈출죄[21]와 남북교류협력에 관한 법률 제27조 제2항 제1호 소정의 죄[22]는 각기 그 구성요건을 달리하고 있는 것이므로, 위 두 법률조항에 관하여 형법 제1조 제2항[23]이 적용될 수 없다."라고 판시하였다.[24]

(2) 영해

'영해'란, 육지에 접속해 있는 해면의 일정부분을 뜻한다. 우리나라의 영해에 대하여 영해 및 접속수역법 제1조에서 "대한민국의 영해는 기선(基線)으로부터 측정하여 그 바깥쪽 12해리의 선까지에 이르는 수역(水域)으로 한다. 다만 대통령령으로 정하는 바에 따라 일정수역의 경우에는 12해리 이내에서 영해의 범위를 따로 정할 수 있다."라고 규정하고 있다. 다만 대한해협의 경우에는 기선으로부터 3해리의 선까지에 이르는 수역을 영해로 하고 있다.

그리고 영해 및 접속수역법 제3조의2에서 "대한민국의 접속수역은 기선으로부터 측정하여 그 바깥쪽 24해리의 선까지에 이르는 수역에서 대한민국의 영해를 제외한 수역으로 한다. 다만 대통령령으로 정하는 바에 따라 일정수역의 경우에는 기선으로부터 24해리 이내에서 접속수역의 범위를 따로 정할 수 있다."라고 규정하고 있는바, 이러한 접속수역에서 관계 당국은 영해 및 접속수역법 제6조의 2에 의하여 대한민국의 접속수역에서 관계 당국은 대한민국의 영토 또는 영해에서 관세·재정·출입국관리 또는 보건·위생에 관한 대한민국의 법규를 위반하는 행위의 방지 및 대한민국의 영토 또는 영해에서 관세·재

21) 구 국가보안법 제6조 제1항에서는 "반국가단체의 지배하에 있는 지역으로부터 잠입하거나, 그 지역으로 탈출한 자는 10년 이하의 징역에 처한다."라고 규정되어 있었다.

22) 남북교류협력에 관한 법률 제27조 제2항에서는 "다음 각호의 1에 해당하는 자는 1년 이하의 징역 또는 500만원 이하의 벌금에 처한다. 1. 제9조 제2항의 규정에 의한 신고를 하지 아니하고 북한을 왕래한 재외국민"이라고 규정되어 있었다.

23) 형법 제1조 제2항에서는 "범죄 후 법률의 변경에 의하여 그 행위가 범죄를 구성하지 아니하거나 형이 구법보다 경한 때에는 신법에 의한다."라고 규정되어 있었다.

24) 헌재 1993. 7. 29, 92헌바48.

정·출입국관리 또는 보건·위생에 관한 대한민국의 법규를 위반한 행위의 제재의 목적에 필요한 범위에서 법령에서 정하는 바에 따라 그 직무권한을 행사할 수 있다.

한편 '배타적 경제수역'이란, 영해의 기선에서부터 200해리까지의 수역 중 영해를 제외한 수역으로 국가의 영역에는 포함되지 않는다. 배타적 경제 수역과 영해의 차이점은 영해는 경제적 권한과 군사적 권한이 모두 연안국에 있다는 점이고, 배타적 경제 수역은 수산 자원·해저 자원의 개발이나 어업 활동 등의 경제적 권한만 연안국에 주어진다는 점이다.[25] 따라서 배타적 경제수역에서 연안국이 아닌 국가는 해양법 협약규정에 따를 것을 조건으로 항해·비행 및 해저전선·도관 부설의 자유와 선박·항공기 및 해저전선·도관 운용에 관련되거나 협약의 기타 규정에 모순되지 않는 합법적인 국제적 해양이용의 자유를 갖는다. 그리고 연안국은 배타적 경제수역 내의 생물자원을 탐사·이용·보존·관리하는 주권적 권리를 행사함에 있어 자국법령의 준수를 보장하기 위하여 승선·검사·나포 및 사법절차를 포함해 필요한 조치를 취할 수 있다.[26]

(3) 영공

'영공'이란, 실제로 지배 가능한 영토와 영해의 상공을 뜻한다.

---

25) 개념톡톡 용어사전 지리편, 배타적 경제수역.
26) 한국민족문화 대백과사전, 배타적 경제수역.

제10장

대한민국 헌법의 기본원리

제10장 대한민국 헌법의 기본원리

제 1 절 머리말

‘대한민국 헌법의 기본원리’란, 대한민국 헌법 질서의 전체적인 형성에 있어서 그 기초나 바탕이 되는 것으로 대한민국 헌법을 총체적으로 지배하는 지도원리이며,[1] 대한민국이라는 국가의 기본질서를 실질적으로 형성하고 유지해 주는 기준이나 지침이 되어 주는 헌법상 기본원리를 뜻한다.[2]

즉, 헌법의 기본원리는 헌법의 이념적 기초인 동시에 헌법을 지배하는 지도원리로서, 헌법조항을 포함한 모든 법령의 해석의 기준을 제공해 주고, 헌법조항이나 법령의 흠결이 있을 때에 이를 보충·보완해 주는 기준규범으로 기능한다. 그리고 헌법의 기본원리는 입법이나 정책결정의 방향을 제시해 주고, 공무원을 비롯한 모든 국민·국가기관이 헌법을 존중하고 수호하도록 하는 지침이 되어 주고, 구체적 기본권을 도출하는 근거로 될 수는 없지만, 기본권의 해석 및 기본권을 제한하는 입법의 합헌성 심사에 있어 해석기준으로 기능한다. 또한 헌법의 기본원리는 헌법의 개정에 있어서 헌법 개정의 금지사항이 되어 헌법의 한계로 기능한다.[3]

이러한 헌법의 기본원리의 범위나 종류에 대해서는 여러 견해들이 있지만, 대체적으로 국민주권원리, 민주주의원리, 법치주의원리, 문화국가원리 및 사회국가원리 등이 있다고 하겠다. 이하에서는 대한민국 헌법의 기본원리로 국민주권원리, 민주주의원리, 법치주의원리, 문화국가원리 및 사회국가원리의 주요 내용들에 대하여 각각 검토하겠다.

---

1) 권영성, 헌법학원론, 법문사, 2009, 125면.
2) 장영수, 헌법학, 홍문사, 2015, 137면.
3) 김철수, 헌법학개론, 박영사, 2007, 137면; 헌재 1996. 4. 25, 92헌바47.

제 2 절 국민주권원리

대한민국 헌법 제1조 제2항은 "대한민국의 주권은 국민에게 있고, 모든 권력은 국민으로부터 나온다."라고 규정하여 국가의 정책방향을 최종적으로 결정할 수 있는 권력이나 권위는 오직 대한민국 국민에게 있음을 명시적으로 밝혀, 국민주권의 원리가 우리나라 헌법에 있어서 기본원리로 작용하고 있음을 명문으로 규정하고 있다.

이러한 국민주권원리는 우리나라 헌법상 국회의원 선거나 대통령 선거를 통한 국민 대표제도, 지방자치단체장의 선거나 지방의회의원의 선거를 통한 지방자치제도, 정당제도, 선거제도 등을 통하여 구현되고 있다.

그리고 현재 우리나라 헌법상 국민주권원리는 직접민주주의의 한 실현방법으로 헌법 제130조 제2항에 의하여 헌법을 개정할 때 필수적·의무적 국민투표를 실시토록 규정하고 있고, 헌법 제72조에 의하여 대통령이 필요하다고 인정할 때 외교·국방·통일 기타 국가안위에 관한 중요정책을 국민투표에 붙일 수 있도록 임의적 국민투표제를 실시하도록 규정하고 있다. 다만 국민발안제도나 국민소환제도는 헌법에서 허용하지 않고 있다.

이러한 국민주권원리에 대하여 헌법재판소는 1989년 9월 8일에 "헌법 제1조는 '대한민국은 민주공화국이다. 대한민국의 주권은 국민에게 있고 모든 권력은 국민으로부터 나온다.'라고 규정하여 국민적 합의로 국가권력을 조직토록 하고, 그 국민의 기본권을 최대한으로 보장한다고 규정하고 있는 헌법 제10조에서 국민주권론의 원칙을 채택하여 국민에게 선언하고, 헌법전문에서 각인의 기회를 균등히 보장하고 자유민주적 기본질서를 더욱 확고히 하는 헌법을 국민이 제정하고 그 헌법을 국민투표에 의하여 개정한다고 밝히고 있다. 이렇듯 헌법은 국민적 합의에 의하여 제정된 국민생활의 최고 도덕규범이며 정치생활의 가치규범으로서 정치와 사회질서의 지침을 제공하고 있기 때문에 민주사회에서는 헌법의 규범을 준수하고 그 권위를 보존하는 것을 기본으로 한다. 우리나라의 헌법체제 하에서 국민주권론은 실질적인 국민주권론이 되지 못하고 형식적인 국민주권론을 합리화하는데 공헌하였으며, 국민대표론은 민의를 실제로 반영하는 현대적 대표론이 되지 못하고 민의와 동떨어진 권력의 자의적·독단적

행사만을 합리화하는 전근대적 대표론에 머무르고 있는 점이 적지 않았다. 헌법이 국가의 현실적인 정치제도와 국민의 사회적 생활 속에서 활용되고 본래의 취지대로 법률적 기능을 다하기 위해서 그에 맞는 해석론이 뒷받침되어야 한다는 것은 자명한 일이다. 헌법의 해석은 헌법이 담고 추구하는 이상과 이념에 따른 역사적·사회적인 요구를 올바르게 수용하여 헌법적인 방향을 제시해 주는 헌법의 창조적 기능을 수행하여 국민적 욕구와 의식에 알맞은 실질적 국민주권의 실현을 보장하는 것이어야 한다. 그러므로 헌법의 해석과 헌법의 적용이 우리나라 헌법이 지향하고 추구하는 방향에 부합하는 것이 아닐 때에는 헌법 적용의 방향 제시와 헌법적인 지도로써 정치적인 불안과 사회적인 혼란을 가로막는 가치관을 설정하여야 한다. 헌법상의 국민주권론을 추상적으로 보면 전체국민이 이념적으로 주권의 근원이라는 전제 아래 형식적인 이론으로 만족할 수 있으나, 현실적으로 보면 구체적인 주권의 행사는 투표권 행사인 선거를 통하여 이루어지는 것이다. 실질적인 국민주권을 보장하기 위하여 유권자들이 자기들의 권익과 전체 국민의 이익을 위하여 적절하게 주권을 행할 수 있도록 민주적인 선거제도가 마련되어야 하고, 국민 각자의 참정권을 합리적이고 합헌적으로 보장하는 선거법을 제정하지 않으면 안 된다. 가능한 한, 주권의 보유와 행사를 일치시키는 방향으로 국민주권을 구체적이고 실질적인 것이 되도록 권력과 인권, 주권과 자유의 필연적 상관관계에 대한 종합적인 결론에 부합하는 타당한 헌법해석을 하여야 하는 것이 불가피하다. 권력원리와 주권원리를 그 실질성과 구체성이 배제된 단편적인 자연법론에 따른 형식적 추상적 국민주권론의 입장에서만 파악하여 선거법을 다룰 것이 아니라, 유권자에게 사회발전에 부응해 갈 수 있도록 주권의 행사를 실질적으로 할 수 있게 제도와 권리를 보장하여 새로운 정치질서를 형성해 갈 수 있게 하는 것이 우리나라 헌법상의 국민주권을 실질화하는 것이며, 우리나라 헌법 전문과 본문의 원칙에 부합되는 것이라는 논리 위에서 선거법을 보고 다루어야 한다."라고 판시하였다.[4]

4) 헌재 1989. 9. 8, 88헌가6.

제 3 절 자유민주주의원리

대한민국 헌법 전문에서 "자유민주적 기본질서를 더욱 확고히 하여"라고 규정하고 있고, 헌법 제1조 제1항에서 "대한민국은 민주공화국이다."라고 규정하고 있으며, 헌법 제4조에서 우리 한민족의 염원인 통일정책은 "민주적 기본질서에 입각"할 것을 규정하고 있다. 그리고 헌법 제8조 제1항에서 정당은 자유롭게 설립할 수 있되, 복수정당제를 보장하고 있고, 헌법 제10조에 의하여 인간의 존엄과 가치의 존중 및 행복추구권을 보호해 주고 있으며, 헌법 제41조 제1항과 제67조 제1항에서 선거의 보통·평등·직접·비밀선거를 보장하는 규정을 두어 민주적인 선거제도의 기본원칙을 보장해 주고 있다. 또한 헌법 제40조와 헌법 제66조 제4항 및 헌법 제101조 제1항과 헌법 제111조 제1항에 의하여 권력분립의 원리를 실현토록 규정하고 있고, 헌법 제119조 제1항에서 개인과 기업의 사유재산제의 보장과 경제상의 자유와 창의를 존중함을 기본으로 하되, 헌법 제119조 제2항에서 국가는 균형 있는 국민경제의 성장 및 안정과 적정한 소득의 분배를 유지하고, 시장의 지배와 경제력의 남용을 방지하며, 경제주체간의 조화를 통한 경제의 민주화를 위하여 경제에 관한 규제와 조정을 할 수 있도록 규정하여 사회적 시장경제질서를 규정하는 등 자유민주주의원리가 우리나라 헌법의 기본원리임을 밝히고 있다.

이러한 자유민주주의원리에 대해서는 다양하게 정의할 수 있겠지만, 대체적으로 국민의 정치참여에 의한 자유·평등·정의라는 인류의 보편적인 이념을 실현시키려는 국민의 통치형태라고 하겠다. 이에 대하여 헌법재판소는 자유민주주의원리를 국민의 자치·자유·평등의 기본원칙에 의한 법치주의적인 통치형태로 보고 있다. 즉, 헌법재판소는 1989년 9월 8일에 자유민주주의원리에 대하여 "우리나라 헌법의 전문과 본문의 전체에 담겨있는 최고의 이념은 국민주권주의와 자유민주주에 입각한 입헌민주헌법의 본질적인 기본원리에 기초하고 있다. 기타 헌법상의 제 원칙들도 여기에서 연유되는 것이므로 이는 헌법전을 비롯한 모든 법령해석의 기준이 되고, 입법형성권 행사의 한계와 정책결정의 방향을 제시하며, 나아가 모든 국가기관과 국민이 존중하고 지켜가야 하는 최고의 가치규범이다."라고 판시하였다.[5)]

또한 헌법재판소는 1990년 4월 2일에 자유민주주의원리에 대하여 "자유민주적 기본질서에 위해를 준다 함은 모든 폭력적 지배와 자의적 지배 즉, 반국가단체의 일인독재 내지 일당독재를 배제하고 다수의 의사에 의한 국민의 자치, 자유·평등의 기본원칙에 의한 법치주의적 통치질서의 유지를 어렵게 만드는 것으로서 구체적으로는 기본적 인권의 존중, 권력분립, 의회제도, 복수정당제도, 선거제도, 사유재산과 시장경제를 골간으로 한 경제질서 및 사법권의 독립 등 우리의 내부체재를 파괴·변혁시키려는 것이다."라고 판시하였다.[6]

제 4 절 법치주의원리

법치주의원리란, 국가가 국민의 자유와 권리를 제한하거나 의무를 부여할 때에는 국민의 대표기관인 국회에서 제정한 법률에 근거가 있어야 한다는 원리를 뜻한다. 헌법 제37조 제2항은 "국민의 모든 자유와 권리는 국가안전보장·질서유지 또는 공공복리를 위하여 필요한 경우에 한하여 법률로써 제한할 수 있으며, 제한하는 경우에도 자유와 권리의 본질적인 내용을 침해할 수 없다."라고 법치주의원리에 대한 명시적인 규정을 두고 있다.

그리고 이러한 법치주의원리는 헌법상 성문헌법주의, 헌법상 기본권 보장의 대원칙인 인간의 존엄과 가치 및 행복추구권의 보장 규정인 헌법 제10조, 법 앞에서의 평등 규정인 헌법 11조, 신체의 자유와 적법절차의 보장 규정인 헌법 제12조 제1항과 제3항, 행위시법주의와 소급입법금지에 의한 신뢰보호원칙의 보장 규정인 헌법 제13조 제1항과 제2항, 기본권의 제한과 기본권의 본질적인 내용의 침해금지조항인 헌법 제37조 제2항, 헌법 제40조에 의하여 입법권은 국회에 속하도록 규정하고 있고, 헌법 제66조 제4항에 의하여 행정권은 대통령을 수반으로 하는 정부에 속하도록 규정하고 있으며, 헌법 제101조 제1항에 의하여 사법권은 법관으로 구성된 법원에 속하도록 규정하고 있고, 헌법 제111조 제1항에 의하여 헌법재판권은 헌법재판소에 속하도록 하여 여러 통치기구들 간

5) 헌재 1989. 9. 8, 88헌가6.
6) 헌재 1990. 4. 2, 89헌가113. 한편 독일 연방헌법재판소는 자유민주적 기본질서의 구체적인 요소들에 대하여 "국민주권, 기본권의 존중, 권력분립, 책임정치, 복수정당제, 행정의 합법률성, 사법권의 독립"이라고 판시하였다. BVerfGE 2, 1, (12).

에 국가권력의 견제와 균형을 이루도록 보장하고 있는 권력분립원리, 행정부에 대하여 포괄적인 위임입법을 금지하고 있는 헌법 제75조, 입법권은 헌법에 기속되도록 규정하고 있는 헌법 제107조 제1항과 제111조 제1항 제1호, 행정의 합헌성과 합법률성 및 사법적 통제를 규정하고 있는 헌법 제107조 제2항 등에 의하여 실현되고 있다.

이러한 헌법의 법치주의원리에 대하여 먼저 헌법재판소는 1992년 2월 25일에 오늘날 현대 국가에서 법치주의원리의 의의와 조세법률주의와 관련하여 "오늘날의 법치주의원리는 국민의 권리·의무에 관한 사항은 법률로써 정해야 한다는 형식적 법치주의에만 그치는 것이 아니라, 그 법률의 목적과 내용 또한 기본권 보장의 헌법이념에 부합되어야 한다는 실질적 법치주의를 뜻한다. 그리고 헌법 제38조와 제59조가 선언하는 조세법률주의도 이러한 실질적 법치주의를 뜻하는 것이므로, 비록 과세요건이 법률로 명확히 정해진 것일지라도 그것만으로는 충분한 것이 아니고, 조세법의 목적이나 내용이 기본권 보장의 헌법 이념과 이를 뒷받침하는 헌법상의 제 원칙에 합치되지 아니하면 안 된다."라고 판시하였다.[7]

다음으로 헌법재판소는 1992년 10월 1일에 법치주의원리의 신뢰보호의 원칙과 관련하여 "예측가능성의 보호 내지 신뢰보호의 원칙은 법적 안정성을 추구하는 자유민주주의, 법치주의 헌법의 기본원칙이며 헌법의 법치주의에 관련된 모든 법조항이 그 근거인 것이다. 예측가능성 내지 신뢰보호를 위해서는 정부나 정부의 지침을 승계한 공공기관이 새로이 시행하고자 하는 정책이 기존의 법질서나 법적상태에 대하여 소급적 침해를 가하는 결과가 되고(소위 '부진정 소급효') 특히 그 침해를 피해자가 예견할 수 없어 귀책사유가 없는 경우에는 비록 그 시책이 복지증진에 필요한 경우이더라도 침해되는 법익과 비교 형량하여 공익의 비중이 현저하지 않는 한, 그 소급효를 정당화시켜서는 안 될 것이다."라고 판시하였다.[8]

그리고 헌법재판소는 1996년 2월 16일에 법치주의원리의 소급입법금지의 원칙과 관련하여 "소급입법금지의 원칙은 법적 안정성, 즉 신뢰보호의 요청에 따른 것으로서, 절대불변의 원칙이 아니라 구체적인 경우에 따라 해당법률의

7) 헌재 1992. 2. 25, 90헌가69·91헌가5·90헌바3(병합).
8) 헌재 1992. 10. 1, 92헌마68·76(병합); 헌재 2011. 3. 31, 2008헌바141 등.

입법목적과 침해되는 신뢰보호이익의 비교형량에 따라 소급입법을 허용하기도 하는 것이다. 헌법 제12조 제1항과 제13조 제1항의 근본 뜻은 형벌법규는 허용된 행위와 금지된 행위의 경계를 명확히 설정하여 어떠한 행위가 금지되어 있고, 그에 위반한 경우에 어떠한 형벌이 정해져 있는가를 미리 개인에게 알려주어 자신의 행위를 그에 맞출 수 있도록 하자는데 있다. 이로써 위 헌법조항은 실체적인 형사법 영역에서는 어떠한 소급효도 금지하고 있고, '범죄를 구성하지 않는 행위'라고 표현함으로써 절대적인 소급효의 금지 대상은 '범죄구성요건'과 관련되는 것임을 밝히고 있다. 헌법이 헌법 제12조 제1항과 제13조 제1항에서 비록 범죄구성요건만을 언급하고 있지만, 책임 없는 형벌을 금지하고 행위의 불법과 행위자의 책임은 형벌과 적정한 비례의 관계를 유지하여야 한다는 적법절차의 원칙과 법치주의의 원칙에서 파생되는 책임원칙에 따라서 범죄의 구성요건과 형벌은 불가분의 내적인 연관관계에 있기 때문에, 결국 죄형법정주의는 이러한 두 가지의 요소로 구성되는 '가벌성'을 그 내용으로 하고 있다. 즉, 가벌성의 조건을 사후적으로 변경할 것을 요구하는 공익의 요청도 개인의 신뢰보호와 법적안정성에 우선할 수 없다는 것을 명백히 규정함으로써, 이러한 헌법 제12조 제1항과 제13조 제1항에서 소급적인 범죄구성요건의 제정과 소급적인 형벌의 가중을 엄격히 금지하고 있다. 그러므로 우리나라 헌법이 규정한 형벌불소급의 원칙은 형사소추가 '언제부터 어떠한 조건하에서' 가능한가의 문제에 관한 것이고, '얼마동안' 가능한가의 문제에 관한 것은 아니다. 다시 말하면 헌법의 규정은 '행위의 가벌성'에 관한 것이기 때문에 소추가능성에만 연관될 뿐, 가벌성에는 영향을 미치지 않는 공소시효에 관한 규정은 원칙적으로 그 효력범위에 포함되지 않는다. 행위의 가벌성은 행위에 대한 소추가능성의 전제조건이지만 소추가능성은 가벌성의 조건이 아니므로 공소시효의 정지규정을 과거에 이미 행한 범죄에 대하여 적용하도록 하는 법률이라 하더라도 그 사유만으로 헌법 제12조 제1항과 제13조 제1항에 규정한 죄형법정주의의 파생원칙인 형벌불소급의 원칙에 언제나 위반되는 것으로 단정할 수는 없다. 따라서 진정소급입법이라고 하더라도 기존의 법을 변경하여야 할 공익적 필요성은 심히 중대한 반면에 그러한 법적 지위에 대한 개인의 신뢰를 보호하여야 할 필요가 상대적으로 적어서 개인의 신뢰이익을 관철하는 것이 객관적으로 정당화될 수 없는 경우에는 예외적으로 허용될 수 있다. 그리고 이러한 진정소급입법이 허용되는 예외적인 경우로는 일반적으로 국민이 소급입법을 예상할 수 있었거나, 법적 상태가 불확실하고 혼란스러웠거나 하여 보호할 만한 신뢰의 이익이 적은 경우와 소급입법에 의한 당사자의 손실이 없거나 아주 경미한 경우, 그리고 신뢰보호의 요청에 우선하는 심히 중대한 공익상의 사유가 소급입법을 정당화하는 경우를 들 수 있다."라고 판시하였고,[9] 헌법재판소는 2017년 10월 26일에 법치주의원리의 형벌불소급의 원칙과 관련하여 "형벌불소급의 원칙에서 의미하는 '처벌'은 형법에 규정되어 있는 형식적 의미의 형벌 유형에 국한되지 않으며, 범죄행위에 따른 제재의 내용이나 실제적 효과가 형벌적인 성격이 강하여 신체의 자유를 박탈하거나 이에 준하는 정도로 신체의 자유를 제한하는 경우에는 형벌불소급의 원칙이 적용되어야 한다. 노역장에의 유치는 그 실질이 신체의 자유를 박탈하는 것으로서 징역형과 유사한 형벌적인 성격을 가지고 있으므로 형벌불소급의 원칙의 적용대상이 된다."라고 판시하였다.[10]

또한 헌법재판소는 1999년 5월 7일에 법치주의원리의 법률유보의 원칙과 관련하여 "헌법은 법치주의를 그 기본원리의 하나로 하고 있으며, 법치주의는 행정작용에 국회가 제정한 형식적 법률의 근거가 요청된다는 법률유보의 원칙을 그 핵심적인 내용으로 하고 있다. 그런데 오늘날 법률유보의 원칙은 단순히 행정작용이 법률에 근거를 두기만 하면 충분한 것이 아니라, 국가공동체와 그 구성원에게 기본적이고도 중요한 의미를 갖는 영역, 특히 국민의 기본권의 실현에 관련된 영역에 있어서는 행정에 맡길 것이 아니라, 국민의 대표자인 입법자 스스로 그 본질적인 사항에 대하여 결정하여야 한다는 요구까지 내포하는 것으로 이해하여야 한다(소위 '의회유보원칙'). 그리고 행정작용이 미치는 범위가 광범위하게 확산되고 있으며, 그 내용도 복잡·다양하게 전개되는 것이 현대 행정의 양상임을 고려할 때, 형식상 법률상의 근거를 갖출 것을 요구하는 것만으로는 국가작용과 국민생활의 기본적이고도 중요한 요소마저 행정에 의하여 결정되는 결과를 초래하게 될 것인바, 이러한 결과는 국가의사의 근본적인 결정권한이 국민의 대표기관인 의회에 있다고 하는 의회민주주의의 원리에 배치되는 것이라고 할 것이다. 입법자가 형식적인 법률로 스스로 규율하여야 하는 그러한 사항이 어떤 것인가는 일률적으로 획정할 수는 없고, 구체적인 사례에서 관

9) 헌재 1996. 2. 16, 96헌가2·96헌바7·96헌바13.
10) 헌재 2017. 10. 26, 2015헌바239·2016헌바177(병합).

련된 이익 내지 가치의 중요성, 규제 내지 침해의 정도와 방법 등을 고려하여 개별적으로 결정할 수 있을 뿐이지만, 적어도 헌법상 보장된 국민의 자유나 권리를 제한할 때에는 그 제한의 본질적인 사항에 관한 한 입법자가 법률로써 스스로 규율하여야 할 것이다. 헌법 제37조 제2항의 규정에서 '법률로써'라는 것은 국민의 자유나 권리를 제한하는 행정작용의 경우에 적어도 그 제한의 본질적인 사항에 관한 한, 국회가 제정하는 법률에 근거를 두는 것만으로 충분한 것이 아니라, 국회가 직접 결정함으로써 실질에 있어서도 법률에 의한 규율이 되도록 요구하고 있는 것으로 이해하여야 한다."라고 판시하였다.[11)]

이밖에 헌법재판소는 2021년 1월 28일에 재산권에 대한 법치주의원리의 소급입법금지의 원칙과 신뢰보호의 원칙과 관련하여 "1945년 8월 15일에 일본 정부의 무조건적인 항복 선언으로 제2차 세계대전이 종식되고 한반도는 일본제국으로부터 분리되었으나, 당시 한반도에는 독립적인 정부나 입법기관이 부재하였다. 1945년 9월 7일 포고 제1호에 의하여 북위 38도선 이남에 미군정이 수립되고, 1945년 9월 20일에 정식으로 미 군정청이 설립된 이후인 1945년 9월 25일에야 비로소 미 군정청 법령 제2호가 발령됨으로써, 일본의 패망이 기정사실화된 1945년 8월 9일을 기준으로 패전국 일본의 한반도 내 재산이 동결되고 그 이전이 제한되었다. 그러나 1945년 8월 9일자로 동결된 재조선 일본인의 사유재산의 처리와 귀속에 대하여서는 당시 명확한 국제법규가 존재하지 아니하였다. 한반도에 남아 있는 일본인의 재산은 불법적인 한일병합조약에 따라 일본이 조선을 침탈하는 과정에서 일본인들이 조선에 진출하여 축적한 재산으로서, 일제의 조선 침략과 식민지 통치의 유산이므로 미군정에 의하여 일본인이 소유·관리하던 재산에 대한 보전 및 귀속 조치가 불가피하였다. 이에 미 군정청은 1945년 12월 6일에 미 군정청 법령 제33호를 공포함으로써, 미 군정청 법령 제2호에 의하여 동결된 일본인 재산을 1945년 9월 25일자로 전부 미 군정청에 귀속시켰다. 이러한 사정을 고려할 때, 1945년 8월 9일 이후 남한 내에 미군정이 수립되고 재조선미국육군사령부군정청 법령 제2호(1945. 9. 25. 공포) 제4조 본문과 재조선미국육군사령부군정청 법령 제33호(1945. 12. 6. 공포)가 제정·공포됨으로써 일본인이 소유·관리하던 재산에 대한 동결 및 귀속조치가 이루어지기까지 법적 상태는 매우 불확실하고 혼란스러웠으므로, 당시 재조선 일본인과 한국인들

11) 헌재 1999. 5. 27, 98헌바70.

이 일본의 패망과 미군정의 수립에도 불구하고 일본인이 소유·관리하던 재산의 자유로운 처분이나 거래가 가능할 것이라고 신뢰하였다고 하더라도 그러한 신뢰가 헌법적으로 보호할 만한 가치가 있는 신뢰라고 보기는 어렵다. 한편 제2차 세계대전 종전 직후 미 군정청에 의한 한반도 내의 일본인 소유·관리 재산의 동결 및 귀속처리는 역사적으로 매우 특수하고 이례적인 조치이므로, 설사 소급입법의 합헌성을 인정하더라도 이를 계기로 진정소급입법이 빈번하게 발생하여 그로 인한 폐해가 만연될 것이라는 우려는 충분히 불식될 수 있다. 이상의 모든 사정을 종합적으로 고려할 때, 1945년 8월 9일 이후에 성립된 거래를 전부 무효로 한 재조선미국육군사령부군정청 법령 제2호 제4조 본문과 1945년 8월 9일 이후에 일본 국민이 소유하거나 관리하는 재산을 1945년 9월 25일자로 전부 미 군정청이 취득하도록 정한 재조선미국육군사령부군정청 법령 제33호 제2조 전단 중 '일본 국민'에 관한 부분은 소급입법금지의 원칙에 대한 예외로서 헌법 제13조 제2항에 위반되지 아니한다."라고 판시하였다.[12)]

제 5 절 문화국가원리

우리나라는 제헌헌법 이래 줄곧 문화국가원리를 헌법의 기본원리로 채택하고 있다. 이러한 헌법상 문화국가원리를 보장하고 실현하기 위하여 헌법 전문에서 "문화의 모든 영역에 있어서 각인의 기회를 균등히 하고"라고 규정하고 있고, 헌법 제9조에서 "국가는 전통문화의 계승·발전과 민족문화의 창달에 노력하여야 한다."라고 규정하고 있으며, 문화국가원리를 실현하기 위하여 헌법 19조에서 양심의 자유의 보장 규정, 헌법 제20조에서 종교의 자유의 보장 규정, 헌법 제21조에서 언론·출판의 자유의 보장 규정, 헌법 제22조에서 예술·학문의 자유 등을 규정하고 있다.[13)] 또한 헌법 제69조에서 "대통령은 취임에 즈음하여 다음의 선서를 한다. 나는 헌법을 준수하고 국가를 보위하며 조국의 평화적

---

12) 헌재 2021. 1. 28, 2018헌바88. 이러한 헌법상 법치주의원리의 소급입법금지의 원칙과 신뢰보호의 원칙에 대한 것은 강태수, "헌법상 개별적 소급입법금지원칙의 예외에 관한 고찰", 경희법학 제53집 제3호, 경희대 법학연구소, 2018. 9, 3-42면; 전광석, "신뢰보호와 소급입법금지의 원칙", 헌법재판 주요선례연구 제1집, 헌법재판연구원, 2012, 305-343면 등.

13) 헌재 2004. 5. 27, 2003헌가1·2004헌가4(병합).

통일과 국민의 자유와 복리의 증진 및 민족문화의 창달에 노력하여 대통령으로서의 직책을 성실히 수행할 것을 국민 앞에 엄숙히 선서합니다."라고 규정하고 있다.

이러한 헌법의 기본원리 중 문화국가원리에 대하여 먼저 헌법재판소는 1997년 7월 16일에 문화국가원리의 전통문화의 의미와 기본권과의 관계에 대하여 "헌법 제9조의 정신에 따라 우리가 진정으로 계승·발전시켜야 할 전통문화는 이 시대의 제반 사회·경제적 환경에 맞고 또 오늘날에 있어서도 보편타당한 전통윤리 내지 도덕관념이라 할 것이다. 헌법은 국민의 기본권을 규정하기에 앞서 헌법 제9조를 두어 전통문화의 계승에 관한 국가의무를 규정하고 있다. 즉, 헌법 제9조에 의하여 국민의 모든 기본권은 헌법 제9조 소정의 국가의무와의 상관관계 하에서 보장됨을 분명히 하고 있다."라고 판시하였다.[14]

다음으로 헌법재판소는 2000년 4월 27일에 문화국가원리의 특성에 대하여 "헌법은 문화국가를 실현하기 위하여 보장되어야 할 정신적 기본권으로 양심과 사상의 자유, 종교의 자유, 언론·출판의 자유, 학문과 예술의 자유 등을 규정하고 있는바, 개별성·고유성·다양성으로 표현되는 문화는 사회의 자율영역을 바탕으로 한다고 할 것이고, 이들 기본권은 견해와 사상의 다양성을 그 본질로 하는 문화국가원리의 필수불가결한 조건이라고 할 것이다."라고 판시하였다.[15]

그리고 헌법재판소는 2004년 5월 27일에 문화국가원리의 국가의 문화정책의 방향과 국가의 문화육성의 대상에 대하여 "문화국가원리는 국가의 문화국가실현에 관한 과제나 책임을 통하여 실현되는바, 국가의 문화정책과 밀접 불가분의 관계를 맺고 있다. 과거 국가의 절대주의 사상의 국가관이 지배하던 시대에는 국가의 적극적인 문화간섭의 정책이 당연한 것으로 여겨졌다. 그러나 오늘날에 와서는 국가가 어떤 문화현상에 대해서 이를 선호하거나 우대하는 경향을 보이지 않는 '불편부당의 원칙'이 가장 바람직한 정책으로 평가받고 있다. 오늘날 문화국가에서의 문화정책은 그 초점이 문화 그 자체에 있는 것이 아니라, 문화가 생겨날 수 있는 문화풍토를 조성하는데 두어야 한다. 문화국가원리의 이러한 특성은 문화의 개방성 내지 다원성의 표지와 연결되는바, 국가의 문화육성의 대상에는 원칙적으로 모든 사람에게 문화 창조의 기회를 부여한다는 의

14) 헌재 1997. 7. 16, 95헌가6·13(병합).
15) 헌재 2000. 4. 27, 98헌가16·98헌마429(병합).

미에서 모든 문화가 포함된다. 따라서 엘리트 문화뿐만 아니라, 서민문화와 대중문화도 그 가치를 인정하고 정책적인 배려의 대상으로 하여야 한다."라고 판시하였다.[16)]

또한 헌법재판소는 2005년 2월 3일에 가족제도에 관한 문화국가원리의 전통문화에 대하여 "헌법은 모든 국가질서의 바탕이 되고 한 국가사회의 최고의 가치체계이므로 다른 모든 법적 규범이나 가치보다 우선하는 효력을 가진다. 헌법은 한 국가의 최고규범으로서 입법·행정·사법과 같은 모든 공권력의 행사가 헌법에 의한 제약을 받는 것은 물론, 사법(私法)상의 법률관계도 직·간접적으로 헌법의 영향을 받게 된다. 즉, 헌법은 국민적 합의에 의하여 제정된 국민생활의 최고 도덕규범이며 정치생활의 가치규범으로서, 정치와 사회질서의 지침을 제공하고 있기 때문에 민주사회에서는 헌법의 규범을 준수하고 그 권위를 보존하는 것을 기본으로 한다.[17)] 가족제도는 민족의 역사와 더불어 생성되고 발전된 역사적·사회적 산물이라는 특성을 지니고 있기는 하지만, 그렇다고 하여 가족제도나 가족법이 헌법의 우위로부터 벗어날 수 있는 특권을 누릴 수 없다. 가족법이 헌법 이념의 실현에 장애를 초래하고, 헌법 규범과 현실과의 괴리를 고착시키는데 일조하고 있다면 그러한 가족법은 수정되어야 한다. 우리나라 헌법은 헌법의 제정 당시부터 특별히 혼인의 남녀동권을 헌법적 혼인질서의 기초로 선언함으로써 우리 사회 전래의 가부장적인 봉건적 혼인질서를 더 이상 용인하지 않겠다는 헌법적 결단을 표현하였으며, 현행 헌법에 이르러 양성평등과 개인의 존엄은 혼인과 가족제도에 관한 최고의 가치규범으로 확고히 자리 잡았다. 한편 헌법 전문과 헌법 제9조에서 말하는 '전통·전통문화'란, 역사성과 시대성을 띤 개념으로서, 헌법의 가치질서, 인류의 보편가치, 정의와 인도정신 등을 고려하여 오늘날의 의미로 포착하여야 하며, 가족제도에 관한 '전통·전통문화'란, 적어도 그것이 가족제도에 관한 헌법 이념인 개인의 존엄과 양성의 평등에 반하는 것이어서는 안 된다는 한계가 도출되므로, 역사적 전승으로서 오늘의 헌법이념에 반하는 것은 헌법 전문에서 타파의 대상으로 선언한 '사회적 폐습'이 될 수 있을지언정 헌법 제9조가 '계승·발전'시키라고 한 전통문화에는 해당하지 않는다고 보는 것이 우리나라 헌법의 자유민주주의원리, 헌법 전문,

16) 헌재 2004. 5. 27, 2003헌가1·2004헌가4(병합).
17) 헌재 1989. 9. 8, 88헌가6.

헌법 제9조, 헌법 제36조 제1항을 아우르는 조화적 헌법해석이라고 할 것이다. 즉, 전래의 어떤 가족제도가 헌법 제36조 제1항이 요구하는 개인의 존엄과 양성평등에 반한다면 헌법 제9조를 근거로 그 헌법적 정당성을 주장할 수는 없다."라고 판시하였다.[18]

이밖에 헌법재판소는 2020년 12월 23일에 문화예술계 블랙리스트의 작성 등과 지원사업 배제 지시에 관한 헌법재판소법 제68조 제1항의 권리구제형 헌법소원 사건에서 문화국가원리 등의 침해 여부에 대하여 "우리나라 헌법상 문화국가원리는 견해와 사상의 다양성을 그 본질로 하며,[19] 이를 실현하는 국가의 문화정책은 불편부당의 원칙에 따라야 하는바, 모든 국민은 정치적 견해 등에 관계없이 문화 표현과 활동에서 차별을 받지 않아야 한다. 특히 아직까지 국가지원에의 의존도가 높은 우리나라 문화예술계 환경을 고려할 때, 정부는 문화국가실현에 관한 과제를 수행함에 있어 과거 문화간섭정책에서 벗어나 문화의 다양성과 자율성 및 창조성이 조화롭게 실현될 수 있도록 중립성을 지키면서 문화에 대한 지원 및 육성을 하도록 유의하여야 한다. 그럼에도 불구하고 대통령, 대통령 비서실장, 정무수석 비서관, 교육문화수석 비서관이 이러한 중립성을 보장하기 위하여 문화예술진흥법(2011. 5. 25. 법률 제10725호로 개정된 것)과 영화 및 비디오물의 진흥에 관한 법률(2012. 2. 17. 법률 제11314호로 개정된 것) 및 출판문화산업 진흥법(2012. 1. 26. 법률 제11229호로 개정된 것)에서 규정하고 있는 제도적 장치들을 무시하고 정치적인 견해를 기준으로, ○○패 대표자 김○○, ○○협회 대표자 지○○, ○○ 네트워크 대표자 오○○, 윤○○, ○○ 대표자 이○○, 주식회사 ○○대표자 김○○, 정○○을 문화예술계 정부지원사업에서 배제되도록 차별적으로 취급한 것은 헌법상 문화국가원리와 법률유보의 원칙에 반하는 자의적인 것으로 정당화될 수 없다."라고 판시하였다.[20]

---

18) 헌재 2005. 2. 3, 2001헌가9·10·11·12·13·14·15, 2004헌가5(병합).

19) 헌재 2000. 4. 27, 98헌가16·98헌마429(병합).

20) 헌재 2020. 12. 23, 2017헌마416. 이러한 헌법상 문화국가원리에 대한 것은 이인호, "문화에 대한 국가개입의 헌법적 한계", 공법연구 제43집 제1호, 한국공법학회, 2014. 10, 1-30면; 이종수, "문화기본권과 문화법제의 현황 및 과제", 공법연구 제43집 제4호, 한국공법학회, 2015. 6, 1-20면; 전광석, "헌법과 문화", 공법연구 제18집, 한국공법학회, 1990. 7, 161-178면 등.

제 6 절 사회국가원리

'사회국가'란, 사회정의의 이념을 헌법에 수용한 국가, 즉 사회현상에 대하여 방관적인 국가가 아니라, 경제·사회·문화의 모든 영역에서 정의로운 사회질서의 형성을 위하여 사회현상에 관여하고 간섭하고 분배하고 조정하는 국가이며, 궁극적으로는 국민 각자가 실제로 자유를 행사할 수 있는 그 실질적 조건을 마련해 줄 의무가 있는 국가를 의미한다. 이러한 헌법의 기본원리 중 사회국가원리에 대하여 우리나라 헌법은 전문에서 "모든 사회적 폐습과 불의를 타파하며 모든 영역에 있어서 각인의 기회를 균등히 하고 … 안으로는 국민생활의 균등한 향상을 기하고"라고 규정하고 있고, 헌법 제10조에서 "모든 국민은 인간으로서의 존엄과 가치를 가지며, 행복을 추구할 권리를 가진다."라는 규정을 기초로 헌법 제31조의 교육을 받을 권리 규정, 헌법 제32조의 최저임금제의 보장규정, 헌법 제34조 제1항에서 모든 국민의 인간다운 생활을 할 권리의 보장 규정, 헌법 제34조 제2항에서 국가의 사회보장과 사회복지의 증진 노력 규정, 헌법 제34조 제3항과 제4항에서 국가의 여성 및 노인과 청소년의 복지향상 노력규정, 헌법 제34조 제5항에서 생활무능력자의 보호 규정 등의 특정한 사회적 약자와 관련하여 인간다운 생활을 할 권리의 내용을 다양한 국가의 의무를 통하여 보장하고 있으며, 헌법 제36조 제1항의 혼인과 가족의 보호 규정 및 헌법 제119조 제2항 등의 경제 영역에서 적극적으로 계획하고 유도하고 재분배하여야 할 국가의 의무를 규정하는 경제에 관한 조항에 의하여 국가에 대하여 복지사회를 구현할 책무를 부여하여 사회국가원리를 실현하고 있다.[21)]

헌법재판소는 1998년 5월 28일에 우리나라 헌법에서 이러한 사회국가원리와 자유시장 경제질서의 관계에 대하여 "헌법 제119조는 제1항에서 대한민국의 경제질서는 개인과 기업의 경제상의 자유와 창의를 존중함을 기본으로 한다고 규정하여 사유재산제도, 사적 자치의 원칙, 과실 책임의 원칙을 기초로 하는 자유시장 경제질서를 기본으로 하고 있음을 선언하면서, 다른 한편 그 제2항에서 국가는 … 경제주체간의 조화를 통한 경제의 민주화를 위하여 경제에 관한 규제와 조정을 할 수 있다고 규정하고, 헌법 제34조는 모든 국민은 인간다운 생활을

21) 헌재 2002. 12. 18, 2002헌마52.

할 권리를 가진다(제1항), 신체장애자 및 질병·노령 기타의 사유로 생활능력이 없는 국민은 법률이 정하는 바에 의하여 국가의 보호를 받는다(제5항)고 규정하여, 사회국가원리를 수용하고 있다. 이에 비추어 볼 때, 우리나라 헌법은 자유시장 경제질서를 기본으로 하면서 사회국가원리를 수용하여 실질적인 자유와 평등을 아울러 달성하려는 것을 근본이념으로 하고 있다."라고 판시하였다.[22]

그리고 헌법재판소는 2002년 12월 18일에 사회적 기본권에 의한 국가의 의무에 대하여 "헌법 제31조 내지 제36조의 사회적 기본권이 국가에게 그의 이행을 어느 정도 강제할 수 있는 의무를 부과하기 위해서는 국가의 다른 과제보다도 사회적 기본권이 규정하는 과제를 우선적으로 실현하여야 한다는 우위관계가 전제가 되어야 하는바, 사회적 기본권에 규정된 국가의 의무가 그렇지 못한 국가의 의무에 대하여 입법과정이나 정책결정과정에서 무엇보다도 예산책정과정에서 반드시 우선적인 이행을 요구할 수는 없다. 사회적 기본권과 경쟁적 상태에 있는 국가의 다른 중요한 헌법적 의무와의 관계에서나 아니면 개별적인 사회적 기본권 규정들 사이에서 경쟁적인 관계에서 보나, 입법자는 사회·경제적인 정책을 시행하는데 있어서, 서로 경쟁하고 충돌하는 여러 국가목표들을 균형 있게 고려하여 서로 조화시키려고 시도하고, 매 사안마다 그에 적합한 실현의 우선순위를 부여하게 된다. 국가는 사회적 기본권에 의하여 제시된 국가의 의무와 과제를 언제나 국가의 현실적인 재정·경제적인 능력의 범위 내에서 다른 국가 과제와의 조화와 우선순위의 결정을 통하여 이행할 수밖에 없다. 따라서 사회적 기본권은 입법과정이나 정책결정의 과정에서 사회적 기본권에 규정된 국가목표의 무조건적인 최우선적 배려가 아니라, 단지 적절한 고려를 요청하는 것이다. 이러한 의미에서 사회적 기본권은 국가의 모든 의사결정과정에서 사회적 기본권이 담고 있는 국가목표를 고려하여야 할 국가의 의무를 의미한다."라고 판시하였다.[23]

22) 헌재 1998. 5. 28, 96헌가4, 97헌가6·7, 95헌바58(병합).
23) 헌재 2002. 12. 18, 2002헌마52. 이러한 사회국가원리에 의한 우리나라의 사회보장법에 대한 것은 전광석, 한국사회보장법론, 집현재, 2019 등.

제11장

대한민국 헌법의 기본질서

제11장 대한민국 헌법의 기본질서

제 1 절 머리말

'헌법의 기본질서'란, 헌법상 국가 구성원들의 공동생활에 대하여 준칙이 되어 주는 정치적·경제적·국제적 영역 등에 대한 질서를 뜻한다. 대한민국 헌법의 기본질서에는 정치적인 공동생활에 대한 기본질서로 '자유민주적 기본질서'를 규정하고 있고, 경제적인 공동생활에 대한 기본질서로 '사회적 시장경제질서'를 규정하고 있으며, 국제사회에서 하나의 구성국으로서의 기본질서로 '평화주의적 국제질서'를 규정하고 있다.[1)]

이하에서 이러한 우리나라의 헌법상 자유민주적 기본질서와 사회적 시장경제질서 및 평화주의적 국제질서에 대하여 각각 살펴보겠다.

제 2 절 자유민주적 기본질서

우리나라 헌법은 전문에서 "4·19 민주이념을 계승하고, 조국의 민주개혁과 … 입각하여"라는 규정과 헌법 제1조에서 "대한민국은 민주공화국이다."라는 규정 및 헌법 제4조에서 "대한민국은 … 자유민주적 기본질서에 입각한 평화적 통일 정책을 수립하고 이를 추진한다."라는 규정과 헌법 제8조 제4항에서 "정당의 목적이나 활동이 민주적 기본질서에 위배될 때에는 정부는 헌법재판소에 그 해산을 제소할 수 있고"라는 규정에 의하여 자유민주적 기본질서를 수호 및 보장하는 여러 규정들을 헌법에 두고 있다.

이렇듯 우리나라 헌법 전문과 제4조에서는 '자유민주적 기본질서'라고 규정하고 있는 반면에 헌법 제8조 제4항에서는 '민주적 기본질서'라고 규정하고

1) 권영성, 헌법학원론, 법문사, 2009, 152면.

있다. 따라서 이러한 헌법 제8조 제4항에서의 민주적 기본질서와 헌법 전문과 헌법 제4조에서의 자유민주적 기본질서를 같은 것으로 볼 것인지 아니면 민주적 기본질서가 자유민주적 기본질서와 사회민주적 기본질서[2])를 포함하는 상위 개념으로 볼 것인지 여부에 대하여 과거에 학설상 논란이 있었다. 하지만 우리나라 헌법 제8조 제4항 규정의 그 뿌리나 연원은 독일 기본법 제21조 제2항[3])에서 찾을 수 있다는 점과 그 입법 취지가 위헌적 정당에 대한 해산요건의 엄격성을 갖추기 위한 것이라는 점 및 헌법 제8조 제4항에서의 민주적 기본질서의 의미는 자유민주주의적 기본질서를 뜻하는 것으로 국한하지 않으면 극단적인 예로, 사회민주적 기본질서에 찬성하지 않는 자유주의적·보수주의적 정당까지도 위헌정당으로 해산시킬 수 있는 비극적이고 부적절한 결과를 초래할 수 있는 점 등에 비추어 볼 때, 우리나라 헌법 제8조 제4항에서의 '민주적 기본질서'는 독일 기본법 제21조 제2항에서의 '자유민주적 기본질서'로 이해하는 것이 타당하다.[4]) 따라서 우리나라 헌법 전문과 헌법 제4조 및 헌법 제8조 제4항에서는 모두 '자유민주적 기본질서'로 해석하는 것이 타당하다.[5])

이러한 자유민주적 기본질서의 의미에 대하여 헌법재판소는 1990년 4월 2일에 "우리나라 헌법에서 최고의 가치인 자유민주적 기본질서에 위해를 준다 함은 모든 폭력적 지배와 자의적 지배, 즉 반국가단체의 일인독재 내지 일당독재를 배제하고 다수의 의사에 의한 국민의 자치인 자유·평등의 기본원칙에 의한 법치주의적 통치질서의 유지를 어렵게 만드는 것으로서, 구체적으로는 기본적 인권의 존중, 권력분립, 의회제도, 복수정당제도, 선거제도, 사유재산과 시장경제를 골간으로 한 경제질서 및 사법권의 독립 등 우리의 내부체재를 파괴·변

2) '사회민주적 기본질서'란, 자유민주적 기본질서를 부정하거나 배척하는 것이 아니라, 사회적 정의의 실현과 사회복지의 실현을 위하여 자유민주적 기본질서의 체계에 적절한 제한을 할 수 있는 것을 의미하는바, 자유민주적 기본질서를 전제로 하여 실질적인 평등과 사회복지를 지향하는 민주적 기본질서의 하나에 속한다. 즉, 사회민주적 기본질서에서는 기본권의 보장에 있어서 사회권이나 생존권의 보장이 중시되고 법치국가에 있어서는 실질적 법치주의를 기초로 하고 있다. 김철수, 헌법학개론, 박영사, 2007, 197면.

3) 독일 기본법 제21조 제2항에서 "목적이나 당원의 행동이 자유민주주의적 기본질서를 침해, 폐지하거나 또는 독일 연방공화국의 존립을 위태롭게 하는 정당은 위헌이다. 이에 대해서는 연방헌법재판소가 결정한다."라고 규정하고 있다.

4) 권영성, 전게서, 196면; 장영수, "정당해산 요건에 대한 독일 연방헌법재판소의 판단기준에 관한 연구", 헌법학연구 제20집 제4호, 한국헌법학회, 2014. 12, 323-324면.

5) 이희훈, "위헌정당해산심판제도에 대한 헌법적 연구", 유럽헌법연구 제28집, 유럽헌법학회, 2018. 12, 480-481면.

혁시키려는 것이다."라고 판시하였다.[6] 그리고 같은 헌법재판소의 판례에서 이러한 자유민주적 기본질서는 국가가 헌법에 의하여 수호하려는 최고의 가치에 해당한다고 판시하였다.[7]

제3절 사회적 시장경제질서

우리나라 헌법 제119조 제1항에서 "대한민국의 경제질서는 개인과 기업의 경제상의 자유와 창의를 존중함을 기본으로 한다."라고 규정하고 있다. 이러한 헌법 규정에 의하여 우리나라는 사유재산제도와 경제활동에 대한 사적자치의 원칙을 기초로 하는 자본주의적 자유시장경제를 기본으로 채택하고 있다.[8]

그러나 우리나라의 경제질서는 자유방임적 시장경제질서를 의미하는 것이 아니라,[9] 개인과 기업의 창의를 존중하는 것을 기본으로 하되, 헌법 제119조 제2항에 의하여 정부가 균형 있는 국민경제의 성장 및 안정과 적정한 소득의 분배를 유지하고, 시장의 지배와 경제력의 남용을 방지하며, 경제주체 간의 조화를 통한 경제의 민주화를 위하여 경제에 관하여 적절한 규제와 조정을 할 수 있는 사회적 시장경제질서를 표방하고 있다.

이에 대하여 헌법재판소는 1996년 4월 25일에 우리나라 헌법상 사회적 시장경제질서의 채택 및 보장의 이유나 근거에 대하여 "우리나라 헌법상 경제질서는 사유재산제를 바탕으로 하고 자유경쟁을 존중하는 자유시장경제질서를 기본으로 하면서도 이에 수반되는 갖가지 모순을 제거하고 사회복지나 사회정의를 실현하기 위하여 국가적 규제와 조정을 용인하는 사회적 시장경제질서로서의 성격을 띠고 있다. 즉, 절대적인 개인주의나 자유주의를 근간으로 하는 자본주의사회에 있어서는 계약자유의 미명 아래 '있는 자와 가진 자'의 착취에 의하여 경제적인 지배종속관계가 성립하고 경쟁이 심하게 왜곡되어 나타나 결국에는 빈부의 격차가 현격해지고, 사회계층 간의 분화와 대립 갈등이 첨예화하는 사태에 이르게 됨에 따라 이를 대폭 수정하여 실질적인 자유와 공정을 확보

6) 헌재 1990. 4. 2, 89헌가113.
7) 헌재 1990. 4. 2, 89헌가113.
8) 헌재 1997. 8. 21, 94헌바19.
9) 헌재 1996. 8. 29, 94헌마113.

함으로써 인간의 존엄과 가치를 보장하도록 하였다.[10] 이러한 절대적인 개인주의나 자유주의를 근간으로 하는 초기 자본주의의 모순 속에서 소비자·농어민·중소기업자 등의 경제적인 종속자 또는 약자가 그들의 경제적인 생존권을 확보하고 사회경제적인 지위의 향상을 도모하기 위하여 결성한 자조조직이 협동조합이고, 우리나라 헌법 제123조 제5항에서 '국가는 농·어민과 중소기업의 자조조직을 육성하여야 하며, 그 자율적 활동과 발전을 보장한다.'라는 규정을 두어, 국가가 자발적 협동조합을 육성하여야 함을 명문으로 규정하고 있다."라고 판시하였다.[11]

한편 우리나라 헌법 제121조 제1항에서는 농지의 소작제도를 금지하고 있지만, 헌법 제121조 제2항에서 농업생산성의 제고와 농지의 합리적인 이용을 위하거나 불가피한 사정에 의하여 발생하는 농지의 임대차와 위탁경영은 법률이 정하는 바에 의하여 인정되도록 규정하고 있다.

그리고 우리나라 헌법 제122조에 의하여 국민 모두의 생산 및 생활의 기반이 되는 국토의 효율적이고 균형 있는 이용 및 개발과 보전을 위하여 법률이 정하는 바에 의하여 그에 관한 필요한 제한과 의무를 부과할 수 있고, 헌법 제123조 제1항에 의하여 농·어촌의 종합개발과 그 지원 등에 필요한 계획을 수립·시행해야 하며, 헌법 제123조 제2항과 제3항 및 제5항에 의하여 우리나라는 지역 간의 균형 있는 발전을 위하여 지역경제를 육성시킬 의무가 있고, 중소기업을 보호·육성시킬 의무가 있으며, 농·어민과 중소기업의 자조조직을 육성시킬 의무가 있다고 규정하고 있다.

이와 관련하여 헌법재판소는 2000년 6월 1일에 농·어민의 자조조직 육성의무와 자조조직의 자율적 활동과 발전의 보장의무에 대하여 "헌법 제123조 제5항은 국가에게 '농·어민의 자조조직을 육성할 의무'와 '자조조직의 자율적 활동과 발전을 보장할 의무'를 아울러 규정하고 있는바, 이러한 국가의 의무는 자조조직이 제대로 활동하고 기능하는 시기에는 그 조직의 자율성을 침해하지 않도록 하는 후자의 소극적인 의무를 다하면 된다고 할 수 있지만, 그 조직이 제대로 기능하지 못하고 향후의 전망도 불확실한 경우라면 단순히 그 조직의 자율성을 보장하는 것에 그쳐서는 안 되고, 적극적으로 이를 육성하여야 할 전자

10) 헌재 1989. 12. 22, 88헌가13.
11) 헌재 1996. 4. 25, 92헌바47.

의 의무까지도 수행하여야 한다."라고 판시하였다.[12)]

또한 우리나라는 헌법 제124조에 의하여 소비자 보호운동을 법률이 정하는 바에 의하여 보장해야 하고, 헌법 제125조에 의하여 대외무역의 육성과 이를 위한 규제나 조정을 할 수 있으며, 헌법 제126조에 의하여 국방상 또는 국민경제상 긴절한 필요로 인하여 법률이 정하는 경우를 제외하고는 국가는 사영기업을 국유 또는 공유로 이전하거나 그 경영을 통제 또는 관리할 수 없도록 규정하고 있다.

이밖에 우리나라는 헌법 제127조 제1항에 의히여 과학기술의 혁신과 정보 및 인력의 개발을 통하여 국민경제의 발전에 노력해야 하고, 헌법 제127조 제2항에 의하여 국가의 표준제도를 확립해야 하며, 헌법 제127조 제3항에 의하여 대통령은 이러한 것을 실현하기 위하여 필요한 자문기구를 둘 수 있도록 규정하고 있다.

제 4 절 평화주의적 국제질서

1. 의의

우리나라는 헌법 전문에서 "항구적인 세계평화와 인류공영에 이바지함으로써"라는 규정과 헌법 제4조에서 "대한민국은 통일을 지향하며, 자유민주적 기본질서에 입각한 평화적 통일 정책을 수립하고 이를 추진한다."라는 규정 및 헌법 제5조에서 "제1항: 대한민국은 국제평화의 유지에 노력하고 침략적 전쟁을 부인한다. 제2항: 국군은 국가의 안전보장과 국토방위의 신성한 의무를 수행함을 사명으로 하며, 그 정치적 중립성은 준수된다."라는 규정과 헌법 제6조에서 "제1항: 헌법에 의하여 체결·공포된 조약과 일반적으로 승인된 국제법규는 국내법과 같은 효력을 가진다. 제2항: 외국인은 국제법과 조약이 정하는 바에 의하여 그 지위가 보장된다."라는 규정에 의하여 평화주의적 국제질서를 보장하고 있다.

---

12) 헌재 2000. 6. 1, 99헌마553.

2. 국제법과 국내법의 관계

(1) 이원론과 일원론

국제법과 국내법의 관계에 대해서는 양자가 별개의 법체계에 속한다고 보아 양자는 서로 법 효력상 영향을 미치지 않는다고 보는 '이원론'과 양자는 하나의 통일된 법질서를 구성한다는 점에 의하여 동일한 법체계에 속한다고 보아 양자는 서로 법 효력상에 영향을 미친다는 '일원론'으로 나뉜다.

다시 이러한 '일원론'에는 법규범 중에서 국내에서 최고·최상위의 법규범인 헌법이 하나의 법규범의 종류에 포함되는 국제법보다 우위에 있다고 보는 '국내법 우위론' 또는 '헌법 우위론'과 국내법 또는 헌법은 국제법에 의하여 위임된 하나의 법규범에 포함되므로, 국제법이 국내법 또는 헌법보다 우위에 있다고 보는 '국제법 우위론'으로 나뉜다.

이에 대하여 우리나라 헌법재판소는 "헌법 제6조 제1항의 국제법 존중주의는 우리나라가 가입한 조약과 일반적으로 승인된 국제법규가 국내법과 같은 효력을 가진다는 것으로서, 이러한 조약이나 국제법규가 국내법에 우선한다는 것은 아니다."라고 판시하여,[13] '일원론' 및 '국내법 우위론' 또는 '헌법 우위론'의 입장을 채택하고 있다.

(2) 조약의 의미, 종류와 효력, 사법적 심사

1) 조약의 의미

'조약'이란, 한 개의 문서나 둘 또는 그 이상의 관련 문서에 의하여 구현되고 있는가와 상관없이 그리고 그 특정한 명칭에 관계없이 서면의 형식으로 여러 국가들 간에 체결되고 국제법에 의하여 규율되는 국제적인 합의를 뜻한다.[14] 즉, '조약'이란, 명시적으로 '조약'이라는 명칭을 붙인 것에 한하지 않고, 협약, 협정, 규약, 의정서, 선언 등 그 명칭의 여하에 상관없이 여러 국제법 주체들 간에 국제적인 법률관계를 설정하기 위하여 체결한 명시적인 합의를 뜻한다.[15]

---

13) 헌재 2001. 4. 26, 99헌가13.
14) 조약법에 관한 비엔나협약 제2조 제1항 (a).
15) 헌재 2001. 3. 21, 99헌마139·142·156·160(병합).

이렇듯 조약은 '국가·국제기구 등 여러 국제법 주체들 사이에 권리와 의무의 관계를 창출하기 위하여 서면의 형식으로 체결되고 국제법에 의하여 규율되는 합의'를 의미하는바, 이러한 조약의 체결·비준에 대하여 헌법 제73조에 의하여 대통령에게 전속적인 권한을 부여하고 있고, 헌법 제89조 제3호에 의하여 조약을 체결·비준함에 앞서 국무회의의 심의를 거치도록 규정하고 있으며, 특히 중요한 사항에 관한 조약의 체결·비준은 헌법 제60조 제1항에 의하여 사전에 국회의 동의를 얻도록 규정하고 있는 한편, 헌법 제60조 제1항에 규정된 특정한 조약에 대해서는 국회가 해당 특정한 조약의 체결·비준에 대한 사전 동의권을 갖도록 규정하고 있다.[16)]

2) 조약의 종류와 효력

조약의 종류에는 법률적 효력을 가지는 헌법 제60조 제1항[17)]의 국회의 사전 동의를 얻어서 체결해야만 하는 조약이 있고, 헌법 제60조 제1항의 국회의 사전 동의를 얻지 않아도 되는 조약인 일종의 행정협정에 속하는 조약의 경우에는 법률적 효력이 아닌 명령적 효력을 가진다고 보는 것이 타당하다.[18)]

이와 관련하여 헌법재판소는 1999년 4월 29일에 대한민국과 아메리카합중국 간의 상호방위조약 제4조에 의한 시설과 구역 및 대한민국에서의 미합중국 군대의 지위에 관한 협정(소위 'SOFA〈Status of Forces Agreement〉협정')에 대하여 "… 그 명칭이 '협정'으로 되어 있어 국회의 관여 없이 체결되는 행정협정처럼 보이기도 하지만, 우리나라의 입장에서 볼 때에 외국군대의 지위에 관한 것이고, 국가에게 재정적 부담을 지우는 내용과 입법사항을 포함하고 있으므로, 국회의 동의를 요하는 조약으로 취급되어야 한다."라고 판시하여,[19)] 이를 법률적 효력을 가지는 조약으로 보았다.

또한 헌법재판소는 1998년 11월 26일에 마라케쉬협정에 대하여 "마라케쉬협정도 적법하게 체결되어 공포된 조약이므로 국내법과 같은 효력을 갖는 것이어서, 그로 인하여 새로운 범죄를 구성하거나 범죄자에 대한 처벌이 가중된다

16) 헌재 2008. 3. 27, 2006헌라4.
17) 헌법 제60조 제1항에서 "국회는 상호원조 또는 안전보장에 관한 조약, 중요한 국제조직에 관한 조약, 우호통상항해조약, 주권의 제약에 관한 조약, 강화조약, 국가나 국민에게 중대한 재정적 부담을 지우는 조약 또는 입법사항에 관한 조약의 체결·비준에 대한 동의권을 가진다."라고 규정하고 있다.
18) 전광석, 한국헌법론, 집현재, 2018, 164면.
19) 헌재 1999. 4. 29, 97헌가14.

고 하더라도 이것은 국내법에 의하여 형사처벌을 가중한 것과 같은 효력을 갖게 되는 것이다. 따라서 마라케쉬협정에 의하여 관세법 위반자의 처벌이 가중된다고 하더라도 이를 들어 법률에 의하지 아니한 형사처벌이라거나 행위시의 법률에 의하지 아니한 형사처벌이라고 할 수 없다."라고 판시하여,[20] 이를 법률적 효력을 가지는 조약으로 보았다.

만약 법률적인 효력을 가지는 헌법 제60조 제1항에 의하여 국회의 사전동의를 얻어서 체결해야만 하는 조약과 어떤 국내 법률 간에 서로 충돌하는 경우에는 '신법 우선의 원칙'과 '특별법 우선의 원칙'에 의하여 해결해야할 것이다.

3) 조약의 사법적 심사

만약 어떤 조약이 헌법에 위반되는 경우에 이러한 위헌적인 조약의 사법심사에 대하여 헌법재판소는 2001년 9월 27일에 "국제통화기금협정 제9조 제3항 및 제8항, 전문기구의 특권과 면제에 관한 협약 제4절, 제19절(a)은 각 국회의 동의를 얻어 체결된 것으로서, 헌법 제6조 제1항에 따라 국내법적·법률적 효력을 가지는바, 가입국의 재판권 면제에 관한 것이므로, 성질상 국내에 바로 적용될 수 있는 법규범으로서 위헌법률심판의 대상이 된다."라고 판시하여,[21] 일원론 및 국내법 우위론 또는 헌법 우위론에 입각하여 법률적 효력을 가지는 조약에 대한 사법심사를 인정하고 있다. 그리고 명령적 효력을 가지는 조약의 경우도 직접 국민의 기본권을 침해할 때에는 헌법소원의 대상이 되므로, 사법심사의 대상이 된다고 하겠다.

한편 법률적인 효력을 가지는 조약에 대한 사법심사는 헌법재판소가 담당하되, 만약 헌법재판소에서 위헌으로 결정되는 법률적인 조약은 국제적으로는 그 효력에 아무런 영향이 없는 것으로 보고, 국내에서는 헌법재판소의 위헌 결정이 있은 날로부터 해당 위헌적인 법률적 효력을 가지는 조약의 효력은 상실되는 것으로 보는 것이 타당하다.

이밖에 명령적인 효력을 가지는 조약에 대한 사법심사는 각급 법원이 담당하되, 이에 대한 최종적인 사법심사권은 대법원에서 행하며, 만약 대법원에서 해당 명령적인 효력을 가지는 조약이 위헌이나 위법으로 판결되는 경우에는 무효가 되는 것이 아니고, 당해 사건에 한하여 해당 위헌·위법적인 명령적 효력

20) 헌재 1998. 11. 26, 97헌바65.
21) 헌재 2001. 9. 27, 2000헌바20.

을 가지는 조약의 적용만 거부되는 것으로 보는 것이 타당하다.

(3) 일반적으로 승인된 국제법규의 의미, 종류와 효력, 사법적 심사

1) 일반적으로 승인된 국제법규의 의미

'일반적으로 승인된 국제법규'란, 국제사회에서의 보편적인 법규범으로서 세계 대다수의 국가들이 상호 간에 일일이 조약처럼 체결하지 않고 그 법적 효력을 승인하고 있는 법규범을 뜻한다.

따라서 일반적으로 승인된 국제법규에 대하여 헌법은 국회의 동의와 같은 별도의 절차를 거칠 필요 없이 국내법적인 효력을 부여하고 있다.

2) 일반적으로 승인된 국제법규의 종류와 효력

일반적으로 승인된 국제법규에는 1945년의 UN헌장의 일부 규정, 포로에 관한 제네바 협정, 집단학살금지협정, 부전(不戰)조약, 고문 기타 잔혹하고 비인도적인 또는 굴욕적인 처우나 형벌의 금지협약 등과 같은 성문의 일반적으로 승인된 국제법규가 있다. 한편 포로의 살해금지와 그 인도적 처우에 관한 전시국제법상의 기본원칙, 외교관의 대우에 관한 국제법상의 원칙, 국내문제 불간섭의 원칙, 민족자결의 원칙, 조약 준수의 원칙 등과 같은 불문의 국제관습법 형태의 일반적으로 승인된 국제법규가 있다.

이러한 일반적으로 승인된 국제법규는 성문이든 불문이든 그 형태를 불문하고 헌법의 하위에 있는 법률적 효력을 가진다고 보는 것이 타당하다. 따라서 성문의 형태이든 불문의 형태이든 일반적으로 승인된 국제법규와 국내의 법률 간에 서로 충돌하는 경우에는 '신법 우선의 원칙'과 '특별법 우선의 원칙'에 의하여 해결해야 할 것이다.

3) 일반적으로 승인된 국제법규의 사법적 심사

만약 일반적으로 승인된 국제법규가 헌법에 위반되는지의 여부가 재판의 전제가 되는 경우에는 법원은 헌법재판소에 위헌법률심판을 제청한 후에 그 헌법재판소의 결정에 따라서 재판해야 할 것이다.

다만 이와 관련하여 헌법재판소는 강제노동의 폐지에 관한 국제노동기구(ILO)의 제105호 조약 및 1966년 제21회 국제연합(UN) 총회에서 채택된 시민적 및 정치적 권리에 관한 국제규약(1990. 6. 13. 조약 1007호, 소위 B규약) 제8조 제3항에 대하여 "강제노동의 폐지에 관한 국제노동기구(ILO)의 제105호 조약은 우리나라가 비준한 바가 없고, 헌법 제6조 제1항에서 말하는 일반적으로 승인된 국제법규로서 헌법적 효력을 갖는 것이라고 볼 만한 근거도 없으므로, '구 형법(1995. 12. 29. 법률 제5057호로 개정되어 1996. 7. 1.부터 시행되기 전의 것) 제314조에서 전조의 방법 또는 위력으로써 사람의 업무를 방해한 자는 5년 이하의 징역 또는 2만 5천환 이하의 벌금에 처한다.'라는 규정(이하에서 "이 사건 심판대상 규정"으로 줄임)의 위헌성 심사의 척도가 될 수 없다. 그리고 1966년 제21회 국제연합(UN) 총회에서 채택된 '시민적 및 정치적 권리에 관한 국제규약'(1990. 6. 13. 조약 1007호, 소위 B규약) 제8조 제3항은 법원의 재판에 의한 형의 선고 등의 경우를 제외하고 어느 누구도 강제노동을 하도록 요구되지 아니한다는 취지로 규정하고 있고, 여기서 '강제노동'이란 본인의 의사에 반하여 과해지는 노동을 뜻한다고 할 수 있는바, 이는 범죄에 대한 처벌로서 노역을 정당하게 부과하는 경우와 같이 법률과 적법한 절차에 의한 경우를 제외하고는 본인의 의사에 반하는 노역은 과할 수 없다는 의미라고 할 수 있는 우리나라 헌법 제12조 제1항 후문과 같은 취지라고 할 수 있다. 그렇다면 강제노동의 폐지에 관한 국제노동기구(ILO)의 제105호 조약과 우리나라 헌법은 실질적으로 동일한 내용을 규정하고 있다고 할 것이므로, 이 사건 심판대상 규정 또는 그에 관한 대법원의 해석이 우리나라 헌법에 위반되지 않는다고 판단하는 이상, 1966년 제21회 국제연합(UN) 총회에서 채택된 '시민적 및 정치적 권리에 관한 국제규약(소위 B규약)의 위반의 소지는 없다고 할 것이다."라고 판시하였다.[22]

22) 헌재 1998. 7. 16, 97헌바23.

제12장

대한민국 헌법의 기본제도 Ⅰ

제12장 대한민국 헌법의 기본제도 Ⅰ

제 1 절 머리말

국가가 존립하는데 있어서 그 기초나 바탕이 되는 여러 제도들을 헌법적 차원에서 보장해 줌으로써 이러한 국가의 존립에 기본이 되어 주는 헌법적 제도들에 대한 본질을 유지하려는 것을 '제도적 보장'이라고 한다. 이러한 제도적 보장에는 정당제도, 선거제도, 공무원제도, 지방자치제도, 교육제도, 혼인과 가족제도 등이 있다.[1)]

즉, 제도적 보장은 객관적 제도를 헌법에 규정하여 당해 제도의 본질을 유지하려는 것으로서, 헌법제정권자가 특히 중요하고도 가치가 있다고 인정되고 헌법적으로도 보장할 필요가 있는 국가제도를 헌법에 규정함으로써, 장래의 법 발전과 법 형성의 방침 및 범주를 미리 규율하려는데 있다. 그리고 제도적 보장은 주관적인 권리가 아닌 객관적인 법 규범이라는 점에서 기본권과 구별되기도 하지만, 헌법에 의하여 일정한 제도가 보장되면 입법자는 그 제도를 설정하고 유지할 입법의무를 지게 될 뿐만 아니라, 헌법에 규정되어 있기 때문에 법률로써 이를 폐지할 수 없고, 비록 내용을 제한하더라도 그 본질적인 내용을 침해할 수 없다. 그러나 '기본권의 보장'은 '최대한 보장의 원칙'이 적용됨에 반하여, '제도적 보장'은 그 본질적인 내용을 침해하지 않는 범위 안에서 입법자에게 제도의 구체적인 내용과 형태의 형성권을 폭넓게 인정한다는 의미에서 '최소한 보장의 원칙'이 적용될 뿐이다.[2)]

이하에서는 우리나라의 헌법상 기본제도인 제도적 보장에 속하는 정당제도, 선거제도에 대해서는 본서의 제12장에서 고찰하겠다. 그리고 이밖의 제도적 보장에 속하는 공무원제도, 지방자치제도, 교육제도, 혼인과 가족제도에 대

1) 권영성, 한국헌법론, 법문사, 2009, 182-183면.
2) 헌재 2006. 3. 30, 2004헌마246.

해서는 본서의 제13장에서 검토하겠다.

제 2 절 정당제도

1. 정당의 개념과 특징

(1) 정당의 개념

‘정당’이란, 국민의 이익을 위하여 책임 있는 정치적 주장이나 정책을 추진하고, 공직선거의 후보자를 추천 또는 지지함으로써, 국민의 정치적 의사형성에 참여함을 목적으로 하는 국민의 자발적인 조직을 뜻한다.[3)]

(2) 정당의 특징

우리나라 헌법과 정당법의 정당에 대한 개념상 특징으로는 다음과 같이 크게 일곱 가지를 들 수 있다. 첫째, 국가와 자유민주주의 또는 헌법질서를 긍정할 것, 둘째, 공익의 실현에 노력할 것, 셋째, 선거에 참여할 것, 넷째, 정강이나 정책을 가질 것, 다섯째, 국민의 정치적 의사형성에 참여할 것, 여섯째, 계속적이고 공고한 조직을 구비할 것, 일곱째, 구성원들이 당원이 될 수 있는 자격을 구비할 것 등이 이에 해당된다. 즉, 정당은 정당법 제2조에 의한 정당의 개념표지 이외에도 예를 들어, 독일의 정당법 제2조가 규정하고 있는 것처럼 ‘상당한 기간 또는 계속해서’ 및 ‘상당한 지역에서’ 국민의 정치적 의사형성에 참여해야 한다는 개념 표지가 요청된다고 보는 것이 타당하다.[4)]

2. 정당의 기능과 과제

오늘날 국민은 개인의 다양한 이익과 욕구를 집결하고, 선별하며, 조정하는 집단을 통해서 비로소 자신을 정치적으로 실현할 수 있는 가능성이 있기 때문에 정당은 민주적인 의사형성을 위하여 필수 불가결한 요소이다. 오늘날 의

---

3) 정당법 제2조.
4) 헌재 2006. 3. 30, 2004헌마246.

회민주주의는 정당의 존재 없이는 기능할 수 없다는 점에서 정당은 '국민과 국가권력을 이어주는 연결매체나 매개체'로서 민주적 기본질서의 중요한 구성부분이다. 정당은 정치권력에 영향을 행사하려는 모든 중요한 세력, 이익, 시도 등을 인식하고 이를 취합·선별해서 내부적으로 조정을 한 다음에 국민이 선택할 수 있는 정책을 형성하는 기능을 한다. 이렇게 사회의 다양한 견해가 선택가능한 소수의 대안으로 집결되고 선별되는 과정을 거친 뒤에야 비로소 국민에 의한 선거가 가능하다. 바로 이러한 기능을 담당하는 것이 정당이므로, 오늘날 선거를 준비하는 기관으로서 정당 없이는 선거를 행하기 매우 어렵다고 할 것이다. 즉, 오늘날 정당은 국민의 다양한 정치적 의사형성과정에 참여할 뿐만 아니라, 정부와 국회의 주요 핵심 공직을 선출·임면하는데 있어서 결정적인 역할을 행하며, 국회와 정부 등 정치적인 지도기관의 정책과 결정에 매우 큰 영향력을 행사함으로써, 국가의사의 형성에 결정적인 영향을 미친다. 즉, 정당은 국가의 의사형성에 참여하는 것이 그 목적이며, 이러한 목적은 오로지 국민의 지지를 통해서만 이루어질 수 있으므로, 국민의 정치적 의사형성에 참여하게 된다.[5)]

이렇듯 정당은 국민과 국가권력의 중개자로서, '정치적인 도관(導管)'의 기능을 수행하여 주체적이고 능동적으로 국민의 다양한 정치적인 의사들을 유도하고 이를 통합함으로써, 다양한 국가정책들을 결정하는데 있어서 직접적인 영향을 미칠 수 있는 규모의 정치적인 의사를 형성하고 있다. 이와 같이 정당은 오늘날 대중민주주의에 있어서 '국민의 정치적인 의사형성의 담당자이고, 매개자'이며, '민주주의에 있어서 필수 불가결한 요소'이기 때문에, 정당의 자유로운 설립과 활동은 민주주의의 실현에 있어서 전제조건이라고 할 수 있다. 오늘날 민주주의에서 차지하는 정당의 이러한 헌법적인 의의와 기능을 고려하여, 우리나라 헌법은 정당을 일반적인 결사의 자유로부터 분리하여 제8조에 독자적으로 규율함으로써, 정당의 특별한 지위를 강조하고 있다.[6)]

---

5) 헌재 1999. 12. 23, 99헌마135.
6) 헌재 2004. 3. 25, 2001헌마710.

3. 헌법·헌법재판소법·정당법상 정당에 대한 의미와 내용

헌법 제8조에서는 정당에 대하여 "제1항: 정당의 설립은 자유이며, 복수정당제는 보장된다. 제2항: 정당은 그 목적·조직과 활동이 민주적이어야 하며, 국민의 정치적 의사형성에 참여하는데 필요한 조직을 가져야 한다. 제3항: 정당은 법률이 정하는 바에 의하여 국가의 보호를 받으며, 국가는 법률이 정하는 바에 의하여 정당운영에 필요한 자금을 보조할 수 있다. 제4항: 정당의 목적이나 활동이 민주적 기본질서에 위배될 때에는 정부는 헌법재판소에 그 해산을 제소할 수 있고, 정당은 헌법재판소의 심판에 의하여 해산된다."라고 규정하고 있다. 이러한 헌법 규정에 대하여 살펴보면 헌법은 정당을 일반적인 결사의 자유로부터 분리하여 제8조에 독자적으로 규율함으로써 오늘날 의회민주주의에서 정당이 가지는 중요한 의미와 헌법질서 내에서의 정당의 특별한 법적 지위를 강조하고 있다.[7]

(1) 헌법 제8조 제1항의 정당 설립의 자유의 의미와 내용

헌법 제8조 제1항에 의하여 국민 누구나 원칙적으로 국가의 간섭을 받지 않고 헌법 제21조 제1항에서 보장하고 있는 일반적인 결사체와 달리 정치적인 결사체인 정당을 설립할 권리를 특별히 보장하고 있으며, 정당 설립의 자유를 보장한 것의 당연한 법적 산물인 복수정당제를 제도적으로 보장해 주고 있다. 그리고 헌법 제8조 제1항은 단지 정당 설립의 자유만을 명시적으로 규정하고 있지만, 헌법 제21조 제1항의 결사의 자유와 마찬가지로 정당 설립의 자유만이 아니라, 누구나 국가의 간섭을 받지 않고 자유롭게 정당에 가입하고 정당으로부터 탈퇴할 수 있는 자유인 정당 활동의 자유를 함께 보장해 주고 있다고 보는 것이 타당하다. 왜냐하면 헌법에서 정당의 설립만을 보장할 뿐, 만약 설립된 정당을 언제든지 다시 금지할 수 있거나 정당의 활동이 국가권력에 의하여 자의적으로 또는 임의로 제한 내지 규제될 수 있는 것으로 보게 되면 정당 설립의 자유는 사실상 아무런 의미가 없어지기 때문이다. 따라서 정당 설립의 자유는 당연히 정당의 존속과 정당 활동의 자유까지 보장한다고 보는 것이 타당하다.[8]

---

7) 헌재 1999. 12. 23, 99헌마135.
8) 헌재 1999. 12. 23, 99헌마135.

따라서 정당의 자유의 주체는 정당을 설립하려는 개개인과 이를 통해 조직된 정당 모두에게 인정된다고 하겠다. 그리고 구체적으로 정당의 자유는 개개인의 자유로운 정당 설립의 자유와 정당 가입의 자유 및 조직형식 내지 법 형식 선택의 자유를 포함한다고 하겠다. 또한 정당 설립의 자유는 정당의 설립에 대응하는 정당 해산의 자유와 합당(合黨)의 자유 및 분당(分黨)의 자유도 포함한다고 하겠다. 이밖에 정당 설립의 자유는 개인이 정당 일반 또는 특정 정당에 가입하지 아니할 자유와 가입했던 정당으로부터 탈퇴할 자유 등의 소극적인 자유도 포함하는 것으로 보는 것이 타당하다.[9]

(2) 헌법 제8조 제2항의 정당의 민주적 목적·조직·활동의 의미와 내용

헌법 제8조 제2항에 의하여 헌법상 부여된 정당의 과제와 기능을 '국민의 정치적인 의사형성에의 참여'로 규정하여 입법자에게 정당이 헌법상 부여된 과제를 민주적인 내부질서를 통하여 이행할 수 있도록 그에 필요한 입법을 해야 할 의무를 부과 내지 요청하고 있다. 즉, 헌법 제8조 제2항은 정당의 내부질서가 민주적이 아니거나 국민의 정치적인 의사형성과정에 참여하기 위하여 갖추어야 할 필수적인 조직을 갖추지 못한 정당은 자유롭게 설립되어서는 안 되도록 규정하고 있다. 따라서 헌법 제8조 제1항의 정당 설립의 자유와 헌법 제8조 제2항의 이러한 헌법적인 요청을 함께 고려해 볼 때, 입법자가 정당으로 하여금 헌법상 부여된 기능을 이행하도록 하기 위하여 그에 필요한 절차적·형식적인 요건을 규정함으로써, 정당의 자유를 구체적으로 형성하고 동시에 제한하는 경우를 제외한다면 정당 설립에 대한 국가의 간섭이나 침해는 원칙적으로 허용되지 않는다. 이는 곧 입법자가 정당의 설립과 관련하여 형식적인 요건을 설정할 수는 있지만, 일정한 내용적인 요건들을 구비해야만 정당을 설립할 수 있다는 소위 '허가 절차'는 헌법적으로 허용되지 않는다는 것을 뜻한다. 또한 정당의 발기인 및 당원의 자격과 관련해서도 특정한 집단에 대하여 정당의 설립 및 가입을 금지하는 것은 원칙적으로 정당이 헌법상 부여받은 기능을 이행하기 위하여 필요하다고 판단되는 최소한의 조건에 대한 규율에 그쳐야 한다는 것을 뜻한다.[10]

---

9) 헌재 2006. 3. 30, 2004헌마246.
10) 헌재 1999. 12. 23, 99헌마135.

그리고 정당은 정치적인 결사체로서 국민의 정치적인 의사를 적극적으로 형성하고 각계각층의 다양한 국민의 이익을 대변하며, 정부를 합리적으로 비판하고 바람직한 여러 정책적인 대안들을 제시해 주고, 국민이 정치적으로 국가권력에 영향력을 행사할 수 있도록 '매개체의 역할'을 수행하는 등 현대 대의제 민주주의에 필수적인 중요한 공적인 기능을 수행하고 있다.[11)]

따라서 헌법은 이러한 정당의 공적인 기능에 상응하는 지위와 권한을 보장하고 있다. 즉, 우리나라 헌법상 정당의 목적·조직·활동이 민주적이라면 정당은 국가의 보호를 받으며, 정당운영에 필요한 자금을 보조 받을 수 있도록 규정하고 있다(제8조 제2항과 제3항). 그리고 제8차 개정 헌법 당시 헌법 제7조 제3항(현행 제9차 개정 헌법은 제8조 제3항)에 근거하여 1980년 12월 31일에 제3차 정치자금법 개정시 처음으로 신설된 정당에 대한 국고보조금 제도는 정당이 이렇듯 현대 대의제 민주주의에서 국민의 다양한 정치적 의견들이 국가권력에 반영될 수 있도록 연결해주거나 이어주는 정치적인 매개체나 도관(導管)으로서 중요한 공적인 기능이나 역할을 수행하는데 소요되는 필요한 여러 정치적인 자금들을 마련함에 있어서, 해당 정치 자금의 기부자인 각종 이익집단으로부터의 부당한 영향력을 배제할 수 있도록 해 주어, 정치적인 부패를 방지하고, 정당 간의 자금조달의 격차를 줄여서 공평한 경쟁을 유도하며, 선거의 비용과 정당의 경비지출의 증가추세에 따른 재정적인 압박을 완화해 주어 정당에게 민주주의를 실현할 수 있도록 해 주는 기능을 보장해 주고 유능한 공직 선거 후보자의 당선의 가능성을 높여주는데 그 입법의 목적이 있다고 할 것이다. 이러한 정당에 대한 국고보조금 제도에 관한 외국의 입법례를 살펴보면 우리나라와 독일 및 일본 등은 정당의 활동을 위하여 소정의 국고보조금을 지급하고 있는데 반하여, 미국과 영국 등은 정당의 활동에 대하여 직접적인 형태로 국고보조금을 지급해 주는 것 대신에 선거비용에 대한 보조금이나 야당에 대한 보조금 등을 지급해 주고 있다. 또한 각 국가마다 정당에 대하여 지급해 주는 국고보조금에 대한 배분의 기준도 의석수, 총 득표수, 정당득표율, 대(大) 정당후보자의 평균 득표수에 대한 소(小) 정당이나 신(新) 정당후보자의 득표율 등으로 다양하게 각 국가의 고유의 정치적인 역사와 정치적인 풍토나 그 환경에 따라서 다양하게 나타나고 있다.[12)]

11) 헌재 1996. 8. 29, 96헌마99.

(3) 헌법 第8조 제3항의 정당의 국고보조금의 의미와 내용

헌법 제8조 제3항에 의한 정당에 대한 국고보조금과 관련하여 각 정당들이 해당 국고보조금을 배분받을 권리는 국고보조금의 액수와 지급기준 및 대상, 그리고 그 용도 등에 대하여 구체적인 사항이 법률에 규정됨으로써 비로소 구체적인 법적 권리로 형성되므로, 입법자는 정당에 대한 보조금의 배분기준을 정함에 있어서 입법정책적인 재량권을 갖지만, 합리적인 이유 없이 정당을 불평등하게 취급해서는 안 된다고 하겠다. 다만 각 정당에게 기회균등의 원칙을 적용하여 각 정당에게 국고보조금을 균등하게 배분해야 하는 것은 아니고, 해당 국고보조금제도의 취지에 맞게 각 정당의 규모나 정치적인 영향력 및 정당이 선거에서 거둔 실적 등에 따라서 각 정당 간에 해당 국고보조금의 액수나 규모 등을 합리적으로 차별할 수 있고, 국고보조금에 대한 그 차별적 지급의 내용이 현재의 각 정당들 사이의 경쟁 상태를 현저하게 변경시킬 정도가 아니라면 그 차별적 지급에 대한 합리성을 인정할 수 있다고 하겠다.[13)]

(4) 헌법 第8조 제4항과 헌법재판소법 등의 위헌정당해산심판제도의 의미와 내용

헌법 제8조 제4항에서 위헌적인 정당의 해산에 대하여 헌법 규정을 둔 것은 민주주의를 파괴하려는 세력으로부터 민주주의를 보호하려는 소위 '방어적 민주주의'의 한 요소이고, 다른 한편으로는 헌법 스스로가 정당의 정치적 성격을 이유로 하는 정당금지의 요건을 엄격하게 정하여 가급적 민주적인 정치과정의 개방성을 최대한으로 보장하려는 뜻이라고 하겠다. 즉, 헌법은 정당의 금지를 민주적인 정치과정의 개방성에 대한 중대한 침해로서 이해하여, 오로지 헌법 제8조 제4항의 엄격한 요건 하에서만 정당설립의 자유에 대한 예외를 허용하고 있다고 하겠다.[14)]

그리고 이러한 위헌정당해산심판제도와 관련하여 헌법 제89조 제14호에서 "다음 사항은 국무회의의 심의를 거쳐야 한다. 14. 정당해산심판의 제소"라고 규정하고 있으며, 헌법 제111조 제1항 제3호에서 "헌법재판소는 다음 사항을

12) 헌재 2006. 7. 27, 2004헌마655.
13) 헌재 2006. 7. 27, 2004헌마655.
14) 헌재 1999. 12. 23, 99헌마135.

관장한다. 제3호: 정당의 해산심판"이라는 규정하고 있다. 또한 헌법재판소법 제55조부터 제60조까지 위헌정당해산심판제도에 관한 구체적 사항을 규정하고 있는바, 이에 대하여 살펴보면 다음과 같다.

먼저 헌법재판소법 제55조에서는 위헌정당해산심판의 청구에 대하여 규정하고 있는바, "정당의 목적이나 활동이 민주적 기본질서에 위배될 때에는 정부는 국무회의의 심의를 거쳐 헌법재판소에 정당해산심판을 청구할 수 있다."라고 규정하고 있다.

다음으로 헌법재판소법 제56조에서는 위헌정당해산심판의 청구서의 기재사항에 대하여 규정하고 있는바, "정당해산심판의 청구서에는 다음 각 호의 사항을 적어야 한다. 1. 해산심판을 요구하는 정당의 표시, 2. 청구 이유"라고 규정하고 있다.

그리고 헌법재판소법 제57조에서는 위헌정당해산심판의 가처분에 대하여 규정하고 있는바, "헌법재판소는 정당해산심판의 청구를 받은 때에는 직권 또는 청구인의 신청에 의하여 종국결정의 선고시까지 피청구인의 활동을 정지하는 결정을 할 수 있다."라고 규정하고 있다.

또한 헌법재판소법 제58조에서는 위헌정당해산심판 청구 등의 통지에 대하여 규정하고 있는바, "제1항: 헌법재판소장은 정당해산심판의 청구가 있는 때, 가처분결정을 한 때 및 그 심판이 종료한 때에는 그 사실을 국회와 중앙선거관리위원회에 통지하여야 한다. 제2항: 정당해산을 명하는 결정서는 피청구인 외에 국회와 정부 및 중앙선거관리위원회에도 송달하여야 한다."라고 규정하고 있다.

이밖에 헌법재판소법 제59조에서는 위헌정당해산 결정의 효력에 대하여 규정하고 있는바, "정당의 해산을 명하는 결정이 선고된 때에는 그 정당은 해산된다."라고 규정하고 있고, 헌법재판소법 제60조에서는 위헌정당해산결정의 집행에 대하여 규정하고 있는바, "정당의 해산을 명하는 헌법재판소의 결정은 중앙선거관리위원회가 정당법에 따라 집행한다."라고 규정하고 있다.

이와 같이 우리나라 헌법은 제8조 제1항에서 정당설립의 자유와 복수정당제도를 원칙적으로 보장하는 규정을 두고 있으면서, 이와 함께 헌법 제8조 제4항에서 예외적으로 위헌정당해산심판제도에 대한 규정을 두고 있고, 위헌정당의 해산심판을 헌법재판소의 관장사항으로 규정하면서 위헌정당해산의 결정을 위한 정족수에 대하여 헌법 제113조 제1항에서 직접 헌법재판소 재판관 6인 이상의 찬성이 필요하다고 명시적으로 규정하고 있으며, 헌법재판소법 제55조부터 제60조까지 위헌정당해산심판제도의 절차에 대해서 규정하고 있다.

이하에서는 이러한 헌법 및 헌법재판소법상 위헌정당해산심판제도에 대하여 그 의의와 기능, 우리나라에서의 연혁, 독일의 입법례, 위헌정당해산심판제도의 청구 요건과 위헌정당해산결정의 효과에 대하여 각각 상세히 검토하겠다.[15)]

1) 위헌정당해산심판제도의 의의와 기능

가) 위헌정당해산심판제도의 의의

'위헌정당해산심판제도'란, 어떤 정당의 목적이나 활동이 우리나라 헌법이 규정하고 있는 자유민주적 기본질서인 국민주권원리나 기본권의 존중이나 권력분립제도 또는 의회제도나 복수정당제도 또는 선거제도 등[16)]을 파괴하거나 부정할 경우에 방어적 민주주의에 입각하여 오히려 자유민주주의를 부정하거나 파괴하려는 잘못된 정치적인 가치에 관용하지 않고, 자유민주주의를 파괴할 위험성이 있는 해당 위헌적인 정당을 대한민국 정부의 청구에 의하여 헌법재판소의 심판에 의하여 강제로 해산시켜서 헌법의 적으로부터 자유민주주의를 보호하여 우리나라와 헌법을 강력하게 보호해 주기 위한 제도를 뜻한다.[17)]

만약 어떤 정당이 민주적이고 자율적인 정치적 과정 자체를 거부하면서 자유민주주의의 근본적인 이념을 부정하는 등 폭력적이거나 억압적 또는 자의적인 지배를 통하여 전체주의적인 통치를 추구할 경우에 이러한 정당이 권력을 장악하게 되면 자유민주주의 체제의 근본토대를 허물어뜨릴 위험이 발생할 수 있다. 따라서 정당들이 자유민주주의의 체제를 공격함으로써 이를 폐지하거나

15) 이러한 헌법상 위헌정당해산심판제도의 다양한 이해에 대한 것은 김종철, "민주공화국과 정당해산제도", 공법학연구 제15집 제1호, 한국비교공법학회, 2014. 2, 35－66면; 송석윤, "정당해산심판의 실체적 요건", 서울대 법학 제51권 제1호, 서울대 법학연구소, 2010. 3, 27－65면; 이종수, "우리 헌법상 '방어적 민주주의'의 수용 부인론: 통합진보당에 대한 정당해산심판과 관련하여", 법과 사회 제48집, 법과사회이론학회, 2015. 4, 217－248면; 이희훈, "위헌정당해산심판제도에 대한 헌법적 연구", 유럽헌법연구 제28집, 유럽헌법학회, 2018. 12, 453－494면; 장영수, "정당해산 요건에 대한 독일 연방헌법재판소의 판단기준에 관한 연구", 헌법학연구 제20집 제4호, 한국헌법학회, 2014. 12, 323－324면; 전광석, 한국헌법론, 집현재, 2018, 130－137면; 한상희, "위헌정당해산심판제도, 그 의미와 문제점", 민주법학 제54호, 민주주의 법학연구회, 2014. 3, 369－430면 등.

16) 헌재 2014. 12. 19, 2013헌다1

17) 성낙인, 헌법학, 법문사, 2018, 151면; 장영수, 헌법학, 홍문사, 2015, 274면; 전광석, 전게서, 130면; 한수웅, 헌법학, 법문사, 2011, 1425면.

또는 심각하게 훼손시켜서 그것이 유명무실해지도록 만드는 것을 사전에 효과적으로 방지할 제도적인 장치가 필요한바, 이러한 헌법과 헌법재판소법상의 제도적인 장치가 바로 위헌정당해산심판제도라고 하겠다.[18)]

한편 모든 정당의 존립과 활동은 대의제 하에서 자유민주주의의 실현을 위하여 헌법상 최대한 보장해야 하므로, 단순히 행정부에 의한 통상적인 처분에 의해서 정당을 해산시킬 수는 없다. 위헌정당해산심판제도란 헌법 제8조 제4항에 의하여 정당의 목적이나 활동이 자유민주적 기본질서를 위반하는 정당이 있을 때 이러한 자유민주주의의 적으로부터 자유민주주의와 헌법 및 국가를 수호하기 위하여 정부가 헌법재판소에 제소하여 오직 헌법재판소에 의한 심판에 의하여 해당 위헌 정당을 해산시키는 제도를 뜻한다.

나) 위헌정당해산심판제도의 기능

자유민주주의는 국민주권주의 등과 함께 대한민국의 국가이념이자 대한민국이 지향하는 목표에 해당한다. 자유민주적 기본질서는 대한민국의 실정법 질서가 추구하는 최고의 원리임과 동시에 실정법 해석의 기준이 되는 매우 중요한 헌법상의 기본원리로서, 이러한 자유민주적 기본질서를 적극적으로 보호하기 위해서는 헌법의 여러 기본제도들을 보호해야만 한다. 이러한 견지에서 대한민국 헌법은 정당에 의하여 우리나라의 자유민주적 기본질서가 파괴 또는 침해되거나 부정될 때에 민주주의의 적으로부터 우리나라의 헌법을 보호하면서 이러한 민주주의의 적에 대하여 응징함과 동시에 민주적인 정당제도를 육성하기 위하여 헌법과 헌법재판소법에서 위헌정당해산심판에 대한 규정을 두고 있다.[19)] 이하에서는 이러한 위헌정당해산심판제도의 네 가지의 주요 기능들에 대하여 각각 상세히 고찰하겠다.

첫째, 위헌정당해산심판제도의 헌법적 기능으로는 '헌법의 사전 예방적 보호나 수호적 기능'이 있다. 즉, 위헌정당해산심판제도의 헌법적 기능으로 어떤 정당이 민주주의적 권리나 자유 또는 의회주의적 권리나 자유를 남용하여 우리나라 헌법상 인간의 존엄과 가치, 기본권의 보장, 통치기구나 통치질서, 자유민주주의의 원리 등 헌법의 여러 기본원리들을 파괴하거나 또는 침해 내지 부정하려는 조직화된 헌법의 적들에 대하여 위헌임을 선언하여, 사전에 이들 세력을

18) 헌재 2014. 12. 19, 2013헌다1.
19) 성낙인, 전게서, 150면.

제거하여 헌법의 적대적인 공격으로부터 대한민국과 헌법 스스로를 지키고 방어하기 위하여 헌법을 보호 또는 수호해 주는 기능이 있다. 만약 우리나라의 헌법질서를 파괴 내지 침해하거나 또는 부정하려는 자들이 정당을 결성하여 국가의 권력에 침투하거나 국가권력에 직접 영향력을 행사할 수 있도록 하는 것을 사전에 예방하지 않게 되면 우리나라의 헌법질서를 유지하는 것이 매우 어렵게 될 것이며, 헌법의 적들이 정당이라는 조직의 힘으로 우리나라의 헌법질서를 파괴 내지 침해하거나 또는 부정하려는 행위를 저지른 후에 사후적으로 이러한 헌법파괴행위나 헌법침해행위 또는 헌법부정행위에 대한 제재를 가하는 것은 큰 효과가 없게 될 것이므로, 위헌정당해산심판제도는 사전 예방적인 헌법 보호나 헌법 수호적 기능을 한다. 즉, 헌법과 헌법재판소법상 명문으로 인정하고 있는 위헌정당해산심판제도는 모든 국가기관과 민주 세력들에 대하여 주의를 환기시키며, 이들에게 헌법 적대적인 행위에 대한 거부 및 그로부터의 방어를 의무로서 명령하는 경고적 기능 및 지시적 기능을 하며, 사회의 영역과 정치의 영역에서 헌법을 부정하고 파괴 내지 침해하려는 조직화된 헌법의 적들에 대응하여 이를 사전에 제거함으로써 헌법을 보호하고 수호해 주는 기능을 한다.[20]

이러한 위헌정당해산심판제도에 대한 바탕 내지 기초가 되는 원리가 바로 '방어적 민주주의 원리'이다. 여기서 '방어적 민주주의 원리'란, 민주주의의 이름으로 민주주의 그 자체를 공격하거나 자유의 이름으로 자유 그 자체를 말살하려는 민주적·법치국가적 헌법질서의 적으로부터 민주주의를 효과적으로 방어 내지 수호하고 그와 투쟁하기 위한 자기 방어적·자기 수호적 민주주의[21] 및 헌법의 내재적 헌법보호수단의 하나이며, 종래에 민주주의의 가치상대주의적 관용에 일정한 한계가 있음을 인정하고, 민주주의는 '가치 지향적·가치 구속적 민주주의'일 수밖에 없다는 것을 뜻한다. 따라서 방어적 민주주의의 원리는 민주주의의 적에 대한 투쟁을 정당화한다는 의미에서 전투적·투쟁적 민주주의라고도 하는바, 우리나라 헌법이 궁극적으로 구현하고자 하는 이념적인 기초인 국민주권주의에 기초한 자유민주주의를 수호하기 위한 것이 바로 '방어적 민주주의 원리'이다.[22]

20) 정종섭, 헌법소송법, 박영사, 2012, 455-456면; 최희수 "위헌정당해산제도에 관한 연구", 정당과 헌법질서: 심천 계희열 박사 화갑기념논문집, 박영사. 1995, 446-447면.
21) 권영성, 전게서, 82면; 홍성방, 헌법학(상), 박영사, 2010, 87면.
22) 성낙인, 전게서, 150-151면.

즉, 자유, 평등, 정의를 기본으로 하고 있는 민주주의가 비록 가치상대주의에 기초하고 있더라도 민주주의 자체를 파괴하거나 부정하는 행위를 스스로 인정하는 것은 더 이상 민주주의라고 할 수 없으며, 특히 입헌주의, 법치주의, 민주주의에 기초하여 보호되는 인간의 존엄과 가치, 자유, 평등, 정의 등의 헌법상 핵심가치를 부정하거나 또는 한 국가의 기본적 통치기구 및 통치질서를 파괴 내지 침해하는 행위는 더 이상 민주주의를 실현하기 위해서라는 명목 하에 인정될 수 없는 것으로, 민주주의가 가치상대주의라는 명목 하에 자행된 공산주의나 나치즘 또는 파시즘 등을 결코 용납할 수 없게 된다.[23]

이러한 방어적 민주주의는 프랑스 혁명 당시에 생쥐스트(Saint Just)의 "자유의 적에게는 자유가 없다."라는 사상에서 기원하는바, 독일에서 나치의 독재정권 이후인 1930년대 후반에 칼 뢰벤슈타인과 칼 만하임 등에 의하여 독일에서 민주주의의 상대주의적 가치중립성에 대한 자제 내지 한계이론으로 등장하였다.[24]

그리고 제2차 세계대전 이후에 독일은 가치 상대주의적 민주주의의 허점을 이용하여 집권한 나치스에 의하여 바이마르 공화국이 붕괴되었던 헌정사적 경험 때문에 이를 교훈삼아 독일 기본법에서는 1949년 제정 당시부터 '위헌정당 강제해산제도'와 '기본권 상실제도'를 명문으로 규정하여 방어적 민주주의원리를 제도화하여 채택하였다. 이중에서 '기본권 상실제도'란, 특정인이나 특정조직이 헌법적 질서를 파괴하기 위한 오도된 목적으로 기본권을 악용하는 경우에 헌법재판에 따라 헌법상 보장된 일정한 기본권을 그 자에 한하여 상실시킴으로써 헌법적 질서의 적으로부터 헌법을 수호하려는 제도를 뜻한다. 그리고 '위헌정당 강제해산제도'란, 민주주의 그 자체를 폐지할 목적으로 결성하거나 활동하는 헌법 적대적이고 반민주적인 정당을 일정한 헌법소송절차를 거쳐서 강제로 해산시키는 제도를 뜻한다. 이러한 기본권 상실제도와 위헌정당 강제해산제도는 정당의 형태로 조직된 헌법의 장을 사전 예방적·사후 진압적인 차원에서 제거하기 위한 방어적 민주주의를 위한 수단 중의 하나로, 독일 기본법은 정당의 민주적인 활동을 헌법적 차원에서 고도로 보장하면서도 독일 기본법 제21조 제2항에서 "정당의 목적이나 당원의 활동으로 자유민주적 기본질서를 침해 내지 폐지하려고 하거나 독일 연방공화국의 존립을 위태롭게 하는 정당은 위헌이다.

23) 정종섭, 전게서, 457-458면.

24) 칼 뢰벤슈타인의 전투적 민주주의론에 대해서는 Karl Loewenstein, Militant Democracy and Fundamental Rights, in: American Political Science Review 31, 1937, SS.417-433, SS.638-658.

그 위헌 여부는 독일 연방헌법재판소가 판단한다."라고 명문으로 규정하여 위헌정당 강제해산제도를 기본법에서 인정하고 있다. 이러한 방어적 민주주의원리는 민주주의 또는 기본권을 일정한 가치질서와 결부시키는 특별한 가치관에서만 수용할 수 있는 이론으로서, 민주주의와 기본권의 본질을 수호하는 기능을 하고, 방어적 민주주의의 원리는 민주주의를 어떠한 내용의 가치질서로도 채울 수 있는 것으로 인식하는 '가치 상대주의적 가치관'이 아니라, '가치 구속적·가치 지향적 가치관'의 산물로서, 이때 수호할 가치가 있는 민주주의 실질적인 가치에는 국민주권, 자유, 평등, 정의 등을 들 수 있고, 방어적 민주주의의 원리는 민주국가에서 헌법의 최고 법규성과 최고 규범성을 보장하기 위하여 헌법에 대한 적대적인 시도로부터 헌법을 사전에 예방적으로 수호하는 기능을 한다. 그러나 방어적 민주주의 원리의 지나친 확대적용은 진정한 민주주의나 정당국가의 원리를 저해하거나 침해할 수 있으므로 일정한 한계가 있다. 즉, 방어적 민주주의의 원리를 실현한다는 명목 하에 헌법상 언론·출판의 자유나 집회·결사의 자유 또는 정당설립의 자유 등을 부당하게 제한하는, 즉 민주주의의 본질을 침해해서는 안 된다는 한계가 있고, 방어적 민주주의의 원리는 헌법의 다른 기본권의 본질을 침해해서는 안 된다고 하는 한계가 있으며, 방어적 민주주의의 원리는 어디까지나 소극적·방어적으로 행사해야지 적극적·공격적으로 행사해서는 안 된다는 '보충성의 원칙'과 헌법 제37조 제2항의 '과잉금지의 원칙' 또는 '비례의 원칙'에 따라 어디까지나 필요 최소한의 정도만 행사해야 한다는 일정한 한계가 있다.[25)]

생각건대, 우리나라의 위헌정당해산심판에 대한 헌법 제8조 제4항 규정은 민주주의를 파괴하려는 세력으로부터 민주주의를 보호하려는 소위 '방어적 민주주의 원리'의 한 요소이고, 다른 한편으로는 헌법 스스로가 정당의 정치적인 성격을 이유로 하는 정당금지의 요건을 엄격하게 정함으로써 가급적 민주적인 정치과정의 개방성을 최대한으로 보장하려는 것으로, 헌법은 정당의 금지를 민주적인 정치과정의 개방성에 대한 중대한 침해로서 이해하여 오로지 헌법 제8조 제4항의 엄격한 요건 하에서만 정당 설립의 자유에 대한 예외를 허용하고 있다. 이에 따라 자유민주적 기본질서를 부정하고 이를 적극적으로 제거하려는 조직도 국민의 정치적 의사형성에 참여하는 한, '정당의 자유'의 보호를 받는 정

25) 권영성, 전게서, 82-85면.

당에 해당하며, 오로지 헌법재판소가 그의 위헌성을 확인한 경우에만 정당은 정치생활의 영역으로부터 축출될 수 있다. 그렇다면 민주적인 의사형성 과정의 개방성을 보장하기 위하여 정당설립의 자유를 최대한으로 보호하려는 헌법의 정신에 비추어 볼 때, 정당의 설립 및 가입을 금지하는 법률조항은 이를 정당화하는 사유의 중대성에 있어서 적어도 '민주적인 기본질서에 대한 위반'에 버금가는 것이어야 한다. 즉, 오늘날 의회민주주의가 정당의 존재 없이는 기능할 수 없다는 점에서 심지어 '위헌적인 정당을 금지해야 할 공익'도 정당 설립의 자유에 대한 입법적인 제한을 정당화하지 못하도록 규정한 것이 헌법의 객관적인 의사라면 입법자가 그 외의 공익적인 고려에 의하여 정당설립의 금지조항을 도입하려는 것은 원칙적으로 헌법에 위반된다. 따라서 정당설립의 금지 규정이 정당의 위헌성이나 정치적인 성격 때문이 아니라, 비록 다른 공익을 실현하기 위하여 도입된다고 하더라도 그 해당 금지규정이 달성하려는 공익은 매우 중대한 것이어야 한다.[26]

둘째, 위헌정당해산심판제도의 헌법적 기능으로는 '정당 보호의 기능'이 있다. 즉, 위헌정당해산심판제도는 정당의 활동이 헌법에 위반된다고 하더라도 해당 위헌적인 정당을 해산하는 경우에는 자의적인 행정처분이나 기타 공권력의 작용에 의하여 손쉽게 행할 수 없도록 하고, 필히 헌법재판소 등의 별도의 재판을 통해서만 해당 위헌적인 정당을 해산할 수 있도록 해 준다는 측면에서 헌법 제21조 제1항의 일반 결사체나 단체보다 정당을 두텁게 보호해 주는 정당 보호의 기능이 있다.[27]

셋째, 위헌정당해산심판제도의 헌법적 기능으로는 '민주주의의 침해 방지 기능'이 있다. 즉, 위헌정당해산심판제도는 국가권력에 의한 헌법질서의 침해의 한계가 설정된다는 의미에서 민주주의에 대한 침해방지의 기능을 하는바, 어떤 합헌적인 정당이 부당하게 정치적인 의사형성의 과정으로부터 배제되는 것을 방지해 줌으로써, 입법권과 행정권에 의한 방어적 민주주의 원리의 남용을 차단하여 민주주의가 침해되는 것을 방지해 주는 기능을 한다. 왜냐하면 사실상 자유민주적 기본질서에 부합되는 합헌적인 정당이 입법권과 행정권의 자의적인 행사에 의하여 해산된다는 것은 헌법이 보장하는 복수정당제도나 정당설립

26) 헌재 1999. 12. 23, 99헌마135.
27) 전광석, 전게서, 130면; 정종섭, 전게서, 458-459면; 한수웅, 전게서, 213면.

의 자유 등을 침해하는 것이 되어 결국 이는 자유민주적 기본질서를 침해하는 것이 되기 때문이다.[28)]

넷째, 위헌정당해산심판제도의 헌법적 기능으로는 '간접적인 기본권 보호의 기능'이 있다. 즉, 위헌정당해산심판제도는 정당의 목적이나 활동이 자유민주적 기본질서에 위반되는 경우에 이루어질 수 있는 것으로서, 이러한 자유민주적 기본질서에는 헌법에 구체적으로 보장된 기본권의 존중이 포함되는 것이므로, 이러한 자유민주적 기본질서를 부정하고 전제적인 정치체제를 추구하는 위헌적인 정당을 헌법재판에 의하여 해산시키는 것은 기본권을 존중할 의사가 없는 위헌적인 정당으로부터 헌법의 질서를 보호하고 수호하는 것에 그치지 않고, 나아가 국민 개개인의 기본권을 간접적으로 보호해 주는 기능이 있다.[29)]

2) 우리나라 위헌정당해산심판제도의 연혁 및 검토

가) 우리나라 위헌정당해산심판제도의 연혁

우리나라는 1950년대에 공산주의 세력에 의하여 6·25 전쟁을 겪었고, 1948년의 제헌 헌법에서 정당에 대한 아무런 규정을 두지 않아서 정당과 일반 결사체나 단체를 같은 것으로 본 결과, 1958년에 조봉암이 이끌었던 진보당이 그 당시의 '정당에 관한 규칙'에 근거하여 공보실장의 등록취소라는 일반 행정처분에 의하여 강제로 해산되었다. 이에 대한 반성으로 1960년 4월 19일에 발생한 4·19 의거 이후에 제3차 개정헌법이 시행되면서 국가의 존립에 대한 위기를 인식하게 되었고, 국가권력에 의한 야당의 탄압을 방지하기 위해서 헌법재판제도를 정비하여 제3차 개정헌법 제13조에서 "모든 국민은 언론·출판의 자유와 집회·결사의 자유를 제한 받지 아니한다. 정당은 법률의 정하는 바에 의하여 국가의 보호를 받는다. 다만 정당의 목적이나 활동이 헌법의 민주적 기본질서에 위배될 때에는 정부가 대통령의 승인을 얻어 소추하고 헌법재판소가 판결로써 그 정당의 해산심판을 명한다."라는 규정과 제3차 개정헌법 제83조의 3 제4호에서 "헌법재판소는 다음 각호의 사항을 관장한다. 4. 정당의 해산"이라고 규정하여 우리나라 헌정사상 최초로 위헌정당해산심판제도에 대한 규정을 신설하였다.[30)]

이후 제4차 개정헌법 제13조와 제4차 개정헌법 제83조의 3 제4호에서 제3

28) 최희수, 전게 논문, 447면.
29) 허영, 한국헌법론, 박영사, 2015, 329면.
30) 정종섭, 전게서, 451면; 민중의 소리, "기어이 유신독재의 본색 드러내다", 2013. 11. 6.

차 개정헌법의 제13조와 제3차 개정헌법 제83조의 3 제4호와 같은 규정을 두었다.

다음으로 제5차 개정헌법 제7조에서 "제2항: 정당은 그 조직과 활동이 민주적이어야 하며, 국민의 정치적 의사형성에 참여하는데 필요한 조직을 가져야 한다. 제3항: 정당은 국가의 보호를 받는다. 다만 정당의 목적이나 활동이 민주적 기본질서에 위배될 때에는 정부는 대법원에 그 해산심판을 제소할 수 있고, 정당은 대법원의 판결에 의하여 해산된다."라고 규정하였고, 제5차 개정헌법 제103조에서 "정당해산을 명하는 판결은 대법원 법관 정수의 5분의 3이상의 찬성을 얻어야 한다."라고 규정하여, 기존의 헌법에서 언론·출판의 자유와 집회·결사의 자유와 함께 있었던 위헌정당해산심판제도에 대한 규정을 분리하여, 정당에 대한 규정에서 위치를 변경하여 규정하였고, 기존의 헌법에서 위헌정당해산심판제도에 대한 심판권을 헌법재판소에게 부여했던 것을 법원에 그 판결권을 대법원 법관 정수의 5분의 3이상의 찬성을 통하여 행하도록 개정하였다.

그리고 제7차 개정헌법 제7조에서 "제2항: 정당은 그 조직과 활동이 민주적이어야 하며, 국민의 정치적 의사형성에 참여하는데 필요한 조직을 가져야 한다. 제3항: 정당은 법률이 정하는 바에 의하여 국가의 보호를 받는다. 다만 정당의 목적이나 활동이 민주적 기본질서에 위배되거나 국가의 존립에 위해가 될 때에는 정부는 헌법위원회에 그 해산심판을 제소할 수 있고, 정당은 헌법위원회의 결정에 의하여 해산된다."라고 규정하였고, 제7차 개정헌법 제109조 제1항 제3호에서 "헌법위원회는 다음 사항을 심판한다. 3. 정당의 해산"이라고 규정하였으며, 제7차 개정헌법 제111조 제1항에서 "헌법위원회에서 법률의 위헌결정, 탄핵의 결정 또는 정당해산의 결정을 할 때에는 위원 6인 이상의 찬성이 있어야 한다."라고 규정하여, 정당의 목적이나 활동이 자유민주적 기본질서에 위배되거나 국가의 존립에 위해가 될 때에는 정부는 헌법위원회에 그 해산을 제소할 수 있고, 정당은 헌법위원회의 결정에 의하여 해산된다고 규정하였으며, 위헌정당해산을 결정하기 위해서는 헌법위원회 위원 6인 이상의 찬성을 필요하도록 개정하였다.

또한 제8차 개정헌법 제7조에서 "제2항: 정당은 그 조직과 활동이 민주적이어야 하며, 국민의 정치적 의사형성에 참여하는데 필요한 조직을 가져야 한다. 제3항: 정당은 법률이 정하는 바에 의하여 국가의 보호를 받으며, 국가는 법률이 정하는 바에 의하여 정당의 운영에 필요한 자금을 보조할 수 있다. 제4항: 정당의 목적이나 활동이 민주적 기본질서에 위배될 때에는 정부는 헌법위원회에 그 해산을 제소할 수 있고, 정당은 헌법위원회의 결정에 의하여 해산된다." 라고 규정하였고, 제8차 개정헌법 제112조 제1항 제3호에서 "헌법위원회는 다음 사항을 심판한다. 3. 정당의 해산"이라고 규정하였으며, 제8차 개정헌법 제114조 제1항에서 "헌법위원회에서 법률의 위헌결정, 탄핵의 결정 또는 정당해산의 결정을 할 때에는 위원 6인 이상의 찬성이 있어야 한다."라고 규정하여, 정당의 목적이나 활동이 자유민주적 기본질서에 위배될 때에는 헌법위원회에 그 해산을 제소할 수 있고, 정당은 헌법위원회의 결정에 의하여 해산한다고 규정하였다.

이밖에 제9차 개정헌법인 현행 헌법은 제8조 제4항에서 위헌정당해산심판 제소권을 정부에 부여하고 있고, 현행 헌법 111조 제1항에서 위헌정당해산심판에 대한 결정권은 헌법재판소에 부여하고 있다.

나) 검토

생각건대, 우리나라의 헌정사 중에서 1958년에 진보당이라는 정치적 반대 세력을 제거하고자 했던 그 당시 정부의 일방적인 행정처분에 의하여 유력한 진보적 야당이 강제로 등록 취소가 되어 역사 속에서 사라지고 말았던 어둡고 불행한 과거에 대한 반성의 산물로,[31] 현행 헌법 제8조 제4항의 위헌정당해산심판제도는 제3차 헌법 개정을 통하여 헌법에 신설되었음을 알 수 있다. 따라서 우리나라의 위헌정당해산심판제도는 그 발생사에 비추어 볼 때, 위에서 살펴 본 크게 네 가지의 위헌정당해산심판제도의 헌법적 기능들 중에서 정당을 보호하기 위한 수단으로서의 성격이 강조됨을 알 수 있다. 즉, 위헌정당해산심판의 제소권자가 정부라는 점에 비추어 볼 때, 피소되는 정당은 사실상 야당이 될 것이므로, 위헌정당해산심판제도는 여러 정당들 중에서도 특히 정부를 비판하는 역할을 하는 야당을 보호하는데에 그 실질적인 의미가 있다고 하겠다.[32]

그리고 현행 헌법 제8조 제4항에서 위헌정당해산심판 제소권은 정부에게 부여하고, 위헌정당해산심판에 대한 결정권은 헌법재판소에 각각 구분해서 부여하고 있는 이유는 다음과 같이 보는 것이 타당하다.

---

31) 송석윤, 전게 논문, 36면; 전광석, 전게서, 130면; 한상희, 전게 논문, 384면.
32) 헌재 2014. 12. 19, 2013헌다1.

즉, 정당은 국민과 국가의 중개자로서 정치적 도관(導管)의 기능을 수행하여 주체적·능동적으로 국민들의 다양한 정치적인 의사들을 유도·통합함으로써 국가정책의 결정에 직접 영향을 미칠 수 있는 규모의 정치적인 의사를 형성해 주고 있다. 이처럼 정당은 오늘날 대중민주주의에 있어서 다양한 국민들의 여러 정치적 의사형성의 담당자이고, 매개자이며, 민주주의에 있어서 필수 불가결한 요소이기 때문에 정당의 자유로운 설립과 활동은 민주주의 실현의 전제조건이라고 할 것이다. 오늘날 대중민주주의에서 차지하는 이러한 정당의 의의와 기능들에 비추어 볼 때, 우리나라 헌법은 정당을 일반적인 결사의 자유로부터 분리하여 제8조에 독자적으로 규율함으로써 정당의 특별한 지위를 강조하고 있는 것이라고 하겠다.[33]

이렇듯 오늘날 정당은 국민과 국가를 이어주는 연결매체로서, 민주주의 국가에서는 매우 중요한 정치적인 기능을 행하고 있기 때문에, 일반 결사체나 단체에 대한 해산에 비하여 정당을 해산시키기 위해서는 헌법과 헌법재판소법에 의하여 실체적·절차적인 특권을 인정하여 헌법재판소의 심판에 의해서만 정당을 해산시킬 수 있도록 규정하고 있다고 보는 것이 타당하다.

한편 정당이 해산되는 유형에는 정당 스스로 자발적으로 해산하는 '자진해산'과 타의에 의하여 강제로 해산되는 '강제해산'이 있다. 이중에서 위헌정당해산심판제도는 헌법과 헌법재판소법에 의한 강제적 해산의 유형에 속한다. 이와 달리 정당법에서는 자진 해산에 대한 규정을 두고 있는바, 정당법 제45조 제1항에 의하면 정당은 그 대의기관의 결의로써 해산할 수 있고, 정당법 제45조 제2항에 의하면 정당법 제45조 제1항의 규정에 의하여 정당이 해산한 때에는 그 대표자는 지체 없이 그 뜻을 관할 선거관리위원회에 신고해야 하며, 정당법 제48조 제1항에 의하면 정당이 제44조 제1항의 규정에 의하여 등록이 취소되거나 제45조의 규정에 의하여 자진해산한 때에는 그 잔여재산은 당헌이 정하는 바에 따라 처분해야 하는 것으로 규정하고 있다.

3) 위헌정당해산심판제도에 대한 독일의 입법례 및 검토

가) 독일 기본법상 규정 내용

독일 기본법 제21조 제2항에서 "정당의 목적이나 추종자의 활동이 자유민

33) 헌재 2004. 3. 25, 2001헌마710.

주적 기본질서를 침해 또는 제거하려고 하거나 또는 독일 연방공화국의 존립을 위태롭게 하려는 정당은 위헌이다. 이에 대해서는 독일 연방헌법재판소가 결정한다."고 규정하고 있다.[34)]

나) 독일 연방헌법재판소법상 규정 내용

독일의 연방헌법재판소법 제43조부터 제46조까지에서 위헌정당해산심판제도에 대하여 자세히 규정하고 있다.

먼저 독일 연방헌법재판소법 제43조에서는 "제1항: 정당의 위헌 여부에 대한 결정의 청구는 독일 연방의회이나 연방참사원 또는 연방정부가 할 수 있다. 제2항: 독일의 주 정부는 조직이 그 주의 영역에 한정된 정당에 대해서만 청구할 수 있다."라고 규정하고 있다.

다음으로 독일 연방헌법재판소법 제44조에서는 "정당의 대리인은 법 규정 및 정당의 내규에 따라 정한다. 정당의 대리권자가 확정될 수 없거나 존재하지 않거나 또는 독일 연방헌법재판소에 청구된 후 변경된 경우에는 청구의 시점에서 최종적으로 정당의 업무를 사실상 지휘했던 사람을 대리권자로 한다."라고 규정하고 있다.

그리고 독일 연방헌법재판소법 제45조에서는 "독일 연방헌법재판소는 일정한 기간 내에 대리권자에게 의견을 표명할 기회를 주며, 그 후에 청구가 각하되어야 하는지의 여부나 충분한 이유가 없어 기각되어야 하는지의 여부 또는 심판을 계속해야 하는지의 여부를 결정한다."라고 규정하고 있다. 또한 독일 연방헌법재판소법 제46조에서는 "제1항: 청구가 이유 있는 것으로 입증되면 독일 연방헌법재판소는 정당이 위헌임을 확인한다. 제2항: 위헌확인은 법적으로 또는 조직적으로 독자적인 정당의 한 부분으로 국한될 수 있다. 제3항: 위헌확인에 따라 정당 또는 정당의 독자적인 부분은 해산되고 대체조직의 설립이 금지된다. 이 경우에 독일 연방헌법재판소는 정당 또는 정당의 독자적인 부분의 재산을 공익적인 목적을 위해 독일 연방이나 주에 귀속시킬 수 있다."라고 규정하고 있다.[35)]

---

34) 이밖에 독일 기본법 제9조 제2항은 "목적이나 활동이 형법에 위반되거나 헌법질서 또는 국제우호사상에 적대적인 결사는 금지된다."라고 규정하고 있다.

35) 헌법재판소, "정당해산심판심판제도에 관한 연구", 헌법재판연구 제15권, 2004. 12, 40-41면.

다) 검토

독일 기본법상 위헌적인 정당에 대하여 강제적인 해산을 할 수 있는 심판제도가 도입된 이유로는 상대주의적 민주주의의 허점을 이용하여 집권한 나치스에 의하여 독일의 바이마르 공화국이 붕괴된 것에 대한 반성적 차원이라고 하겠다. 즉, 1832년에 독일 연합은 군주제 원리를 근거로 정당을 금지하는 법률을 제정한 바 있는바, 이후 독일의 카이저 제국에서는 1878년에 사회민주주의의 공공 위험적 동향에 대한 법이 제정되어 1890년까지 시행된 바 있다. 그리고 1933년 1월 30일에 나치스가 독일을 집권한 후에 정당들이 해산되고 1933년 7월 14일에는 정당창설금지법(Gesetz gegen die Neubildung von Parteien)이 제정되었다. 독일에서 제2차 세계대전 이후에 비로소 민주적 헌정질서가 확립되기까지 정당의 자유는 끊임없이 위협받았다.[36]

독일은 최초의 민주 공화국인 바이마르 공화국이 헌법상 민주적 기본질서를 따르지 않았던 나치스에 의하여 붕괴되었던 경험에 대한 반성적 차원에서 방어적 민주주의의 원리를 헌법에 도입하여 독일 기본법상 인간 존엄의 불가침 규정과 기본권의 본질적인 내용의 침해금지 규정 및 독일 기본법 제18조에서 "의사표현의 자유, 특히 출판의 자유(제5조 제1항), 교수의 자유(제5조 제3항), 집회의 자유(제8조), 결사의 자유(제9조), 서신·우편 및 전신의 비밀(제10조), 재산권(제14조) 또는 망명권(제16조 제2항: 현재는 제16a조)을 자유민주적 기본질서에 대한 공격을 위하여 남용하는 자는 이러한 기본권들의 효력을 상실한다. 그 실효와 범위는 독일 연방헌법재판소가 선고한다."라는 기본권 실효제도의 규정 및 헌법 개정의 한계 규정과 함께 독일 기본법 제21조 제2항에서 자유민주적 기본질서를 해치는 정당에 대하여 민주주의를 보호하려는 제도를 두고 있다는 것을 알 수 있다.

36) 헌법재판소, 상게서, 39면. 독일 연방헌법재판소는 사회주의 제국당(Sozialistische Reichspartei: SRP)의 강령과 활동에 대하여 사회주의 제국당의 강령의 목적이 자유민주주의의 본질적 내용을 이루는 복수정당제를 부정한다는 점과 사회주의 제국당의 내부조직과 그 운영이 자유민주주의의 저촉되는 지도자의 원리에 기초하고 있다는 점 및 사회주의 제국당 당원의 활동이 인간의 존엄과 가치를 비롯하여 그 밖의 기본권을 경시하고 있다는 점 등을 이유로 독일 기본법 제21조 제2항의 구성요건을 충족하여 위헌 정당으로 강제해산 한다고 판시하였다. BVerfGE 2,1. 그리고 이후 독일 연방헌법재판소는 독일 공산당(Kommunistische Partei Deutschlands: KPD)의 정강(政綱)이 독일 연방공화국의 헌법적 질서에 대한 명백한 도전에 해당하므로, 독일 공산당은 독일 기본법 제21조 제2항의 가치구속적·가치지향적 민주주의에 저촉되는 위헌적 정당으로서, 강제로 해산되어야 하고, 그 대체조직도 결성할 수 없으며 그 재산은 몰수한다고 판시하였다. BVerfGE 5, 85. 이러한 독일 연방헌법재판소의 SRP와 KPD에 대한 위헌정당해산 결정의 자세한 판시 내용과 헌법적 평가에 대해서는 헌법재판소, 상게서, 42-54면.

그리고 독일 기본법 제9조 제2항에서 결사체나 단체 중에서 그 목적이나 활동이 헌법질서 등에 위반되는 것을 금지하고 있으며, 독일 연방헌법재판소법은 제43조부터 제46조까지 독일 기본법 제21조 제2항의 내용을 구체화하는 규정을 두고 있음을 알 수 있다.

또한 위헌정당해산심판제도에 대하여 독일 기본법에서는 우리나라의 헌법에서와는 달리 정당의 목적이나 추종자의 활동이 자유민주적 기본질서를 침해 또는 제거하려고 하는 경우 이외에도 독일 연방공화국의 존립을 위태롭게 하려는 것[37]에 대하여 위헌정당으로 결정할 수 있도록 규정하고 있음을 알 수 있다.

이밖에 독일의 연방헌법재판소법에서는 우리나라의 헌법재판소법에서 위헌정당해산심판의 제소권을 오직 정부에게만 주고 있는 것과는 달리, 독일 연방의회이나 연방참사원 또는 연방정부에게 각각 주고 있다는 점이 다르다는 것을 알 수 있다. 향후 우리나라도 입법적으로 위헌정당해산심판의 제소권을 현행처럼 정부에게만 줄 것이 아니라, 국회나 일정 수 이상의 국회의원에게도 독일처럼 이러한 위헌정당해산심판의 제소권을 정부 이외에도 새롭게 추가적으로 부여하는 것에 대하여 진지하게 고민해 볼 필요가 있다.[38]

4) 위헌정당해산심판제도의 청구 요건

가) 청구인

우리나라의 위헌정당해산심판제도에서 정당의 목적이나 활동이 자유민주적 기본질서에 위반됨을 이유로, 헌법재판소에 해당 정당에 대하여 강제해산을 청구할 수 있는 권한을 가진 청구인은 '정부'다. 즉, 정부만이 위헌정당해산심판제도의 청구권자다. 헌법 제8조 제4항과 헌법재판소법 제55조에서 규정하고 있는 '정부'란, 헌법 제4장에서 규정하고 있는 정부를 뜻하므로, 여기서 정부는 대한민국을 뜻하는 것이 아니라, 법무부장관이 우리나라의 정부를 대표하여 위헌정당해산의 소송을 수행한다. 다만 헌법상 위헌정당해산의 제소를 국무회의의 심의사항으로 규정하고 있으므로, 실질적으로 위헌정당해산심판의 청구는 대통령의 권한으로 보는 것이 타당하다.[39]

한편 정부가 특정 정당에 대하여 위헌해산심판의 청구 사유가 있을 때에는

37) 이에 대하여 자세한 것은 허영, 헌법소송법론, 박영사, 2015, 289-290면.
38) 정종섭, 헌법학원론, 박영사, 2015, 1539면.
39) 정종섭, 전게서(주 20), 460면.

헌법재판소에 위헌정당해산심판을 청구하는 것이 정부의 재량에 속하는 것인지 아니면 반드시 또는 의무적으로 헌법재판소에 해산심판의 청구를 해야 하는 기속행위인지의 여부에 대하여 살펴볼 필요가 있다. 이에 대해서는 다음과 같이 크게 두 가지의 견해가 있다.

첫째, 정부의 위헌정당해산심판의 청구를 일종의 기속행위로 보아, 위헌정당해산심판의 청구사유가 있으면 정부는 반드시 헌법재판소에 위헌정당해산심판의 청구를 해야 한다고 보는 '기속행위설'이 있다. 이 견해는 위헌정당해산심판제도가 자유민주주의를 보호하고 수호하기 위한 방어적 수단인 동시에 소추절차적인 특별한 헌법보호수단이라는 점에 비추어 볼 때, 위헌정당으로 강제로 해산시킬 사유가 있는 것으로 보이는 정당을 정부가 그대로 방치하는 것은 정부의 헌법 보호 및 수호 의무를 위반하는 것이 된다는 점을 그 근거로 들고 있다. 즉, 이 기속행위설은 어떠한 경우에도 헌법을 보호 및 수호해야 할 의무를 지고 있는 정부가 국가의 헌법의 근본가치 자체를 부정하는 헌법 적대적인 정당에 대하여 헌법재판소에 위헌정당해산심판을 청구해야 하는 것은 헌법 내부의 적의 세력을 정부가 더 이상 크지 못하도록 하는 헌법적인 의무로서, 헌법재판소라는 별도의 국가기관에 의하여 정당에 대한 해산심판결정이 행하여지므로 정당의 활동이 침해되는 경우는 없을 것이라는 점과 국민의 세금을 통한 막대한 국고보조금을 정당에 지급하고 있는바, 만약 위헌적인 정당에게 정부가 헌법재판소에 위헌정당해산심판을 청구하지 않고 계속해서 헌법 적대적인 정당에게 국고보조금을 지급하는 것은 국민의 세금으로 헌법을 파괴하고 부정하는 헌법의 적을 키워주는 그릇된 결과를 낳게 되므로, 정부의 헌법수호 의무와 국민에 대한 기본권의 실현의무를 포기하는 것이 된다는 점 등을 그 근거로 들고 있다.[40)]

둘째, 정부의 위헌정당해산심판의 청구의 여부나 청구의 시기 등은 정부의 재량적 판단에 달려 있다고 보는 '재량행위설'이 있다. 이 견해는 헌법 제8조와 헌법재판소법 제55조에서 정부는 헌법재판소에 정당해산심판을 제소 '할 수 있다' 또는 청구 '할 수 있다'고 규정되어 있는 것은 정부의 위헌정당해산심판의 청구의 여부 등에 대한 재량을 표시한 것이라는 점을 그 근거로 들고 있다. 이

40) 정종섭, 상게서, 461면. 다만 여기에서 기속행위설에 대한 이유나 근거를 제시하고는 있지만, 기속행위설 자체의 주장은 아님.

재량행위설에 의하면 위헌정당해산심판제도의 기능이 헌법의 보호와 수호에 있고, 정부는 국가기관으로서 헌법의 구속을 받고 헌법을 보호하고 수호할 의무가 있지만, 다른 한편으로는 헌법의 보호와 수호의 방법은 다양하고 고도의 정치적인 결정을 요하는 사안이라고 할 것이므로, 구체적인 상황에 따라 정부는 해당 특정 정당에 대해서 위헌정당해산심판청구를 하지 않거나 또는 이를 미루는 것이 헌법의 보호와 수호의 관점에서 보다 바람직하다고 판단할 수 있다는 점을 근거로 하고 있다. 즉, 이 견해는 정부가 헌법재판소의 심판을 통하여 사법적으로 위헌정당해산을 심판받도록 할 것인지 아니면 헌법 적대적으로 간주되는 정당에 대해서 정치적으로 투쟁할 것인지의 여부를 결정할 수 있는 재량을 가지고 있는 것으로 보아야 한다는 것을 그 그거로 들고 있다.[41]

생각건대, 헌법 제8조와 헌법재판소법 제55조에서 정부는 헌법재판소에 정당해산심판을 제소 '할 수 있다' 또는 청구 '할 수 있다'고 규정되어 있고, 만약 정부가 위헌정당해산심판을 제소하지 않더라도 해당 위헌적 정당의 목적이나 활동으로부터 헌법의 보호와 헌법의 수호를 충분히 할 수 있는 경우까지 정부가 위헌정당해산심판청구의 의무를 져야 한다면 헌법의 통일성을 무시한 것이며, 정당의 활동을 충분히 보장하는 것도 헌법 실현의 한 수단인 동시에 정당탄압의 인상을 주는 정당해산 보다는 자연스러운 민주적인 정치활동을 통하여 위헌적인 정당의 활동이 축소되도록 하여 헌법 질서의 위협을 충분히 막을 수 있다는 점에 비추어 볼 때, 원칙적으로 정부의 위헌정당해산심판의 청구의 여부 등은 정부의 재량에 속한다고 보아야 할 것이다. 그러나 어떤 특정 정당이 헌법의 기본가치를 파기하고 부정하는 위헌적인 정당을 그대로 계속 방치해 놓는 것이 매우 위험하다고 객관적으로 판단되는 경우이거나 또는 어떤 특정 정당이 위헌임이 명백한 경우에는 정부의 위헌정당해산심판의 청구에 대한 재량권은 영(0)으로 수축되어 없어지게 되고, 정부에게 해당 정당에 대한 위헌해산심판을 헌법재판소에 청구해야 하는 의무가 발생한다고 보는 '기속재량행위설'이 타당하다.[42]

나) 피청구인

위헌정당해산심판제도에서 피청구인은 '정당'이다. 위헌정당해산심판의 대

41) 성낙인, 전게서, 244면; 한수웅, 전게서, 1426면.
42) 정종섭, 전게서(주 20), 462-463면; 허영, 전게서(주 37), 292-293면.

상이 되는 피청구인으로서 정당은 원칙적으로 정당법에서 규정하는 요건을 갖추고 등록을 마친 정당을 뜻한다. 따라서 정당의 방계조직, 위장정당, 사이비정당, 대체정당은 위헌정당해산심판의 피청구인이 되지 못하고, 이러한 조직들은 일반적인 결사체나 단체에 해당하는 것에 불과하다. 그러나 정당의 부분 조직이나 정당의 창당준비위원회는 피청구인이 될 수 있고, 정당법에 따라서 정당의 창당활동이 진행되어 등록절차만 남겨놓은 등록 중의 정당도 피청구인이 될 수 있다.[43)]

즉, 우리나라 헌법 제8조 제4항에서 규정하고 있는 '정당'이란, 정당법 제11조부터 제16조에 의하여 정당으로서 등록을 마친 정치적 결사체나 단체를 의미한다. 그러나 위헌정당해산심판의 대상에 정당으로서 이러한 정당법 제11조부터 제16조에 의한 등록을 마치지 않아 위헌정당해산심판의 대상에서 제외되는 것은 아닌바, 정당법 제11조부터 제16조에 따라 정당의 창당활동이 진행되어 정당법상의 등록 절차만 남겨둔 상태의 조직도 이미 창당활동을 통하여 정당에 준하는 지위에 있으므로, 이러한 조직의 목적이나 활동이 자유민주적 기본질서에 위반되는 때에는 위헌정당해산심판의 대상이 된다고 보는 것이 타당하다.

한편 피청구인이 확정되는 시기는 정부가 위헌정당해산심판을 청구한 시점인 위헌정당해산심판을 청구할 때라고 할 것이고, 정부가 여러 개의 정당에 대하여 위헌정당해산심판을 청구했을 때에는 각각의 경우에 독립된 청구가 존재하므로, 하나의 청구에 여러 개의 정당을 피청구인으로 하여 청구할 수는 없다고 하겠다. 그러나 하나의 정당에 속하는 여러 부분 조직에 대해서는 이들을 피청구인으로 하여 한 개의 위헌정당해산심판청구를 할 수 있다고 할 것이며, 정부에 의한 정당해산심판이 청구된 경우에 정부가 해산심판을 요구하는 정당, 즉 피청구인인 정당은 언제든지 자진해서 정당을 해산시킬 수 있다고 하겠다. 그리고 헌법재판소에 위헌정당해산심판 사건이 계속 중인 때에는 위헌정당해산심판의 대상이 된 정당은 분당(分黨)을 할 수 없다고 보는 것이 타당하며, 헌법재판소에서 위헌정당해산심판 사건을 심리하는 중에는 위헌정당해산심판의 대상이 된 정당은 다른 정당과 합당(合黨)을 할 수 없다고 보는 것이 타당하다.[44)]

43) 정종섭, 상게서, 464-465면; 한수웅, 전게서, 1426-1427면.
44) 정종섭, 상게서, 465-466면; 허영, 전게서(주 37), 294면.

다) 정당의 목적과 활동의 의미와 요건

헌법 제8조 제4항에서 규정하고 있는 '정당의 목적'이란, 어떤 정당이 추구하는 정치적인 방향이나 지향점 또는 현실 속에서 구현하고자 하는 정치적인 계획 등을 통칭한다. 이는 주로 정당의 공식적인 강령이나 정책 또는 당헌의 내용, 당수와 간부 등 주요 당직자 등의 공식적인 연설이나 발언 등의 의사표시, 해당 정당의 각종 기관지나 당보 또는 선전 자료나 교육 자료와 같은 간행물, 정당의 의사결정과정에서 일정한 영향력을 가지거나 정당의 이념으로부터 영향을 받은 당원들의 행위 등을 통해서도 정당의 목적을 파악할 수 있다. 만약 정당의 진정한 목적이 숨겨진 상태라면 이 경우에는 강령 이외의 자료들을 통해서 진정한 목적을 파악해야 한다.[45)]

한편 '정당의 활동'이란, 정당 기관의 행위나 주요 정당관계자 또는 당원 등의 행위로서, 그 정당에게 귀속시킬 수 있는 일반적 활동을 뜻한다. 이에 대하여 구체적으로 살펴보면, 당 대표의 활동, 대의기구인 당 대회와 중앙위원회의 활동, 집행기구인 최고 위원회의 활동, 원내 기구인 원내 의원의 총회와 원내대표의 활동 등 정당 기관의 활동은 정당 자신의 활동이므로, 원칙적으로 정당의 활동으로 볼 수 있고, 정당의 최고위원 등 주요 당직자의 공개된 정치 활동은 일반적으로 그 지위에 기하여 한 것으로 볼 수 있으므로, 원칙적으로 정당에 귀속시킬 수 있는 것으로 보는 것이 타당하다. 그리고 정당 소속의 국회의원 등은 비록 정당과 밀접한 관련성을 가지지만 헌법상으로는 정당의 대표자가 아닌 국민 전체의 대표자이므로, 그들의 행위를 곧바로 정당의 활동으로 귀속시킬 수는 없을 것이다. 그러나 가령 그들의 활동 중에서도 국민의 대표자의 지위가 아니라 그 정당에 속한 유력한 정치인의 지위에서 행한 활동으로서 정당과 밀접하게 관련되어 있는 행위들은 정당의 활동이 될 수도 있다. 그 밖의 정당에 속한 개인이나 단체의 활동은 그러한 활동이 이루어진 구체적인 경위를 살펴서 그것을 정당의 활동으로 볼 수 있는 사정이 있는지를 판단하는 것이 타당하다. 예를 들어, 활동을 한 개인이나 단체의 지위 등에 비추어 볼 때, 정당이 그러한 활동을 할 권한을 부여하거나 그 활동을 독려하였는지의 여부, 설령 그러한 권한의 부여 등이 없었다고 하더라도 사후에 그러한 활동을 적극적으로 옹호하는 등의 그 활동을 사실상 정당의 활동으로 추인한 것과 같다고 볼 수 있는 사정

45) 정종섭, 상게서, 470면: 헌재 2014. 12. 19, 2013헌다1.

이 있는지의 여부, 또는 사전에 그 정당이 그러한 활동의 계획을 알았더라도 이를 정당 차원에서 지원하고 지지했을 것이라고 가정적으로 판단할 수 있는 사정이 있는지의 여부 등을 구체적으로 살펴서 전체적이고 종합적으로 판단하는 것이 타당하다. 반면에 만약 정당의 대표나 주요 관계자의 행위이더라도 개인적인 차원의 행위에 불과한 것이라면 이러한 행위에 대해서까지 위헌정당해산심판의 심판대상이 되는 활동으로 보는 것은 타당하지 않다. 한편 헌법 제8조 제4항의 규정 형식에 비추어 볼 때, 해당 정당의 목적이나 활동 중 어느 한 개라도 민주적 기본질서에 위반된다면 위헌정당해산의 사유가 될 수 있다고 보는 것이 타당하다.[46]

특히 이중에서 정당의 강령과 당헌이 주로 위헌정당해산심판의 심사의 대상이 된다고 할 것이고, 해당 정당의 지도부와 당원이나 추종자의 행동이나 발언 등은 개별적이고 우발적일 수 있으므로, 이러한 것이 지속적으로 반복되어 나타나서 정당의 정체성과 관련성을 가지게 될 정도에 이를 때에 한하여 위헌정당해산심판의 심사의 대상이 된다고 보는 것이 타당하다.[47]

라) 민주적 기본질서에 위반될 것의 요건

위헌정당해산심판의 청구요건 중에서 '민주적 기본질서에 위반될 때'의 '민주적 기본질서'는 1960년 6월 15일의 제3차 개정헌법에서 채택된 표현인데 지금까지 변경되지 않고 유지되고 있는바, 우리나라 헌법 제8조 제4항에서 규정되어 있는 '민주적 기본질서'라는 의미에 대해 크게 다음과 같은 두 가지의 견해가 있다.

첫째, 민주적 기본질서를 자유민주적 기본질서라고 보는 견해다. 이 견해는 현행 헌법의 경우에 사회민주주의 중요한 내용을 이루고 있는 사회국가의 원리, 사회정의의 실현, 사회적 시장경제질서 등은 이미 여러 헌법 규정에서 별도로 규정하고 있으므로, 헌법 제8조 제4항의 민주적 기본질서 중에 반드시 사회민주적 기본질서를 포함시켜야 할 필요가 없다는 점과 정부의 위헌정당해산심판의 청구 범위를 최소화하기 위해서는 헌법 제8조 제4항의 민주적 기본질서

46) 헌재 2014. 12. 19, 2013헌다1. 독일 연방헌법재판소도 독일공산당(KPD)에 대한 위헌정당해산결정에서 해당 정당의 강령이나 공적인 선언, 해당 정당의 이념에 대한 주요 당직자의 저작물과 연설자료, 해당 정당의 홍보나 교육자료, 해당 정당의 각종 기관지나 그 영향력이 미치는 신문 또는 잡지의 기사나 보도자료, 당원이나 추종자의 활동 등을 종합적으로 검토해서, 어떤 특정 정당이 위헌정당인가를 심판 및 결정해야 한다고 판시하였다. BVerfGE 5, 85(144).

47) 전광석, 전게서, 131면.

의 범위에 자유민주적 기본질서 이외에 사회민주적 기본질서를 포함시킬 필요는 없다는 점을 그 근거로 들고 있다.[48)]

둘째, 민주적 기본질서에는 자유민주적 기본질서 이외에도 사회민주적 기본질서가 포함된다고 보는 견해다. 이 견해는 만약 민주적 기본질서와 자유민주적 기본질서를 같다고 볼 경우에는 사회민주적 기본질서가 지향하는 사회적 복지주의나 국제평화주의와 같은 가치가 배제될 위험이 있다는 점을 그 근거로 들고 있다.[49)]

생각건대, 위헌정당해산심판의 청구 요건 중 정당의 목적이나 활동이 민주적 기본질서에 위반될 때에서 '민주적 기본질서'가 뜻하는 것은 우리나라 헌법 제8조 제4항에서 위헌정당해산심판제도를 규정하고 있는 입법의 취지가 위헌적인 정당에 대한 해산 요건을 엄격하고 까다롭게 하기 위한 것이라는 점과 만약 헌법 제8조 제4항의 민주적 기본질서의 의미를 자유민주주의적 기본질서를 의미하는 것으로 국한하지 않으면 사회민주적 기본질서에 찬성하지 않는 자유주의적·보수주의적 정당까지도 위헌정당으로 해산시킬 수 있는 비극적이고 부적절한 결과를 초래할 수 있기 때문에, 자유민주적 기본질서를 뜻하는 것으로 보는 것이 타당하다.

마) 민주적 기본질서에 위반의 정도 요건

위헌정당해산심판제도는 헌법을 보호하고 수호하려는 최후의 보장수단이지만, 만약 이 제도를 국가가 오남용을 할 때에는 오히려 민주주의를 크게 해칠 수도 있는 제도라는 점을 결코 부정할 수 없다. 따라서 어떤 특정한 정당이 그 목적이나 활동이 민주적 기본질서에 위반된다는 것을 판단함에 있어서 그 위반의 정도를 위헌정당해산심판제도의 본래적 기능이나 그 취지에 부합하도록 민주적 기본질서에 대한 위험의 정도를 매우 엄격하게 해석할 필요가 있다. 즉, 헌법 제8조 제4항에서 의미하는 '민주적 기본질서의 위반'이란, 민주적인 기본질서에 대한 단순한 위반이나 저촉을 의미하는 것이 아니라, 민주사회의 필수불가결한 요소인 정당의 존립을 제약해야 할 만큼 그 정당의 목적이나 활동이 우리 사회의 민주적인 기본질서에 대하여 실질적인 해악을 끼칠 수 있는 구체

48) 권영성, 전게서, 195면. 이에 대한 헌법재판소의 결정은 헌재 1990. 4. 2, 89헌가113; 헌재 1996. 4. 25, 92헌바47; 헌재 1997. 8. 21, 94헌바19, 95헌바34·97헌가11(병합); 헌재 1998. 5. 28, 96헌가4, 97헌가6·7, 95헌바58(병합); 헌재 2001. 9. 27, 2000헌마238·302(병합) 등.

49) 김철수, 헌법학개론, 박영사, 2007, 197-198면.

적인 위험성을 초래하는 경우를 의미한다고 하겠다.[50)]

5) 위헌정당해산결정의 효과

가) 창설적 효력과 선언적 효력

헌법재판소법 제59조에 의하여 위헌정당의 해산을 명하는 결정이 선고되면 해당 정당은 해산하게 된다. 이러한 헌법재판소의 위헌정당에 대한 해산결정은 '창설적 효력'이 있으므로, 해당 정당에 대한 헌법재판소의 위헌정당해산의 결정이 내려지면 그때부터 위헌정당으로 된다고 보는 것이 타당하다. 따라서 해당 정당에 대하여 헌법재판소의 위헌정당해산의 결정이 내려지기 전에 해당 정당의 일반적인 활동은 소급해서 위헌적인 것이 아니라고 보는 것이 타당하다.

다만 해산정당이나 그 소속 당원이 다른 법률을 위반한 경우에 해당 민사상·형사상의 책임은 위헌정당해산의 소급효와는 무관하다고 하겠다. 그리고 이러한 헌법재판소의 위헌정당에 대한 해산결정은 형성적인 효력이 있으므로, 해당 정당은 헌법재판소의 결정에 의한 선고와 동시에 바로 해산된다고 하겠다.[51)]

또한 정당법 제47조에 의하여 헌법재판소의 위헌정당에 대한 해산결정의 통지나 중앙당 또는 그 창당준비위원회의 시·도당 창당승인의 취소통지가 있는 때에는 당해 선거관리위원회는 그 정당의 등록을 말소하고 지체 없이 그 뜻을 공고해야 하는바, 이러한 당해 선거관리위원회의 행위는 형성적 효력이 아닌 선언적 효력 또는 확인적 효력 밖에 없다고 보는 것이 타당하다.

나) 위헌정당의 잔여재산의 국고 귀속

정당법 제48조 제2항에 의하여 위헌정당해산심판의 결정이 내려진 정당의 잔여재산은 국고에 귀속한다. 이때 정당의 잔여재산의 국고에의 귀속에 대한 필요한 사항은 정당법 제48조 제3항에 의하여 중앙선거관리위원회의 규칙으로 정한다.

그리고 우리나라의 위헌정당해산심판의 심판시 해당 정당을 범죄단체로 보는 규정은 없으므로, 원칙적으로 해당 정당의 재산에 대한 몰수 여부는 임의적 몰수로 하여 정당이 범죄단체로 볼 수 있는 경우에만 헌법재판소의 결정으로 몰수할 수 있도록 명문화하는 것이 바람직하다.[52)]

---

50) 헌재 2014. 12. 19, 2013헌다1.
51) 정종섭, 전게서(주 20), 480면; 허영, 전게서(주 37), 298면.
52) 헌법재판소, 전게서, 257면.

또한 헌법재판소의 정당해산심판결정으로 정당이 해산된 때에는 해산된 정당의 채무나 부채 등은 국가가 부담하지 않는 것으로 보는 것이 타당하다.

다) 동일 또는 유사 정당의 결성 금지 및 동일 정당의 명칭 사용 금지

헌법재판소의 위헌정당해산심판의 결정으로 정당이 해산된 때에는 해당 정당과 동일하거나 유사한 정당의 결성은 금지되고, 해당 정당의 대체조직을 결성하는 것도 금지되며, 동일한 정당의 명칭을 사용하는 것도 금지된다. 즉, 정당법 제40조에 의하여 정당이 헌법재판소의 결정으로 해산된 때에는 해산된 정당의 강령 또는 기본정책과 동일하거나 유사한 것으로 정당을 창당하지 못하며, 정당법 제41조 제2항에 의하여 헌법재판소의 결정에 의하여 해산된 정당의 명칭은 다시는 정당의 명칭으로 사용하지 못한다.

이러한 대체정당이나 대체조직의 동일성이나 유사성을 판단하는 기준은 해당 정당의 명칭이나 외형이 그 기준이 되는 것이 아니라, 실질적으로 구체적이고 조직적인 면에서의 관련성이 중요하다고 하겠다.[53]

라) 위헌정당 소속 국회의원의 자격 상실 여부

위헌정당으로 해산된 정당의 당적을 보유했던 국회의원에 대하여 그 직이 자동으로 상실되는 것으로 볼 것인지의 여부에 대해서는 우리나라의 정당법이나 헌법재판소법 등에 명문의 규정을 두지 않고 있다. 이에 대하여 다음과 같이 크게 '국회의원 자격 자동 상실설'과 '국회의원 자격 계속 유지설' 및 '절충설'의 세 가지 견해가 있다.

첫째, '국회의원 자격 자동 상실설'에 대하여 살펴보면 다음과 같다. 과거 우리나라의 헌법전에서 위헌정당해산심판에 대하여 최초로 규정한 것은 제3차 개정 헌법 제13조에서 "모든 국민은 언론·출판의 자유와 집회·결사의 자유를 제한받지 아니한다. 정당은 법률의 정하는 바에 의하여 국가의 보호를 받는다. 다만 정당의 목적이나 활동이 헌법의 민주적 기본질서에 위배될 때에는 정부가 대통령의 승인을 얻어 소추하고 헌법재판소가 판결로써 그 정당의 해산심판을 명한다."라는 규정이 있었다. 이후 제5차 개정 헌법 제38조에서 "국회의원은 임기 중 당적을 이탈하거나 변경한 때 또는 소속정당이 해산된 때에는 그 자격이 상실된다. 다만 합당 또는 제명으로 소속이 달라지는 경우에

53) 정종섭, 전게서(주 20), 482면.

는 예외로 한다."라는 규정을 두어, 만약 어떤 정당에게 위헌정당해산심판의 결정의 내려졌다면 해당 정당에 소속된 국회의원은 그 자격을 자동으로 상실시킬 수 있도록 규정하였다. 그러나 이후에 이러한 제5차 개정 헌법 제38조의 규정은 헌법전에서 삭제되었고, 현행 제9차 개정 헌법까지 줄곧 이러한 내용의 규정은 헌법에서 두지 않고 있다. 이러한 이전의 위헌정당해산심판과 관련된 헌법 규정들의 취지와 같은 의미로 '국회의원의 자격 자동 상실설'은 방어적 민주주의의 관점에 비추어 볼 때, 위헌으로 해산된 정당의 활동을 사실상 주도하고 있는 위헌 정당에 소속된 국회의원의 자격을 상실시키는 것은 위헌 정당으로 해산심판을 결정한 법적 실효성과 헌법 보호의 목적 달성을 위하여 필수 불가피한 수단이기 때문에 만약 어떤 정당이 헌법재판소에 의하여 위헌정당해산심판으로 결정되면 해당 정당에 소속된 국회의원은 그 직을 자동으로 상실하는 것으로 보는 견해다.[54)]

둘째, '국회의원 자격 계속 유지설'에 대하여 살펴보면 다음과 같다. 먼저 국회의원직의 상실은 그 신분의 취득만큼이나 중요한 사안이므로, 만약 어떤 정당이 위헌정당으로 해산하게 될 경우에 해당 정당 소속의 국회의원직의 상실에 대해서는 헌법에 직접적으로 규정하거나 적어도 해당 법률 규정이 필요할 것인바, 현행 헌법이나 기타 법률에 어떤 정당이 위헌정당으로 해산될 경우에 해당 정당 소속의 국회의원직 상실에 대하여 명시적인 규정을 두고 있지 않다는 것을 그 근거로 들고 있다. 다음으로 국회의원은 유형화된 정치이념과 정책방향을 기준으로 정당에 소속된 것일 뿐이지, 구체적으로 정당의 이념과 정책 및 일체성을 필연적으로 가지는 것이 아니라는 것을 그 이유로 들고 있다. 그리고 위헌정당해산심판제도에 의한 방어적 민주주의를 통하여 헌법의 민주적 기본질서를 보호한다는 명목으로, 대의제 하에서 헌법 제46조 제2항에 의하여 국회의원은 어느 누구의 지시나 간섭을 받지 않고 국가이익을 우선하여 자신의 양심에 따라 직무를 행하는 국민 전체의 대표자로서 활동을 하는 자유위임과 무기속위임의 국민과 국회의원의 관계에 대한 예외를 인정할 경우에 국회의원의 국민대표성과 자유위임 및 무기속위임의 관계를 희생시키는 결과를 초래하

---

54) 권영성, 전게서, 1157면; 장영수, 전게서, 279면; 장영수, "통합진보당 해산결정과 소속 국회의원의 의원직 상실 문제", 고려법학 제76호, 고려대 법학연구원, 2015. 3, 120-132면; 정종섭, 전게서(주 38), 1544면; 한수웅, 전게서, 1433면; 허영, 전게서(주 37), 300면; 홍성방, 헌법학(하), 박영사, 2010, 346면 등.

게 되어 민주주의의 독소로서 작용할 수 있다는 것을 그 이유로 들고 있다. 또한 국회의원이 비록 정당에 소속되기는 하지만, 본질적으로 국민에 의해서 선출된 국민의 대표이며 위헌으로 결정된 정당과는 별도의 헌법기관으로 보아야 하기 때문에 위헌으로 결정된 정당이 해산되더라도 해당 정당에 소속된 국회의원은 그 자격이나 신분의 유지에 아무런 영향을 받지 않는 것으로 보아야 한다는 견해다.[55] 즉, 이 견해는 헌법재판소에 의하여 위헌으로 결정되어 해산된 정당에 소속된 국회의원의 자격이나 신분은 자동으로 상실되는 것이 아니라, 위헌정당해산심판의 결정과는 별도로 국회에서 해당 정당에 소속된 국회의원의 자격심사나 제명처분 등의 별도의 조치가 있어야 한다고 본다.[56]

셋째, '절충설'에 대하여 살펴보면 다음과 같다. 이러한 절충설은 전국구 비례대표 국회의원은 정당을 바탕으로 하는 국민의 의사에 의하여 선출되므로, 정당이 해산되는 경우에는 이러한 비례대표 국회의원직을 상실하게 되지만, 지역구 국회의원의 경우에는 정당보다는 후보자의 개인적인 자질과 능력을 기준으로 국민적 의사가 부여되는 것이므로, 헌법 제46조 제2항의 자유위임과 무기속위임의 원칙에 의하여 해당 지역구 국회의원직을 상실하지 않는다고 보는 견해다.[57]

생각건대, 이러한 세 가지의 견해들 중에서 크게 다음과 같은 네 가지의 사유로 '국회의원 자격 자동 상실설'이 타당하다.

첫째, '국회의원 자격 계속 유지설'이 현행 헌법이나 기타의 법률에서 이러한 위헌정당으로 해산시 해당 정당 소속의 국회의원직 상실에 대한 명시적 규정이 없다는 점을 그 근거로 하고 있는 것에 대해서는 다음과 같은 사유로 그 타당성이 희박하다. 즉, 헌법재판소의 위헌정당해산결정으로 인한 국회의원직의 상실 문제는 개인의 불법행위에 기초한 형사처벌의 문제가 아니므로, 죄형법정주의가 적용되어야 하는 것과는 별도의 문제라는 점에 비추어 볼 때,[58] 반드시 헌법재판소의 위헌정당해산결정으로 인한 국회의원직의 상실에 대하여 명시적으로 해당 법 규정이 없다고 하더라도, 위헌정당해산의 결정에 대한 실

55) 계희열, 헌법학(상), 박영사, 2005, 301면; 이준일, 헌법학강의, 홍문사, 2011, 214면; 임지봉, "헌법재판소의 통합진보당 해산결정에 대한 분석과 평가", 법학논총 제33호, 숭실대학교 법학연구소, 2015. 1, 379－380면; 전광석, 전게서, 134면; 헌법재판소, 전게서, 265－266면 등.

56) 김철수, 전게서, 1708－1709면.

57) 김학성, 헌법학원론, 피엔씨미디어, 2015, 171－173면.

58) 장영수, 전게 논문(주 54), 126면.

질적인 헌법의 보호와 국가의 보호를 충실하게 행하기 위해서는 해당 위헌정당에 소속한 국회의원직의 상실에 의한 규제의 가능성을 배제하지 않는 것으로 보는 것이 타당하다.

둘째, '국회의원 자격 계속 유지설'이 위헌정당으로 해산된 정당의 소속 국회의원의 경우에 구체적으로 해당 위헌 정당의 이념과 정책 및 일체성을 필연적으로 가지는 것이 아니라는 점을 그 근거로 하고 있는 것에 대해서는 다음과 같은 사유로 그 타당성이 희박하다. 즉, 해당 위헌정당에 소속되어 있었던 국회의원들 중에서 소속되어 있던 중에 해당 위헌정당의 목적이나 활동에 반대하게 되는 입장의 국회의원들은 정부에 의하여 헌법재판소에 위헌정당해산심판의 제소를 하기 전에 미리 해당 위헌정당에서 탈퇴하여 별도의 자유민주적 기본질서를 침해하지 않는 합헌적 정당을 창당하거나 기존의 합헌적 정당에 들어가거나 무소속 국회의원이 되는 등의 얼마든지 여러 활동들을 할 수 있는 기회가 있었을 것이다. 따라서 이러한 해당 위헌적 정당에서 이러한 탈당이나 당적 변경 내지 무소속으로 되는 등의 기회를 적극 활용하지 않고, 계속해서 해당 위헌적 정당의 소속으로 남아 있었다는 점은 위헌정당으로 해산된 해당 위헌적 정당의 소속 국회의원의 경우에 구체적으로 해당 위헌적 정당의 이념과 정책 및 활동 등에 대한 일체성을 필연적으로 가지는 것으로 볼 수 있는 여지가 크다. 따라서 헌법재판소로부터 위헌정당해산결정을 받은 해당 위헌정당에 소속되어 있는 국회의원직을 상실시키는 것이 타당하다.

셋째, 국민에 의하여 선출된 국회의원이 자신이 소속된 정당과 별개의 독립된 헌법기관으로서 정당의 기속과 무관하게 자유위임 및 무기속위임에 의한 정치활동을 할 수 있는 것은 어디까지나 우리나라 헌법이 추구하는 자유민주적 기본질서를 존중하고 이를 실현하는 경우에 한해서 주장할 수 있는 것이라는 점에 비추어 볼 때, '국회의원 자격 계속 유지설'은 위헌정당해산심판제도가 가지는 특별한 헌법보호의 수단으로서의 의미와 그 기능에 부합하지 않고, 현대 정당국가적 경향에 비추어 볼 때, 유권자는 선거에서 후보자 개인에 대한 판단과 함께 해당 정당에 대하여 투표하는 경향이 강하기 때문에 헌법재판소로부터 위헌정당으로 해산 결정된 소속 국회의원이 의원직을 그대로 유지토록 하는 것은 정당제 민주주의의 원리에 부합하지 않는다고 하겠다.[59] 따라서 헌법재판소

59) 성낙인, 전게서, 246면; 정종섭, 전게서(주 20), 484면.

로부터 위헌정당해산결정을 받은 해당 위헌정당에 소속되어 있는 국회의원직을 상실시키는 것이 타당하다.

넷째, '절충설'에서 비례대표 국회의원과 지역구 국회의원을 구분해서 해당 위헌정당의 해산심판에 의하여 해당 국회의원직의 상실의 유무를 판단하는 것에 대해서는 다음과 같은 사유로 그 타당성이 희박하다. 즉, 헌법 제46조 제2항에 의하여 국회의원에 대한 자유위임이나 무기속위임은 비례대표 국회의원과 지역구 국회의원이든 구분 없이 동일하게 적용된다고 할 것이므로, 국회의원에 대한 자유위임이나 무기속위임을 비례대표 국회의원과 지역구 국회의원이든 구분하여 위헌정당해산심판의 결정에 의한 국회의원직의 상실 유무를 구분하는 것은 그 타당성이 낮다는 점과 헌법재판소에 의하여 위헌으로 결정된 정당에 소속된 비례대표 국회의원이든 지역구 국회의원이든 헌법기관으로서의 지위와 자유위임이나 무기속위임의 지위를 악용해서 위헌적인 정당에 의한 위헌적인 정치활동을 계속하여 우리나라의 자유민주적 기본질서를 해치는 것까지 보호할 필요가 없다는 점[60]에서 '국회의원의 자격 자동 상실설'이 타당하다.

이와 관련하여 독일 연방헌법재판소도 과거 현재 우리나라처럼 위헌정당으로 해산심판결정이 된 정당의 소속 국회의원에 대한 자격상실의 여부에 관한 명시적인 규정을 두고 있지 않은 상태에서 1952년에 사회주의 제국당(SRP)에 대하여 위헌정당해산심판의 판결을 하면서 위헌정당해산심판의 결정 당시에 사회주의 제국당(SRP)에 소속된 연방의회와 주(州) 의회의 국회의원의 자격을 함께 상실토록 하는 선고를 하였다.[61] 이후에 독일 의회는 연방선거법을 개정하여 제46조 제1항 제5호 및 제47조 제1항 제2호에 위헌정당으로 해산된 정당의 소속 국회의원은 자동으로 해당 국회의원직을 상실토록 하는 규정을 명문으로 두고 있다.[62]

향후 우리나라도 독일처럼 조속히 헌법재판소에 의하여 위헌으로 결정되어 해산된 정당에 소속된 비례대표 및 지역구 국회의원과 지방의원의 자격이나 신분을 방어적 민주주의의 관점 하에서 위헌정당해산심판제도의 본래적인 헌법적 의미나 그 취지를 살리기 위해서 국회의원과 지방의원의 자격을 자동으로 상실토록 하는 명시적인 입법을 신설하여, 헌법재판소의 위헌정당해산 결정시

60) 한수웅, 전게서, 1433면.
61) BVerfGE 2,1.
62) 성낙인, 전게서, 247면; 허영, 전게서(주 37), 300-301면.

해당 위헌정당에 소속되어 있는 국회의원과 지방의회의원의 자격을 자동으로 상실 여부의 문제를 가급적 빠른 시간 안에 명확히 입법적으로 해결하는 것이 바람직하다.[63]

(5) 정당법상 정당에 대한 주요 내용

먼저 정당법 제3조에 의하여 정당은 수도에 소재하는 중앙당과 특별시·광역시·도에 각각 소재하는 시·도당(이하에서 “시·도당”으로 줄임)으로 구성한다. 다음으로 정당법 제4조 제1항에 의하여 정당은 중앙당이 중앙선거관리위원회에 등록함으로써 성립한다. 그리고 정당법 제4조 제2항에 의하여 정당법 제4조 제1항의 등록에는 정당법 제17조(법정 시·도당수) 및 정당법 제18조(시·도당의 법정당원수)의 요건을 구비하여야 한다.

이와 관련하여 헌법재판소는 2006년 3월 30일에 정당의 등록제도에 대하여 “정당법은 제4조 제1항에서 정당의 등록을 정당설립의 요건으로 규정하고 있다. 따라서 어떤 정치적 결사가 비록 국민의 정치적 의사형성에 참여하려는 의도를 가지고 정당으로 활동하고자 하더라도 중앙선거관리위원회에 정당으로 등록되지 않는 한, 정당법상의 정당으로 인정받지 못하게 된다. 정당등록제도는 정당임을 자처하는 정치적 결사가 일정한 법률상의 요건을 갖추어 관할 행정기관에 등록을 신청하고, 이 요건이 충족된 경우에 정당 등록부에 등록하여 비로소 그 결사가 정당임을 법적으로 확인시켜 주는 제도이다. 이러한 정당의 등록제도는 어떤 정치적인 결사체가 정당에 해당되는지의 여부를 쉽게 확인할 수 있게 해 주며, 이에 따라 정당에게 부여되는 법률상의 권리·의무관계도 비교적 명확하게 판단할 수 있게 해 준다. 이러한 점에서 정당의 등록제도는 법적 안정성과 확실성에 기여한다고 평가할 수 있다.”라고 판시하였다.[64]

---

63) 우리나라 헌법재판소는 2013헌다1 결정에서 지방의회의원에 대해서는 청구인 측에서 지방의회 의원의 자격 상실을 명시적으로 청구하지 않았기 때문에 이에 대한 판단을 하지 않았다. 다만 중앙선거관리위원회는 위헌정당으로 해산된 통합진보당 소속의 비례대표 지방의회의원의 자격을 상실하는 결정을 내렸을 뿐, 지역구 지방의회의원의 자격은 명문의 규정이 없다는 이유로 해당 지역구 지방의회의원직을 유지하는 것으로 하였다. 이에 대하여 해당 통합진보당 소속의 비례대표 지방의회의원직과 지역구 지방의회의원은 모두 유권자로부터 국회의원과 동일한 선출직인 공무원이라는 점에서 국회의원과 지방의원 사이에 차별을 두는 것은 바람직하지 않다는 점에서 해당 통합진보당 소속의 비례대표 지방의회의원직과 지역구 지방의회의원직을 모두 상실시켜야 한다고 보는 것이 타당하다. 성낙인, 전게서, 247면.

64) 헌재 2006. 3. 30, 2004헌마246.

다음으로 정당법 제6조에 의하여 정당의 창당준비위원회는 중앙당의 경우에는 200명 이상의 발기인, 시·도당의 경우에는 100명 이상의 발기인으로 각각 구성한다. 정당법 제15조에 의하여 등록신청을 받은 관할 선거관리위원회는 형식적 요건을 구비하는 한, 이를 거부하지 못한다. 다만 형식적 요건을 구비하지 못한 때에는 상당한 기간을 정하여 그 보완을 명하고, 2회 이상 보완을 명하여도 응하지 아니할 때에는 그 신청을 각하할 수 있다. 정당법 제17조에 의하여 정당은 5개 이상의 시·도당을 가져야 하고, 정당법 제18조 제1항에 의하여 시·도당은 1,000명 이상의 당원을 가져야 하며, 정당법 제18조 제2항에 의하여 정당법 제18조 제1항의 규정에 의한 법정당원 수에 해당하는 수의 당원은 당해 시·도당의 관할구역 안에 주소를 두어야 한다.

그리고 정당법 제22조 제1항에 의하여 국회의원 선거권이 있는 자는 공무원 그 밖에 그 신분을 이유로 정당가입이나 정치활동을 금지하는 다른 법령의 규정에 불구하고 누구든지 정당의 발기인 및 당원이 될 수 있다. 다만 대통령, 국무총리, 국무위원, 국회의원, 지방의회의원, 선거에 의하여 취임하는 지방자치단체의 장, 국회 부의장의 수석비서관·비서관·비서·행정보조요원, 국회 상임위원회·예산결산특별위원회·윤리특별위원회 위원장의 행정보조요원, 국회의원의 보좌관·비서관·비서, 국회 교섭단체대표의원의 행정비서관, 국회 교섭단체의 정책연구위원·행정보조요원과 고등교육법 제14조 제1항과 제2항[65]에 따른 교원을 제외한 국가공무원법 제2조[66] 또는 지방공무원법 제2조[67]에 규정

65) 고등교육법 제14조에서는 "제1항: 학교(각종 학교는 제외한다)에는 학교의 장으로서 총장 또는 학장을 둔다. 제2항: 학교에 두는 교원은 제1항에 따른 총장이나 학장 외에 교수·부교수·조교수 및 강사로 구분한다."라고 규정하고 있다.

66) 국가공무원법 제2조에서는 "제1항: 국가공무원(이하에서 "공무원"으로 줄임)은 경력직공무원과 특수경력직공무원으로 구분한다. 제2항: 경력직공무원이란, 실적과 자격에 따라 임용되고 그 신분이 보장되며 평생 동안(근무기간을 정하여 임용하는 공무원의 경우에는 그 기간 동안을 말한다) 공무원으로 근무할 것이 예정되는 공무원을 말하며, 그 종류는 다음 각 호와 같다. 1. 일반직공무원: 기술·연구 또는 행정 일반에 대한 업무를 담당하는 공무원, 2. 특정직공무원: 법관, 검사, 외무공무원, 경찰공무원, 소방공무원, 교육공 무원, 군인, 군무원, 헌법재판소 헌법연구관, 국가정보원의 직원, 경호공무원과 특수 분야의 업무를 담당하는 공무원으로서 다른 법률에서 특정직공무원으로 지정하는 공무원, 제3항: 특수경력직공무원이란, 경력직공무원 외의 공무원을 말하며, 그 종류는 다음 각 호와 같다. 1. 정무직공무원, 가. 선거로 취임하거나 임명할 때 국회의 동의가 필요한 공무원, 나. 고도의 정책결정 업무를 담당하거나 이러한 업무를 보조하는 공무원으로서 법률이나 대통령령(대통령비서실 및 국가안보실의 조직에 관한 대통령령만 해당한다)에서 정무직으로 지정하는 공무원, 2. 별정직공무원: 비서관·비서 등 보좌업무 등을 수행하거나 특정한 업무 수행을 위하여 법령에서 별정직으로 지정하는 공무원, 제4항: 제3항에 따른 별정직공무원의 채용조건·임용절차·근무상한연령, 그밖에 필요한 사항은

된 공무원과 고등교육법 제14조 제1항과 제2항에 따른 교원을 제외한 사립학교의 교원 및 법령의 규정에 의하여 공무원의 신분을 가진 자는 각각 정당의 발기인 및 당원이 될 수 없으며, 정당법 제22조 제2항에 의하여 대한민국 국민이 아닌 자는 정당의 당원이 될 수 없다.

그리고 정당법 제33조에 의하여 정당이 그 소속 국회의원을 제명하기 위해서는 당헌이 정하는 절차를 거치는 외에 그 소속 국회의원 전원의 2분의 1 이상의 찬성이 있어야 하고, 정당법 제37조 제3항에 의하여 정당은 국회의원 지역구 및 자치구·시·군, 읍·면·동별로 당원협의회를 둘 수 있다. 다만 누구든지 시·도당 하부조직의 운영을 위하여 당원협의회 등의 사무소를 둘 수 없다. 또한 정당법 제44조 제1항에 의하여 정당이 a) 정당법 제17조(법정 시·도당 수) 및 정당법 제18조(시·도당의 법정 당원 수)의 요건을 구비하지 못하게 된 때[68] 및 b) 최근 4년간 임기만료에 의한 국회의원 선거 또는 임기만료에 의한 지방자치단체의 장 선거나 시·도의회의원 선거에 참여하지 아니한 때와 c) 임기만료에 의한 국회의원선거에 참여하여 의석을 얻지 못하고, 유효투표총수의 100분의 2 이상을 득표하지 못한 때에는 당해 선거관리위원회는 그 등록을 취소하며, 정당법 제44조 제2항에 의하여 정당법 제44조 제1항에 의하여 정당이 등록을 취소한 때에는 당해 선거관리위원회는 지체 없이 그 뜻을 공고해야 한다.

또한 정당법 제45조 제1항에 의하여 정당은 그 대의기관의 결의로써 해산

국회규칙, 대법원규칙, 헌법재판소규칙, 중앙선거관리위원회규칙 또는 대통령령(이하에서 "대통령령 등"으로 줄임)으로 정한다."라고 규정하고 있다.

67) 지방공무원법 제2조에서는 "제1항: 지방자치단체의 공무원(지방자치단체가 경비를 부담하는 지방공무원을 말하며, 이하에서 "공무원"으로 줄임)은 경력직공무원과 특수경력직공무원으로 구분한다. 제2항: 경력직공무원이란, 실적과 자격에 따라 임용되고 그 신분이 보장되며 평생동안(근무기간을 정하여 임용하는 공무원의 경우에는 그 기간 동안을 말한다) 공무원으로 근무할 것이 예정되는 공무원을 말하며, 그 종류는 다음 각 호와 같다. 1. 일반직공무원: 기술·연구 또는 행정 일반에 대한 업무를 담당하는 공무원, 2. 특정직공무원: 공립 대학 및 전문대학에 근무하는 교육공무원, 교육감 소속의 교육전문직원 및 자치경찰공무원과 그 밖에 특수 분야의 업무를 담당하는 공무원으로서 다른 법률에서 특정직공무원으로 지정하는 공무원, 제3항: 특수경력직공무원이란, 경력직공무원 외의 공무원을 말하며, 그 종류는 다음 각 호와 같다. 1. 정무직공무원, 가. 선거로 취임하거나 임명할 때 지방의회의 동의가 필요한 공무원, 나. 고도의 정책결정업무를 담당하거나 이러한 업무를 보조하는 공무원으로서 법령 또는 조례에서 정무직으로 지정하는 공무원, 2. 별정직공무원: 비서관·비서 등 보좌업무 등을 수행하거나 특정한 업무 수행을 위하여 법령에서 별정직으로 지정하는 공무원, 제4항: 제3항에 따른 별정직공무원의 임용조건, 임용절차, 근무 상한연령, 그 밖에 필요한 사항은 대통령령 또는 조례로 정한다.

68) 다만 요건의 흠결이 공직선거의 선거일 전 3월 이내에 생긴 때에는 선거일 후 3월까지, 그 외의 경우에는 요건 흠결시부터 3월까지 그 취소를 유예한다.

할 수 있고, 정당법 제45조 제2항에 의하여 정당법 제45조 제1항의 규정에 의하여 정당이 해산한 때에는 그 대표자는 지체 없이 그 뜻을 관할 선거관리위원회에 신고해야 하며, 정당법 제48조 제1항에 의하여 정당이 정당법 제44조 제1항의 규정에 의하여 등록이 취소되거나 또는 정당법 제45조의 규정에 의하여 자진해산한 때에는 그 잔여재산은 당헌이 정하는 바에 따라 처분한다.

이밖에 정당법 제48조 제2항에 의하여 정당법 제48조 제1항의 규정에 의하여 처분되지 아니한 정당의 잔여재산 및 헌법재판소의 해산결정에 의하여 해산된 정당의 잔여재산은 국고에 귀속시키고, 정당법 제41조 제1항에 의하여 정당법에 의해 등록된 정당이 아니면 그 명칭에 정당임을 표시하는 문자를 사용하지 못하며, 정당법 제41조 제2항에 의하여 헌법재판소의 결정에 의하여 해산된 정당의 명칭은 다시 정당의 명칭으로 사용하지 못한다.

제 3 절 선거제도

1. 선거의 의미와 기능

(1) 선거의 의미

'선거'란, 국민이 일정한 선거절차에 따라 국가권력에 민주주의적 정당성을 부여하고, 각 공적인 업무에 적합한 인물을 선출하여 배정하는 것으로, 대의제도를 구성하는 개념요소이며, 이를 실현하는 수단이다.[69] 이러한 선거는 민주적 정당성을 확보할 수 있게 해 준다는 점에서 오늘날 국가가 대의민주주의를 실현하는데 있어서 선거는 필수 불가결한 행위이다.[70]

즉, 선거는 주권자인 국민이 그 주권을 행사하는 통로이므로, 선거제도는 국민의 의사를 제대로 반영해야 하고, 국민의 자유로운 선택을 보장해야 하며, 정당의 공직선거 후보자의 결정 과정이 민주적이어야 한다. 만약 그렇지 않으면 국민주권의 원리와 민주주의의 원리에 부합하지 않게 된다.[71]

---

69) 정종섭, 전게서(주 38), 910면, 916면.
70) 허영, 전게서(주 29), 780면.
71) 헌재 2001. 7. 19, 2000헌마91·112·134(병합).

(2) 선거의 기능

선거는 국민이 주권자로서 직접 국가의사를 형성하는 가장 중요한 수단이 된다는 기능도 있지만, 헌법 제41조 제1항과 헌법 제67조 제1항 등에 의하여 대의기관구성권과 국가의사결정권이 분리되고, 헌법 제46조 제2항에 의하여 국회의원의 국가의사 결정권에 대한 자유위임이나 무기속위임 등을 근간으로 하는 우리나라 헌법이 추구하는 대의민주주의의 통치 질서에서 선거는 주권자인 국민이 그들의 대의기관을 구성하는 민주적인 방법인 동시에 통치기관으로 하여금 민주적인 정당성을 확보할 수 있도록 해 주어, 대의민주주의를 실현하고 책임정치를 보장하는 수단이라는데 그 본질적인 기능이 있다. 따라서 대의민주주의를 실현하는 수단으로서 선거제도를 입법자가 구체적으로 형성함에 있어서는 국민의 의사가 대의기관의 구성에 굴절 없이 반영되고, 선거를 통하여 구성된 대의기관이 행사하는 권한에 상응하는 크기의 민주적 정당성이 부여될 수 있는 제도적 장치를 마련하는 것이 무엇보다도 중요하다고 할 것이다.[72)]

2. 선거의 기본원칙

(1) 헌법 및 헌법재판소 판례에 의한 선거의 기본원칙

우리나라 헌법 제41조 제1항에서는 "국회는 국민의 보통·평등·직접·비밀선거에 의하여 선출된 국회의원으로 구성한다."라고 규정하고 있고, 헌법 제67조 제1항에서는 "대통령은 국민의 보통·평등·직접·비밀선거에 의하여 선출한다."라고 규정하고 있다.

이렇듯 우리나라 헌법에서는 명시적으로 보통·평등·직접·비밀선거의 원칙의 네 가지만 선거의 기본원칙으로 규정하고 있다. 그러나 헌법재판소는 '자유선거의 원칙'도 우리나라 헌법상 명시적으로 보장하는 규정은 없지만, 선거의 기본원칙에 포함된다고 판시하였다.[73)] 따라서 이러한 자유선거의 원칙을 포함하여 우리나라의 헌법상 선거의 기본원칙에는 보통·평등·직접·비밀·자유선거의 원칙으로 총 다섯 가지의 원칙이 있다고 하겠다. 이하에서는 이러한 다섯 가

72) 헌재 2003. 8. 21, 2001헌마687·691(병합).
73) 헌재 1989. 9. 8, 88헌가6; 헌재 1994. 7. 29, 93헌가4·6(병합).

지의 선거의 기본원칙들에 대하여 각각 살펴보겠다.

(2) 보통선거의 원칙

'보통선거의 원칙'이란, 선거권자의 성별, 재산, 학력, 사회적 지위, 인종, 종교 등에 의하여 차별을 하지 않고, 성년자라면 누구라도 당연히 선거권과 피선거권을 부여하는 것을 뜻한다.

따라서 선거권자의 국적과 연령 및 선거인의 의사능력 등 선거권 및 선거제도의 본질상 요청되는 사유에 의한 내재적인 제한을 제외하고, 보통선거의 원칙에 위반되는 선거권에 대한 제한 입법을 하기 위해서는 기본권의 제한 입법에 관한 헌법 제37조 제2항의 규정에 따라야 한다.[74]

이와 관련하여 헌법재판소는 "… 실질적인 주권행사인 선거와 입후보의 자유마저 무력화시킬 수 있고, 대다수의 국민이 쉽게 조달할 수 없는 과다한 기탁금액을 기준으로 입후보의 기회를 제한함으로써 국회에 진출할 수 있는 길을 봉쇄하고, 차등선거의 유물을 외국의 입법례에도 있다고 해서 보통선거제도 하에서는 있을 수 없는 불평등한 선거법 조항을 만들어 국민의 참정권을 지나치게 제한하고 있다면 헌법에 보장된 실질적인 국민주권과 국민대표제의 본질을 침해하는 것이라고 아니할 수 없다."라고 판시하였다.[75] 참고로 이러한 '보통선거의 원칙'의 반대 개념은 '제한선거의 원칙'이다.

(3) 평등선거의 원칙

'평등선거의 원칙'이란, 헌법 제11조 제1항의 평등의 원칙이 선거제도에 적용된 것으로서, 투표의 수적 평등, 즉 '1인 1표의 원칙'과 '투표의 가치 평등의 원칙', 즉 1표의 투표 가치가 대표자 선정이라는 선거의 결과에 대하여 기여한 정도에 있어서도 평등해야 한다는 원칙을 그 내용으로 할 뿐만 아니라,[76] 일정한 집단의 의사가 정치 과정에서 반영될 수 없도록 차별적으로 선거구를 획정하는 소위 '게리맨더링'을 부정하는 것을 뜻한다. 따라서 대의제 민주주의에 있어서 선거제도를 구체화하는데 있어서는 무엇보다도 선출된 대표자를 통하여 국민의 정치적인 의사가 공정하고도 효과적으로 반영되도록 하는 것이 중요하

74) 헌재 1999. 1. 28, 97헌마253·270(병합).
75) 헌재 1989. 9. 8, 88헌가6.
76) 헌재 1995. 12. 27, 95헌마224·239·285·373(병합).

다고 할 것이다.[77)]

국회가 선거구를 획정함에 있어서 1인 1표의 원칙과 투표의 가치 평등의 원칙을 고려한 선거구 간의 인구의 균형 뿐만 아니라, 우리나라의 행정구역·지세·교통사정·생활권 내지 역사적·전통적인 일체감 등 여러 가지 정책적·기술적 요소들을 고려하여 입법할 수 있는 입법형성의 자유를 가진다고 할 것이다.[78)]

이와 관련하여 헌법재판소는 1989년 9월 8일에 "정당추천 후보자와 무소속 후보자의 기탁금에 1,000만원과 2,000만원의 차등을 둔 것은 정당인과 비정당인을 불합리하게 차별하는 것으로, 헌법 제41조의 선거원칙에 반하고 헌법 제11조의 평등 보호 규정에 위반된다."라고 판시하였다.[79)]

한편 헌법재판소는 1995년 12월 27일에 선거구의 획정시 인구 편차의 문제에 대하여 "선거구의 획정에 있어서는 인구 비례의 원칙이 가장 중요하고 기본적인 기준이며, 평등 선거의 원칙을 엄격히 적용하는 경우에는 적어도 최대 선거구의 인구수가 최소 선거구의 인구수의 2배 이상인 때 위헌이라고 한다면, 그 여타의 제2차적 고려요소를 아무리 크게 고려한다고 하더라도 그 갑절인 4배를 넘는 경우, 즉 최대 선거구와 최소 선거구의 인구 비율이 4:1을 넘는 경우에는 헌법 합치적 설명이 불가능할 것이고, 이를 전국 선거구의 평균 인구수를 기준으로 하여 그 상하의 편차를 계산하면 그 평균 인구수의 상하 60%의 편차(최대 선거구와 최소 선거구의 인구비율이 4:1)가 되므로, 이러한 평균 인구수 기준 상하 60%의 편차(최대 선거구와 최소 선거구의 인구비율이 4:1)는 상당한 정도의 합리적 근거가 있다고 생각한다."라고 판시하였다.[80)]

그러나 이후 헌법재판소는 2001년 10월 25일에 선거구의 획정시 인구 편차 문제에 대하여 "우리 재판소가 선거구획정에 따른 선거구 간의 인구 편차의 문제를 다루기 시작한지 겨우 5년여가 지난 현재의 시점에서 너무 이상에 치우친 나머지 현실적인 문제를 전적으로 도외시하기는 어렵다고 할 것이어서, 이번에

77) 헌재 1998. 11. 26, 96헌마74·83·111(병합).
78) 헌재 1998. 11. 26, 96헌마74·83·111(병합).
79) 헌재 1989. 9. 8, 88헌가6.
80) 헌재 1995. 12. 27, 95헌마224·239·285·373(병합). 헌법재판소는 이 판례에서 이러한 선거구 획정의 기준에 의하여 "이 사건의 경우에 '부산 해운대구·기장군 선거구'와 '서울 강남구 을선거구'는 전국 선거구의 평균 인구수(175,460명, 1995. 6. 30. 현재)에서 상하 60%의 편차(상한 280,736명, 하한 70,184명)를 넘어선 것으로서, 위 각 선거구의 획정은 국회의 재량의 한계를 일탈한 것이므로 위헌이라고 보아야 할 것이다."라고 판시하였다. 헌재 1995. 12. 27, 95헌마224·239·285·373(병합).

는 평균 인구수 기준 상하 50%의 편차(최대 선거구와 최소 선거구의 인구비율이 3:1)를 기준으로 위헌 여부를 판단하기로 한다. 그러나 앞으로 상당한 기간이 지난 후에는 인구 편차가 상하 33.3%(최대 선거구와 최소 선거구의 인구비율이 2:1) 또는 그 미만의 기준에 따라 위헌 여부를 판단하여야 할 것이다."라고 판시하였다.[81)]

그러나 다시 이후 헌법재판소는 2014년 10월 30일에 다시 선거구의 획정시 인구 편차의 문제에 대하여 "인구 편차 상하 $33\frac{1}{3}$%(최대 선거구와 최소 선거구의 인구비율이 2:1)를 넘어 인구 편차를 완화하는 것은 지나친 투표가치의 불평등을 야기하는 것으로, 이는 대의민주주의의 관점에서 바람직하지 아니하고, 국회를 구성함에 있어서 국회의원의 지역 대표성이 고려되어야 한다고 할지라도 이것이 국민주권주의의 출발점인 투표가치의 평등보다 우선시 될 수는 없다. 특히, 현재는 지방자치제도가 정착되어 지역 대표성을 이유로 헌법상 원칙인 투표가치의 평등을 현저히 완화할 필요성이 예전에 비하여 크지 않다. 또한 인구 편차의 허용 기준을 완화하면 할수록 과대 대표되는 지역과 과소 대표되는 지역이 생길 가능성 또한 높아지는바, 이는 지역정당의 구조를 심화시키는 부작용을 야기할 수 있다. 같은 농·어촌 지역 사이에서도 나타날 수 있는 이와 같은 불균형은 농·어촌 지역의 합리적인 변화를 저해할 수 있으며, 국토의 균형 발전에도 도움이 되지 아니한다. 나아가, 인구 편차의 허용 기준을 점차로 엄격하게 하는 것이 외국의 판례와 입법추세임을 고려할 때, 우리도 인구 편차의 허용 기준을 엄격하게 하는 일을 더 이상 미룰 수 없다. 이러한 사정들을 고려할 때, 현재의 시점에서 헌법이 허용하는 인구 편차의 기준을 인구 편차 상하 $33\frac{1}{3}$%(최대 선거구와 최소 선거구의 인구비율이 2:1)를 넘어서지 않는 것으로 봄이 타당하다."라고 판시하였다.[82)] 참고로 이러한 '평등선거의 원칙'의 반대 개념은 '차

---

81) 헌재 2001. 10. 25. 2000헌마92·240(병합). 헌법재판소는 이 판례에서 이러한 선거구 획정의 기준에 의하여 "경기 안양시 동안구 선거구의 경우 전국 선거구의 평균 인구수로부터 +57%의 편차를 보이고 있으므로, 그 선거구의 획정은 국회의 재량의 범위를 일탈한 것으로서, 이 사건 청구인의 헌법상 보장된 선거권 및 평등권을 침해하는 것임이 분명하다."라고 판시하였다. 헌재 2001. 10. 25. 2000헌마92·240(병합).

82) 헌재 2014. 10. 30. 2012헌마190·192·211·262·325, 2013헌마781, 2014헌마53(병합). 헌법재판소는 이 판례에서 이러한 선거구 획정의 기준에 의하여 "공직선거법(2012. 2. 29. 법률 제11374호로 개정된 것) 제25조 제2항 별표 1 국회의원 지역선거구 구역표 중 대전광역시 동구 선거구 부분, 경기도 수원시 병선거구 부분, 경기도 용인시 갑선거구 부분, 경기도 용인시 을선거구 부분, 충청남도 천안시 갑선거구 부분, 충청남도 천안시 을선거구 부분, 충청북도 청주시 상당구 선거구 부분, 서울특별시 강남구 갑선거구 부분, 서울특별시 강서구 갑선거구 부분, 인천광역시 남동구 갑선거구 부분 중 인구편차 상하 $33\frac{1}{3}$%의 기준을 넘어서는 선거구에 관한 부분은

등선거의 원칙'이다.

(4) 직접선거의 원칙

'직접선거의 원칙'이란, 선거의 결과가 선거권자의 투표에 의하여 직접 결정될 것을 요구하는 원칙을 뜻한다. 이러한 직접선거의 원칙을 국회의원선거와 관련하여 살펴보면 국회의원의 선출이나 정당의 의석획득이 중간선거인이나 정당 등에 의하여 이루어지지 않고 선거권자의 의사에 따라 직접 이루어져야 함을 뜻한다.[83)]

이와 관련하여 헌법재판소는 2001년 7월 19일에 비례대표 의원선거에 대하여 지역구 의원의 선거와 별도의 정당명부가 없는 문제에 대하여 "비례대표 의원의 선거는 지역구 의원의 선거와는 별도의 선거이므로, 이에 관한 유권자의 별도의 의사표시, 즉 정당명부에 대한 별도의 투표가 있어야 함에도 현행제도는 정당명부에 대한 투표가 따로 없으므로, 결국 비례대표 의원의 선출에 있어서는 정당의 명부작성행위가 최종적·결정적인 의의를 지니게 되고, 선거권자들의 투표행위로써 비례대표 의원의 선출을 직접·결정적으로 좌우할 수 없으므로, 직접선거의 원칙에 위반된다."라고 판시하였다.[84)] 참고로 이러한 '직접선거의 원칙'의 반대 개념은 '간접선거의 원칙'이다.

(5) 비밀선거의 원칙

'비밀선거의 원칙'이란, 선거인이 누구에게 투표를 했는지에 대하여 제3자가 알지 못하게 하는 것을 뜻한다.[85)]

이와 관련하여 공직선거법 제167조에서는 "제1항: 투표의 비밀은 보장되어야 한다. 제2항: 선거인은 투표한 후보자의 성명이나 정당명을 누구에게도 또한 어떠한 경우에도 진술할 의무가 없으며, 누구든지 선거일의 투표마감시각까지 이를 질문하거나 그 진술을 요구할 수 없다. 다만 텔레비전방송국·라디오방송국·신문 등의 진흥에 관한 법률 제2조 제1호 가목 및 나목[86)]에 따른 일간신문

위 선거구가 속한 지역에 주민등록을 마친 청구인들의 선거권 및 평등권을 침해한다."라고 판시하였다. 헌재 2014. 10. 30. 2012헌마190·192·211·262·325, 2013헌마781, 2014헌마53(병합).

83) 헌재 2001. 7. 19, 2000헌마91·112·134(병합).

84) 헌재 2001. 7. 19, 2000헌마91·112·134(병합).

85) 권영성, 전게서, 206면.

86) 신문 등의 진흥에 관한 법률 제2조 제1호 가목 및 나목에서는 "이 법에서 사용하는 용어의 정

사가 선거의 결과를 예상하기 위하여 선거일에 투표소로부터 50미터 밖에서 투표의 비밀이 침해되지 않는 방법으로 질문하는 경우에는 그러하지 아니하며, 이 경우 투표마감시각까지 그 경위와 결과를 공표할 수 없다. 제3항: 선거인은 자신이 기표한 투표지를 공개할 수 없으며, 공개된 투표지는 무효로 한다."라고 규정하고 있다. 참고로 이러한 '비밀선거의 원칙'의 반대 개념은 '공개선거의 원칙'이다.

(6) 자유선거의 원칙

'자유선거의 원칙'이란, 민주국가의 선거제도에 내재하는 법 원리로서, 국민주권의 원리와 의회민주주의의 원리 및 참정권에 관한 규정에서 그 근거를 찾을 수 있다. 이러한 자유선거의 원칙은 선거의 전 과정에 요구되는 선거권자의 의사형성의 자유와 의사실현의 자유를 뜻하고, 구체적으로는 투표의 자유, 입후보의 자유, 나아가 선거운동의 자유를 뜻한다.[87] 참고로 이러한 '자유선거의 원칙'의 반대 개념은 '강제선거의 원칙'이다.

3. 대표제와 선거구제

선거에 있어서 '대표제'란, 해당 선거구에서 의원을 당선과 확정을 결정하는 방식, 즉, 의원정수를 배분하는 방식을 뜻한다. 그리고 선거에 있어서 '선거구제'란, 선거인단을 지역단위로 분할하는 방식을 뜻한다.[88]

먼저 '대표제'에는 1개의 선거구에서 유권자의 다수표를 얻은 선거후보자만 국민 대표로 당선된 것으로 보아 유권자의 소수표를 얻은 선거후보자는 국민 대표가 될 수 없는 '다수대표제'가 있다. 그리고 1개의 선거구에서 2명 이상의 국민 대표를 선출할 수 있어서 유권자의 소수표를 얻은 선거후보자도 국민 대표가 될 수 있는 '소수대표제'가 있다.

의는 다음과 같다. 1. '신문'이란, 정치·경제·사회·문화·산업·과학·종교·교육·체육 등 전체 분야 또는 특정 분야에 관한 보도·논평·여론 및 정보 등을 전파하기 위하여 같은 명칭으로 월 2회 이상 발행하는 간행물로서 다음 각 목의 것을 말한다. 가. 일반일간신문: 정치·경제·사회·문화 등에 관한 보도·논평 및 여론 등을 전파하기 위하여 매일 발행하는 간행물, 나. 특수일간신문: 산업·과학·종교·교육 또는 체육 등 특정 분야(정치를 제외한다)에 국한된 사항의 보도·논평 및 여론 등을 전파하기 위하여 매일 발행하는 간행물"라고 규정하고 있다.

87) 헌재 1994. 7. 29, 93헌가4·6(병합).

88) 정종섭, 전게서(주 38), 925면, 930면.

한편 '선거구제'에는 1개의 선거구에서 1명의 대표자를 선출하는 제도인 '소선거구제'와 1개의 선거구에서 2명－4명의 대표자를 선출하는 제도인 '중선거구제' 및 1개의 선거구에서 5명 이상의 대표자를 선출하는 제도인 '대선거구제'가 있다.

4. 공직선거법상 선거제도의 주요 내용

(1) 선거권과 피선거권

1) 선거권

선거권에 대하여 공직선거법 제15조에서는 "제1항: 18세 이상의 국민은 대통령 및 국회의원의 선거권이 있다. 다만 지역구 국회의원의 선거권은 18세 이상의 국민으로서 제37조 제1항에 따른 선거인 명부 작성 기준일 현재 다음 각 호의 어느 하나에 해당하는 사람에 한하여 인정된다. 1. 주민등록법 제6조 제1항 제1호 또는 제2호[89]에 해당하는 사람으로서 해당 국회의원 지역 선거구 안에 주민등록이 되어 있는 사람, 2. 주민등록법 제6조 제1항 제3호[90]에 해당하는 사람으로서 주민등록표에 3개월 이상 계속하여 올라 있고 해당 국회의원 지역 선거구 안에 주민등록이 되어 있는 사람, 제2항: 18세 이상으로서 제37조 제1항에 따른 선거인 명부 작성 기준일 현재 다음 각 호의 어느 하나에 해당하는 사람은 그 구역에서 선거하는 지방자치단체의 의회의원 및 장의 선거권이 있다. 1. 주민등록법 제6조 제1항 제1호 또는 제2호에 해당하는 사람으로서 해당 지방자치단체의 관할 구역에 주민등록이 되어 있는 사람, 2. 주민등록법 제6조 제1항 제3호에 해당하는 사람으로서 주민등록표에 3개월 이상 계속하여 올라 있고 해당 지방자치단체의 관할구역에 주민등록이 되어 있는 사람, 3. 출입국관리

89) 주민등록법 제6조 제1항 제1호 및 제2호에서는 "시장·군수 또는 구청장은 30일 이상 거주할 목적으로 그 관할 구역에 주소나 거소(이하에서 "거주지"로 줄임)를 가진 다음 각 호의 사람(이하에서 "주민"으로 줄임)을 이 법의 규정에 따라 등록하여야 한다. 다만 외국인은 예외로 한다. 1. 거주자: 거주지가 분명한 사람(제3호의 재외국민은 제외한다), 2. 거주불명자: 제20조 제6항에 따라 거주불명으로 등록된 사람"이라고 규정하고 있다.

90) 주민등록법 제6조 제1항 제3호에서는 "재외국민: 재외동포의 출입국과 법적 지위에 관한 법률 제2조 제1호에 따른 국민으로서 해외이주법 제12조에 따른 영주귀국의 신고를 하지 아니한 사람 중 다음 각 목의 어느 하나의 경우, 가. 주민등록이 말소되었던 사람이 귀국 후 재등록 신고를 하는 경우, 나. 주민등록이 없었던 사람이 귀국 후 최초로 주민등록 신고를 하는 경우"라고 규정하고 있다.

법 제10조[91]에 따른 영주의 체류자격 취득일 후 3년이 경과한 외국인으로서 같은 법 제34조[92]에 따라 해당 지방자치단체의 외국인 등록대장에 올라 있는 사람"이라고 규정하고 있다.

2) 피선거권

피선거권에 대하여 공직선거법 제16조에서는 "제1항: 선거일 현재 5년 이상 국내에 거주하고 있는 40세 이상의 국민은 대통령의 피선거권이 있다. 이 경우 공무로 외국에 파견된 기간과 국내에 주소를 두고 일정기간 외국에 체류한 기간은 국내 거주기간으로 본다. 제2항: 25세 이상의 국민은 국회의원의 피선거권이 있다. 제3항: 선거일 현재 계속하여 60일 이상(공무로 외국에 파견되어 선거일전 60일 후에 귀국한 자는 선거인 명부 작성 기준일부터 계속하여 선거일까지) 해당 지방자치단체의 관할구역에 주민등록이 되어 있는 주민으로서 25세 이상의 국민은 그 지방의회의원 및 지방자치단체의 장의 피선거권이 있다. 이 경우 60일의 기간은 그 지방자치단체의 설치·폐지·분할·합병 또는 구역변경(제28조 각 호의 어느 하나에 따른 구역변경을 포함한다)에 의하여 중단되지 아니한다. 제4항: 제3항 전단의 경우에 지방자치단체의 사무소 소재지가 다른 지방자치단체의 관할 구역에 있어 해당 지방자치단체의 장의 주민등록이 다른 지방자치단체의 관할 구역에 있게 된 때에는 해당 지방자치단체의 관할 구역에 주민등록이 되어 있는 것으로 본다."라고 규정하고 있다.

(2) 선거일

선거일에 대하여 공직선거법 제34조에서는 "제1항: 임기만료에 의한 선거의 선거일은 다음 각호와 같다. 1. 대통령 선거는 그 임기만료일 전 70일 이후

---

91) 출입국관리법 제10조에서는 "입국하려는 외국인은 다음 각 호의 어느 하나에 해당하는 체류자격을 가져야 한다. 1. 일반체류자격: 이 법에 따라 대한민국에 체류할 수 있는 기간이 제한되는 체류자격, 2. 영주자격: 대한민국에 영주(永住)할 수 있는 체류자격"이라고 규정하고 있다.

92) 출입국관리법 제34조에서는 "제1항: 제31조에 따라 외국인등록을 받은 지방출입국·외국인관서의 장은 등록외국인기록표를 작성·비치하고, 외국인등록표를 작성하여 그 외국인이 체류하는 시(제주특별자치도 설치 및 국제자유도시 조성을 위한 특별법 제10조에 따른 행정시를 포함하며, 특별시와 광역시는 제외한다)·군·구(자치구가 아닌 구를 포함한다) 및 읍·면·동의 장에게 보내야 한다. 제2항: 시·군·구 및 읍·면·동의 장은 제1항에 따라 외국인등록표를 받았을 때에는 그 등록사항을 외국인등록대장에 적어 관리하여야 한다. 제3항: 등록외국인기록표, 외국인등록표 및 외국인등록대장의 작성과 관리에 필요한 사항은 대통령령으로 정한다."라고 규정하고 있다.

첫 번째 수요일, 2. 국회의원 선거는 그 임기만료일 전 50일 이후 첫 번째 수요일, 3. 지방의회의원 및 지방자치단체의 장의 선거는 그 임기만료일전 30일 이후 첫 번째 수요일, 제2항: 제1항의 규정에 의한 선거일이 국민생활과 밀접한 관련이 있는 민속절 또는 공휴일인 때와 선거일 전일이나 그 다음날이 공휴일인 때에는 그 다음 주의 수요일로 한다.

그리고 대통령의 궐위로 인한 선거와 보궐선거, 재선거, 증원선거와 지방자치단체의 설치·폐지·분할 또는 합병에 의한 지방자치단체의 장 선거 등의 선거일에 대해서는 공직선거법 제35조에서 규정하고 있다.

(3) 선거 후보자의 추천과 기탁금 및 등록

1) 선거 후보자의 추천

가. 정당의 선거 후보자 추천

공직선거법 제47조 제1항에 의하여 정당은 선거에 있어서 선거구별로 선거할 정수 범위 안에서 그 소속당원을 후보자(이하에서 "정당추천 후보자"로 줄임)로 추천할 수 있다. 다만 비례대표 자치구·시·군의원의 경우에는 그 정수 범위를 초과하여 추천할 수 있다.

그리고 공직선거법 제47조 제2항에 의하여 정당이 공직선거법 제47조 제1항의 규정에 따라 후보자를 추천하는 때에는 민주적인 절차에 따라야 하고, 정당이 비례대표 국회의원 선거 및 비례대표 지방의회의원 선거에 후보자를 추천하는 때에는 그 후보자 중 100분의 50 이상을 여성으로 추천하되, 그 후보자명부의 순위의 매 홀수에는 여성을 추천하여야 한다.

또한 공직선거법 제47조 제4항에 의하여 정당이 임기만료에 따른 지역구 국회의원 선거 및 지역구 지방의회의원 선거에 후보자를 추천하는 때에는 각각 전국 지역구 총수의 100분의 30 이상을 여성으로 추천하도록 노력하여야 한다.

이밖에 공직선거법 제47조 제5항에 의하여 정당이 임기만료에 따른 지역구 지방의회의원 선거에 후보자를 추천하는 때에는 지역구 시·도의원 선거 또는 지역구 자치구·시·군의원 선거 중 어느 하나의 선거에 국회의원 지역구(군지역을 제외하며, 자치구의 일부지역이 다른 자치구 또는 군지역과 합하여 하나의 국회의원 지역구로 된 경우에는 그 자치구의 일부지역도 제외한다)마다 1명 이상을 여성으로 추천하여야 한다.

나. 무소속 선거 후보자의 선거권자 추천

공직선거법 제48조 제2항에서는 무소속으로 선거 후보자가 되기 위한 선거권자의 추천에 대하여 "제1항: 무소속 후보자가 되고자 하는 자는 관할 선거구 선거관리위원회가 후보자 등록신청 개시일 전 5일(대통령의 임기만료에 의한 선거에 있어서는 후보자 등록신청 개시일 전 30일, 대통령의 궐위로 인한 선거 등에 있어서는 그 사유가 확정된 후 3일)부터 검인하여 교부하는 추천장을 사용하여 다음 각호에 의하여 선거권자의 추천을 받아야 한다. 1. 대통령 선거: 5 이상의 시·도에 나누어 하나의 시·도에 주민등록이 되어 있는 선거권자의 수를 700인 이상으로 한 3천500인 이상 6천인 이하, 2. 지역구 국회의원 선거 및 자치구·시·군의 장 선거: 300인 이상 500인 이하, 3. 지역구 시·도의원 선거: 100인 이상 200인 이하, 4. 시·도지사 선거: 당해 시·도안의 3분의 1 이상의 자치구·시·군에 나누어 하나의 자치구·시·군에 주민등록이 되어 있는 선거권자의 수를 50인 이상으로 한 1천인 이상 2천인 이하, 5. 지역구 자치구·시·군의원 선거: 50인 이상 100인 이하. 다만 인구 1천인 미만의 선거구에 있어서는 30인 이상 50인 이하"라고 규정하고 있다.

2) 선거 후보자의 기탁금과 기탁금의 반환

가. 선거 후보자의 기탁금

선거 후보자의 기탁금에 대하여 공직선거법 제56조에서는 "제1항: 후보자 등록을 신청하는 자는 등록신청 시에 후보자 1명마다 다음 각 호의 기탁금을 중앙선거관리위원회 규칙으로 정하는 바에 따라 관할 선거구 선거관리위원회에 납부하여야 한다. 이 경우 예비후보자가 해당 선거의 같은 선거구에 후보자 등록을 신청하는 때에는 제60조의2 제2항에 따라 납부한 기탁금을 제외한 나머지 금액을 납부하여야 한다. 1. 대통령 선거는 3억원, 2. 지역구 국회의원 선거는 1천500만원, 2의2. 비례대표 국회의원 선거는 500만원, 3. 시·도의회의원 선거는 300만원, 4. 시·도지사 선거는 5천만원, 5. 자치구·시·군의 장 선거는 1천만원, 6. 자치구·시·군의원 선거는 200만원, 제2항: 제1항의 기탁금은 체납처분이나 강제집행의 대상이 되지 아니한다. 제3항: 제261조에 따른 과태료 및 제271조에 따른 불법시설물 등에 대한 대집행비용은 제1항의 기탁금(제60조의2 제2항의 기탁금을 포함한다)에서 부담한다."라고 규정하고 있다.

이러한 공직선거법상 선거 후보자에 대한 기탁금 규정이 헌법상 과잉금지의 원칙이나 비례의 원칙에 위반되는 것인지 여부에 대하여 살펴보면 다음과 같은 크게 네 가지의 사유들로 합헌이라고 보는 것이 타당하다.

첫째, 선거에 있어서 수많은 선거 후보자들이 난립할 경우에는 해당 선거가 과열되거나 또는 혼탁해질 수 있고, 불법적인 선거운동의 감시나 투개표 등에 대한 선거사무의 관리가 힘들어질 것이며, 선거에 있어서 해당 표의 분산으로 인하여 당선자의 득표수가 적게 됨으로써 민주적 정당성이 약화될 수 있는 문제점이 발생한다. 또한 선거비용의 증가로 국가경제에 부담이 될 수 있는 문제점이 발생한다. 따라서 공직선거법상 선거후보자의 기탁금제도는 선거에 입후보하려는 자로 하여금 미리 일정한 금액을 기탁하게 하고, 해당 선거의 결과 일정수준의 득표를 하지 못할 경우에는 해당 기탁금을 국고에 귀속시키는 등의 방법으로 일종의 금전적인 제재를 가하여 무분별한 후보자의 난립을 효과적으로 방지해 주어, 해당 선거를 효율적이고 공정하게 운영할 수 있도록 해 주며, 당선자에게 다수표를 획득할 수 있도록 제도적으로 보장해 주어, 선거의 신뢰성과 정치적인 안정성을 확보하기 위한 것이므로, 공직선거법상 선거 후보자에 대한 기탁금제도의 입법 목적은 정당하다고 하겠다.[93]

즉, 이러한 공직선거법상 선거 후보자에 대한 기탁금 제도는 선거운동의 과열을 방지하고, 선거운동에 있어서 기회균등을 보장하며,[94] 선거 후보자의 입후보에 대한 성실성을 담보 내지 확보시키려는 목적에서 시행되고 있는 합헌적인 제도라고 하겠다.[95] 그리고 헌법 제116조 제2항은 법률이 정하는 경우 선거에 관한 경비를 정당이나 후보자에게 부담시킬 수 있도록 규정하고 있기 때문에 공직선거법상 선거후보자에 대한 기탁금제도 자체가 헌법에 위반되지 않는다고 하겠다.[96] 또한 이러한 선거 후보자의 기탁금 제도에 의하여 적절한 선거 후보자의 수로 압축 내지 줄여주어, 선거권자로 하여금 해당 선거 후보자들의 선거에 있어서 여러 필요한 정보들을 잘 알거나 파악할 수 있도록 해 준다. 공직선거법상 선거 후보자에 대한 기탁금 제도를 통하여 선거에 있어서 선거

93) 이희훈, "공직선거법상 기탁금 제도에 대한 헌법적 고찰", 유럽헌법연구 제1집, 유럽헌법학회, 2007. 6, 366−367면.
94) 성낙인, 전게서, 199−200면.
95) 정병욱, 공직선거법, 박영사, 2006, 112면.
96) 전광석, 전게서, 80면.

입후보자의 무분별한 난립을 방지하여,[97] 선거 입후보자의 수를 적절하게 제한해 주어, 선거가 지나치게 과열되거나 혼탁해지지 않도록 해 주며, 선거나 투표에 있어서 각 선거 후보자의 여러 필요한 정보들에 대한 선거권자들의 알 권리를 실현시켜 주어, 국민주권원리를 잘 실현할 수 있도록 하여 선거를 효과적이고 공정하게 운영될 수 있도록 해 준다. 그리고 해당 선거에서 승리한 당선자에게 다수표를 획득할 수 있도록 해 주어 선거의 신뢰성과 정치적인 안정성 등을 확보해 주기 위하여, 공직선거법상 선거 후보자의 기탁금 제도는 필요하며 그 목적은 정당하다고 하겠다.

둘째, 공직선거법상 선거 후보자의 기탁금제도를 통하여 무분별한 후보난립을 방지하여, 선거를 효율적이고 공정하게 운영할 수 있게 해 주며, 당선자에게 다수표를 획득할 수 있도록 제도적으로 보장해 주어, 선거의 신뢰성과 정치적 안정을 확보하는데 조금이라도 기여하므로, 과잉금지의 원칙 또는 비례의 원칙 중에서 공직선거법상 입법자가 선택한 선거 후보자에 대한 소정의 기탁금의 납부라는 수단은 적합한 것으로 보는 것이 타당하다.[98]

셋째, 선거에 있어서 후보자의 무분별한 난립으로 인하여 선거가 과열·혼탁해지는 것을 효율적으로 방지하여, 해당 선거가 공정하고 효율적으로 운영될 수 있도록 하기 위해서는 다음과 같은 여러 가지 개선방법들을 생각해 볼 수 있다.

먼저 선거의 입후보자의 경력이나 지식 등에 의하여 제한하여 선거 후보자의 난립을 방지할 수 있다고 생각해 볼 수 있다. 그러나 이러한 방법은 보통 선거원칙에 반할 가능성이 높으므로 이에 찬성할 수 없다.

다음으로 공직선거법상 무소속 후보자로 입후보하려는 자에 대한 유권자의 일정 수의 추천제를 통해서 선거 후보자의 난립을 방지할 수 있다고 생각해 볼 수 있다. 그러나 이러한 공직선거법상 무소속 후보자로 입후보하려는 자에 대한 유권자의 일정 수의 추천제는 당선 가능성이 없는 불성실한 후보자를 사전에 가릴 수 있는 유력한 방법으로 볼 수도 있지만, 선거권자의 진지하지 못한 추천을 유발하거나 또는 해당 선거권자의 추천을 받기 위하여 사전선거운동의 위험성이 높아지거나 또는 이러한 추천을 받기 위하여 또 다른 유형의 선거의

97) 권영성, 전게서, 217면; 김철수, 전게서, 1142면; 전광석, 상게서, 80면; 허영, 전게서, 805면.
98) 이희훈, 전게 논문(주 93), 367면.

과열이나 혼탁을 발생시킬 수 있는 문제점이 있다고 할 것이므로, 공직선거법상 선거 후보자에 대한 기탁금제도를 전면적으로 대체할 수 있는 방법으로 보기에는 매우 힘들다고 판단된다.[99]

예를 들어, 일정 수의 선거권자의 추천을 받도록 하는 것은 사람들이 많이 모이는 공개 장소에 매일 하루 종일 나와서 해당 선거에 입후보하기 위하여 추천을 요청한다면 해당 추천 수를 채우는 것은 그리 어렵지 않을 수 있다는 점과 선거에 입후보하기 위한 유일한 방법인 일정 수의 유권자의 추천을 받기 위하여 오히려 선거가 사전에 해당 선거권자의 추천을 받기 위하여 또 다른 유형으로 선거가 과열되거나 혼탁해질 수 있는 문제점이 있다는 점 및 선거권자의 추천을 받는다는 명분하에 사전선거운동을 할 수도 있는 등의 여러 문제점들이 다시 발생할 수 있다. 따라서 현행 공직선거법에서처럼 선거에 입후보하기 위해서는 무소속 입후보자의 경우에 한해서 일정 수의 선거권자의 추천을 받도록 하는 것 이외에, 일정 금액의 선거 기탁금을 납부토록 하는 것은 선거 입후보자의 공무담임권의 최소한의 제한이라고 할 것이므로, 과잉금지의 원칙 또는 비례의 원칙 중에서 최소 침해의 원칙에 위반되지 않는다고 하겠다.[100]

넷째, 이와 같은 사유로 공직선거법상 선거 후보자에 대한 기탁금제도로 인하여 무분별한 선거 후보자의 난립을 막아서 선거가 과열되거나 혼탁해지는 문제점을 방지하여 얻어지는 선거의 공정성과 효율성의 확립과 운영 등의 공익은 이로 인하여 선거의 입후보자의 공무담임권의 제한이라는 사익보다 더 크다고 할 것이므로, 공직선거법상 선거 후보자의 기탁금제도는 과잉금지의 원칙 또는 비례의 원칙 중에서 법익 균형성의 원칙에도 위반되지 않는다고 하겠다.[101]

이와 같은 사유들로, 우리나라의 헌법재판소도 공직선거법상 선거 후보자의 기탁금 제도의 관련 규정에 대하여 다음과 같이 줄곧 합헌으로 판시하였다.[102] 먼저 헌법재판소는 1991년 3월 11일에 "기탁금제도는 선거에 있어서 후보자로 하여금 일정금액을 기탁하게 하고 후보자가 선거에서 일정수준의 득표

99) 同旨: 헌재 1995. 5. 25, 91헌마44, 제7권 제1집, 699면; 헌재 1996. 8. 29, 95헌마108, 제8권 제2집, 182면 등.

100) 이희훈, 전게 논문(주 93), 367-368면.

101) 이희훈, 상게 논문, 368-369면.

102) 헌재 1989. 9. 8, 88헌가6 등. 다만 비례대표 국회의원 선거의 경우에 정당에서 작성한 명부에 의하여 선거가 행하여지므로, 선거의 과열이나 혼탁 등의 문제점을 사전에 방지하기 위한 선거 후보자의 기탁금 제도의 입법 목적을 그대로 적용하는 것의 타당성은 다소 약화된다고 하겠다. 전광석, 전게서, 589면.

를 하지 못할 때 기탁금의 전부 또는 일부를 국고로 귀속시킴으로써, 후보자의 무분별한 난립을 방지하여, 당선자에게 가급적 다수표를 몰아주어 정국의 안정도 기하고, 아울러 후보자의 성실성을 담보하려는 취지에서 생겨난 것이다. 기탁금제도 그 자체는 헌법 제25조 및 제37조 제2항의 규정이 그 근거가 될 수 있을 것이므로, 그 금액이 과다하지 않는 한, 이를 위헌적인 제도라 할 수는 없을 것이다."라고 판시하였다.[103)]

다음으로 헌법재판소는 1995년 5월 25일에 "기초의회의원 선거에서 무분별한 후보자의 난립을 방지하고 공영비용을 사전에 예납하도록 하는 위 기탁금제도의 목적은 정당하다고 할 것이다."라고 판시하였다.[104)]

그리고 헌법재판소는 1995년 5월 25일에 "대통령 선거에 후보자가 난립할 경우 선거가 과열·혼탁해질 수 있고, 불법선거운동의 감시나 투개표 등 선거사무관리가 어려워지며, 표의 분산으로 당선자의 득표수가 적게 됨으로써 민주적 정당성이 약화될 우려가 있을 뿐만 아니라, 나아가 선거비용의 증가로 국가경제에 부담이 될 수도 있다. 그러므로 대통령 선거법상 기탁금제도를 통하여 무분별한 후보자의 난립을 방지하여 선거를 효율적으로 공정하게 운영하며 아울러 당선자에게 다수표를 획득할 수 있도록 제도적으로 보장함으로써 대통령 선거의 신뢰성과 정치적 안정을 확보하기 위한 것이라고 할 수 있다. 그리고 대통령 선거에 소요되는 막대한 비용 일체를 국고에서 부담하는 것은 국가의 재정형편 등에 비추어 적절하다고 할 수 없고, 대통령 선거의 결과 낙선한 후보자로부터 선거비용을 사후에 징수하는 것은 효율적이지 못하므로, 그 비용 중 일부를 위 선거인 명부 및 부재자신고인 명부의 사본작성 비용과 불법 시설물 등에 대한 대집행비용 및 국고부담연설 비용을 기탁금에서 공제하도록 하는 것이 불합리하다고 할 수도 없다. 그러므로 대통령 선거에서 후보자의 난립을 방지하고 선거비용 중 일부를 예납하도록 하기 위한 위 기탁금제도는 그 기탁금액이 과다하지 않는 한 헌법상 허용된다고 할 것이다."라고 판시하였다.[105)]

또한 헌법재판소는 2001년 7월 19일에 "현행 공직선거법상 국회의원 입후

103) 헌재 1991. 3. 11, 91헌마21.
104) 헌재 1995. 5. 25, 91헌마44.
105) 헌재 1995. 5. 25, 92헌마269. 이러한 입장에서 과거 헌법재판소는 시·도지사에 대한 선거에 있어서 일정액의 기탁금을 납부토록 하는 것에 대하여 합헌이라고 판시하였다. 헌재 1996. 8. 29, 95헌마108.

보 기탁금의 목적은 후보자 난립의 저지를 통하여 선거관리의 효율성을 꾀하는 한편, 불법행위에 대한 제재금의 사전확보에 있는바, 이러한 목적은 선거관리의 차원에서 나오는 것으로서 순수히 행정적인 공익임에 반하여, 이로 인하여 제한되는 국민의 권익은 피선거권이라는 대단히 중요한 기본권임에 비추어, 기탁금제도 자체는 합헌이다."라고 판시하였다.[106)]

그리고 헌법재판소는 2003년 8월 21일에 "선거의 신뢰성과 공정성을 확보하고, 유권자가 후보자의 선택을 용이하게 하며, 입법권과 국정의 통제 및 감시권한에 상응하는 민주적 정당성을 부여하기 위하여 후보자에게 기탁금의 납부를 요구하는 것은 필요 불가결한 입후보 요건의 설정이라고 할 것이다."라고 판시하였다.[107)]

이밖에 헌법재판소는 2004년 3월 25일에 "기탁금제도는 금전적인 제재를 통하여 후보자의 무분별한 난립을 방지하고, 아울러 당선자에게 되도록 다수표를 몰아주어 민주적 정당성을 부여하는 한편, 후보자의 성실성을 담보하려는 취지에서 생겨난 것이다."라고 판시하였다.[108)]

한편 공직선거법상 선거 후보자에 대한 기탁금제도에 대하여 살펴보면 다음과 같다.

먼저 전 세계 국가들 중에서 우리나라와 같이 선거법상 선거 후보자에 대한 기탁금 규정을 두고 있는 나라의 입법례를 살펴보면, 프랑스, 영국, 남아프리카 공화국, 오스트리아, 네덜란드, 오스트레일리아, 캐나다, 자이레, 카메룬, 쿠웨이트, 방글라데시, 인도, 잠비아, 뉴질랜드 등은 우리나라와 같이 국회의원 선거에 입후보하기 위해서는 일정액의 기탁금을 납부하도록 규정하고 있다. 한편 미국은 주(州)에 따라 국회의원 선거에 있어서 기탁금제도 자체가 없거나, 설사 있다고 하더라도 1천 달러를 초과하지 않는 범위 내에서 선거 후보자에게 기탁금을 납부하도록 규정하고 있다. 다음으로 이와 달리 독일, 스위스, 이탈리아, 벨기에, 덴마크, 스웨덴, 핀란드, 모나코, 이스라엘, 아르헨티나, 브라질, 코스타리카, 세네갈, 튀니지, 루마니아, 불가리아, 헝가리, 폴란드, 유고슬라비아, 체코슬로바키아 등에서는 해당 선거법상 선거에 입후보하기 위한 기탁금제도 자체가 없다.[109)]

---

106) 헌재 2001. 7. 19, 2000헌마91·112·134(병합).
107) 헌재 2003. 8. 21, 2001헌마687·691(병합).
108) 헌재 2004. 3. 25, 2002헌마383.

나. 선거 후보자의 기탁금 반환

선거 후보자의 기탁금 반환에 대하여 공직선거법 제57조 제1항에서는 "관할 선거구 선거관리위원회는 다음 각 호의 구분에 따른 금액을 선거일 후 30일 이내에 기탁자에게 반환한다. 이 경우 반환하지 아니하는 기탁금은 국가 또는 지방자치단체에 귀속한다. 1. 대통령 선거, 지역구 국회의원 선거, 지역구 지방의회의원 선거 및 지방자치단체의 장 선거, 가. 후보자가 당선되거나 사망한 경우와 유효투표 총수의 100분의 15 이상을 득표한 경우에는 기탁금 전액, 나. 후보자가 유효투표 총수의 100분의 10 이상 100분의 15 미만을 득표한 경우에는 기탁금의 100분의 50에 해당하는 금액, 다. 예비후보자가 사망하거나, 당헌·당규에 따라 소속 정당에 후보자로 추천하여 줄 것을 신청하였으나 해당 정당의 추천을 받지 못하여 후보자로 등록하지 않은 경우에는 제60조의2 제2항[110]에 따라 납부한 기탁금 전액, 2. 비례대표 국회의원 선거 및 비례대표 지방의회의원 선거, 당해 후보자 명부에 올라 있는 후보자 중 당선인이 있는 때에는 기탁금 전액. 다만 제189조[111] 및 제190조의2[112]에 따른 당선인의 결정 전에 사퇴하거나 등록이 무효로 된 후보자의 기탁금은 제외한다."라고 규정하고 있다.

이러한 공직선거법상 선거 후보자에 대한 기탁금의 국고 귀속과 반환 조건의 적정성 여부에 대하여 헌법재판소는 1989년 9월 8일에 "기탁금의 국고귀속에 관한 규정은 후보자의 난립방지와 선거공영제의 확립이라는 본래의 목적을 벗어나 그 기탁금이 고액이고, 그 국고귀속의 기준이 너무 엄격해서 결과적으로 재산을 가지지 못한 자나 젊은 계층의 후보등록을 현저히 제한하고 있으며, 기탁금 중 선거비용으로 충당되는 비용이 불과 기탁금액의 10%(무소속의 경우)－20%(정당공천자의 경우)에 불과한데, 그 나머지 금액은 국고에 귀속되게 되어 낙선하게 되면 입후보를 한 책임에 따른 제재의 수단으로 국고에 귀속시키는

109) 헌재 1991. 3. 11, 91헌마21.

110) 공직선거법 제60조의2 제2항에서는 "제1항에 따라 예비후보자등록을 신청하는 사람은 다음 각 호의 서류를 제출하여야 하며, 제56조 제1항 각 호에 따른 해당 선거 기탁금의 100분의 20에 해당하는 금액을 중앙선거관리위원회 규칙으로 정하는 바에 따라 관할 선거구 선거관리위원회에 기탁금으로 납부하여야 한다. 1. 중앙선거관리위원회 규칙으로 정하는 피선거권에 관한 증명서류, 2. 전과기록에 관한 증명서류, 3. 제49조 제4항 제6호에 따른 학력에 관한 증명서(한글번역문을 첨부한다)."라고 규정하고 있다.

111) 공직선거법 제189조에서는 비례대표 국회의원 의석의 배분과 당선인의 결정·공고·통지에 대하여 규정하고 있다.

112) 공직선거법 제190조의2에서는 비례대표 지방의회의원 당선인의 결정·공고·통지에 대하여 규정하고 있다.

것으로 볼 수밖에 없다. 이는 선거를 국민의 주권행사라는 차원보다 선거의 질서유지 차원으로만 보고 입안한 것으로 신성한 기본권의 행사가 보장되어야 할 국민의 참정권의 본질을 유린하는 규정으로 보지 않을 수 없다. 선거는 주권자인 국민에게 국정에 참여하고 정치적인 의사를 표현할 기회를 제공하여 주권의 실질적인 행사를 보장하는데 있는 것이고, 그로 인하여 국가권력의 정당성을 창출하고 국법질서를 평온하게 유지해 가는 정치제도라고 본다면, 반드시 낙선한 후보자의 선거참여가 제재를 받을 대상으로만 판단할 수는 없다. 따라서 현행 기탁금의 국고귀속에 관한 규정은 국민주권의 존엄성을 해치는 것으로 민주주의 원리에 반한다."라고 판시하였다.[113)]

그러나 헌법재판소는 1995년 5월 25일에 "기탁금제도 자체의 정당성이 인정되는 이상, 그 기탁금의 국고귀속 규정도 위헌이라고 할 수 없으며, 또 기탁금에서 공제하는 선거비용 등의 범위나 기탁금의 반환에 필요한 득표율을 정하는 것은 입법재량에 속한다고 할 것인바, 대통령선거법(1987. 11. 7. 법률 제3937호로 개정, 1992. 11. 11. 법률 제4495호로 개정, 1994. 3. 16. 공직선거 및 선거부정방지법 부칙 제2조에 의하여 폐지) 제26조 제1항 중 후보자마다 3억원을 기탁하여야 한다는 부분과 제26조 제7항, 제8항 및 제43조 제8항에서 득표율 7% 및 5%를 기준으로 국고부담 연설비용의 공제 여부와 기탁금 잔액의 반환여부를 정한 것은 입법자가 기탁금 제도의 목적달성을 위한 필요와 기탁금 반환에 있어서의 기술적 문제 등을 고려한 정책적 판단에 따른 것으로서, 현저히 불합리하다거나 그밖에 입법재량의 범위를 벗어난 것으로 보이지 아니하므로, 위의 규정이 헌법에 위반된다고 할 수 없다."라고 판시하였다.[114)]

그리고 헌법재판소는 1997년 5월 29일에 "무분별한 후보의 난립을 방지하기 위하여 득표율이 일정한 수준에 미달한 후보자에 대하여 기탁금으로부터 선전벽보 및 선거공보의 작성비용을 보전하고 그 잔액에 대하여 이를 국가에 귀속시키는 제도는 기탁금의 반환에 필요한 득표율을 지나치게 높게 규정하였다고 볼 수 없으므로, 이를 사유재산권에 대한 본질적인 침해라거나 헌법상 평등의 원칙에 위반되는 것이라고 볼 수는 없다."라고 판시하였다.[115)]

한편 헌법재판소는 2001년 7월 19일에 "지역구 국회의원 선거에서 유효투

113) 헌재 1989. 9. 8, 88헌가6.
114) 헌재 1995. 5. 25, 92헌마269.
115) 헌재 1997. 5. 29, 96헌마143.

표 총수의 100분의 20 이상을 득표했을 때에만 기탁금을 반환하도록 한 조항은 민주주의의 원리에 반하고, 국민의 피선거권을 지나치게 침해하고 있다."라고 판시하였다.[116)]

그러나 헌법재판소는 2003년 8월 21일과 2004년 3월 25일에 "지역구 국회의원 선거에서 유효투표 총수를 후보자 수로 나눈 수 또는 유효투표 총수의 100분의 15 이상으로 정한 기탁금의 반환기준은 입법자의 기술적이고 정책적 판단에 근거한 것으로서, 현저히 불합리하거나 자의적인 기준이라고 할 수 없다."라고 판시하였다.[117)]

이와 같이 헌법재판소의 2003년 8월 21일의 2001헌마687 결정과 2004년 3월 25일의 2002헌마383 결정에서 선거 후보자의 기탁금의 국고 귀속과 그 반환 조건이 합헌 판결을 받았음에도 불구하고, 2007년 6월 1일에 개정된 공직선거법 제57조 제1항에서, 그 이전의 기탁금의 국고 귀속과 그 반환 조건의 규정보다는 좀 더 그 반환 조건을 세부적으로 나눈 후에 해당 기준을 다소 완화시켜 놓은 점은 긍정적으로 평가된다. 즉, 공직선거법 제57조 제1항의 기탁금의 국고 귀속과 그 반환 조건의 규정이 그 이전의 동일한 취지의 규정보다 상대적으로 가장 낮은 수준으로 그 기탁금의 국고 귀속과 그 반환 조건을 규정해 놓아서 공직선거 후보자의 재산권의 제한 정도가 낮아졌다는 등의 사유로 일면 긍정적으로 볼 수도 있지만, 여전히 일반인의 시각에서 볼 때 공직선거 후보자의 재산권의 제한 정도가 다소 높다는 점은 그 비판을 피하기는 어렵다고 생각한다.[118)]

예를 들어, 선거 후보자의 기탁금 반환에 필요한 득표 수는 프랑스 하원 투표수의 20분의 1 이상, 상원 투표수의 10분의 1이상(개별후보자) 또는 20분의 1(명부후보자), 이스라엘 유효투표수의 100분의 1이상, 뉴질랜드 당선자 득표수의 4분의 1이상, 호주 하원 당선자 득표수의 5분의 1이상 또는 상원 당선자 득표수의 10분의 1이상, 파키스탄 하원 투표수의 8분의 1이상 또는 상원 1표 이상 득표만 하면 반환하고 있는 것에서 알 수 있듯이, 다른 나라들에서는 선거 후보자의 기탁금을 반환하는 조건이 우리나라보다는 다소 소액인 기탁금에 대해서 비교적 우리나라보다는 경미한 득표를 얻기만 하면 해당 기탁금을 전부 반환해 주도록 규정하고 있다는 것을 우리에게 시사해 준다.[119)]

116) 헌재 2001. 7. 19, 2000헌마91.
117) 헌재 2003. 8. 21, 2001헌마687; 헌재 2004. 3. 25, 2002헌마383.
118) 이희훈, 전게 논문(주 93), 375－376면.

이렇게 세계의 다른 국가들이 선거 후보자의 기탁금에 대하여 경미한 수준에서 반환 기준을 규정한 것은 선거에 있어 입후보를 하려는 자의 선거 입후보에 의한 선거 참여에의 최소한의 진지성과 함께 최대한 선거 입후보자들의 선거에의 참여를 필수 조건으로 하는 선거의 민주정치적 기능을 각별하게 고려한 입법 정책적인 의도에 따른 것이라고 할 것이다.[120] 이러한 점에 비추어볼 때, 공직선거법 제57조 제1항에서 규정되어 있는 선거 후보자에 대한 기탁금의 반환조건을 굳이 위에서 살펴본 다른 외국들의 정도까지는 아니더라도 향후 지금보다는 좀 더 완화해서 규정하는 것이 바람직하다.[121]

또한 민주주의에서는 정치적인 평등에 입각해서 부득이하게 다수결의 원칙이 적용될 수밖에 없지만, 소수에 대한 보호는 민주주의에서 결코 소홀히 할 수 없는 중요한 가치에 해당한다. 왜냐하면 소수의 존재는 오히려 다수를 견제하고 정책 및 정권에 대한 대안으로서 공직자가 빠지기 쉬운 경직성을 순화시켜 주는 계기가 되기 때문이다. 따라서 선거 후보자의 기탁금의 국고 귀속의 사유를 선거비용의 예납이라는 목적 이외에 선거에 입후보하여 일정한 득표를 얻지 못하였다는 사실이 불성실한 후보로 징표되는 것으로 보아, 이를 근거로 삼아 불성실한 후보자에 대한 제재수단이라는 목적으로 선거 후보자에 대한 기탁금을 국고에 귀속시켜서는 안 된다.[122]

따라서 공직선거법상 선거 후보자에 대한 기탁금의 국고 귀속과 그 반환조건은 선거비용의 예납의 범위 내에서 이를 최소화하는 정도의 규제로 개선하는 것이 바람직하다. 이러한 점에 비추어볼 때, 공직선거법 제57조 제1항에서 규정되어 있는 선거 후보자에 대한 기탁금의 반환 조건을 향후에는 지금보다 좀 더 완화해서 규정하는 것이 바람직하다.[123]

3) 선거 후보자의 등록

선거 후보자의 등록에 대해서는 공직선거법 제49조에서 "제1항: 후보자의 등록은 대통령 선거에서는 선거일 전 24일, 국회의원 선거와 지방자치단체의

---

119) 헌재 1989. 9. 8, 88헌가6.

120) 이덕연, "정당국가적 대의민주제에서의 선거와 정당에 대한 헌법재판소의 결정 평석-국회의원 선거기탁금, 국회의원의 상임위원회 강제사임조치, 선거권 연령기준에 관한 판례를 중심으로-", 헌법실무연구회 제43회 발표문, 헌법재판소, 2004. 2. 13, 5면.

121) 이희훈, 전게 논문(주 93), 376면.

122) 전광석, "정치적 평등과 기탁금제도", 헌법판례연구, 법문사, 2000, 209-210면.

123) 이희훈, 전게 논문(주 93), 376-377면.

의회 의원 및 장의 선거에서는 선거일 전 20일(이하에서 "후보자 등록신청 개시일"으로 줄임)부터 2일간(이하에서 "후보자 등록기간"으로 줄임) 관할 선거구 선거관리위원회에 서면으로 신청하여야 한다. … 제4항: 제1항부터 제3항까지의 규정에 따라 후보자 등록을 신청하는 자는 다음 각 호의 서류를 제출하여야 하며, 제56조 제1항에 따른 기탁금을 납부하여야 한다. 1. 중앙선거관리위원회 규칙이 정하는 피선거권에 관한 증명서류, 2. 공직자윤리법 제10조의2(공직선거 후보자 등의 재산공개) 제1항의 규정[124]에 의한 등록대상 재산에 관한 신고서, 3. 공직자 등의 병역사항 신고 및 공개에 관한 법률 제9조(공직선거 후보자의 병역사항 신고 및 공개) 제1항의 규정[125]에 의한 병역사항에 관한 신고서, 4. 최근 5년간의 후보자, 그의 배우자와 직계존비속(혼인한 딸과 외조부모 및 외손자녀를 제외한다)의 소득세(소득세법 제127조 제1항[126]에 따라 원천징수하는 소득세는 제출하려는 경우에 한정한다)·재산세·종합부동산세의 납부 및 체납(10만원 이하 또는 3월 이내의 체납은 제외한다)에 관한 신고서. 이 경우 후보자의 직계존속은 자신의 세금납부 및 체납에 관한 신고를 거부할 수 있다. 5.

---

124) 공직자윤리법 제10조의2 제1항에서는 "대통령, 국회의원, 지방자치단체의 장, 지방의회의원 선거의 후보자가 되려는 사람이 후보자 등록을 할 때에는 전년도 12월 31일 현재의 제4조에 따른 등록대상 재산에 관한 신고서를 관할 선거관리위원회에 제출하고, 관할 선거관리위원회는 후보자 등록 공고시에 후보자의 재산신고 사항을 공개하여야 한다."라고 규정하고 있다.

125) 공직자 등의 병역사항신고 및 공개에 관한 법률 제9조 제1항에서는 "공직선거법 제2조에 따른 선거의 후보자가 되려는 자(비례대표 의원의 경우는 추천 정당을 말한다. 이하에서 "공직선거 후보자"로 줄임)는 그 선거의 후보자 등록을 하려면 등록일 전 1개월 현재의 제3조에 따른 병역사항을 서면으로 관할 선거구 선거관리위원회에 신고하여야 한다."라고 규정하고 있다.

126) 소득세법 제127조 제1항에서는 "국내에서 거주자나 비거주자에게 다음 각 호의 어느 하나에 해당하는 소득을 지급하는 자(제3호의 소득을 지급하는 자의 경우에는 사업자 등 대통령령으로 정하는 자로 한정한다)는 이 절의 규정에 따라 그 거주자나 비거주자에 대한 소득세를 원천징수하여야 한다. 1. 이자소득, 2. 배당소득, 3. 대통령령으로 정하는 사업소득(이하에서 "원천징수대상 사업소득"으로 줄임), 4. 근로소득. 다만 다음 각 목의 어느 하나에 해당하는 소득은 제외한다. 가. 외국기관 또는 우리나라에 주둔하는 국제연합군(미군은 제외한다)으로부터 받는 근로소득, 나. 국외에 있는 비거주자 또는 외국법인(국내지점 또는 국내영업소는 제외한다)으로부터 받는 근로소득. 다만 다음의 어느 하나에 해당하는 소득은 제외한다. 1) 제120조 제1항 및 제2항에 따른 비거주자의 국내사업장과 법인세법 제94조 제1항 및 제2항에 따른 외국법인의 국내 사업장의 국내 원천소득금액을 계산할 때 필요경비 또는 손금으로 계상되는 소득, 2) 국외에 있는 외국법인(국내지점 또는 국내 영업소는 제외한다)으로부터 받는 근로소득 중 제156조의7에 따라 소득세가 원천징수 되는 파견 근로자의 소득, 5. 연금소득, 6. 기타소득. 다만 다음 각 목의 어느 하나에 해당하는 소득은 제외한다. 가. 제8호에 따른 소득, 나. 제21조 제1항 제10호에 따른 위약금·배상금(계약금이 위약금·배상금으로 대체되는 경우만 해당한다), 다. 제21조 제1항 제23호 또는 제24호에 따른 소득, 7. 퇴직소득. 다만 제4호 각 목의 어느 하나에 해당하는 근로소득이 있는 사람이 퇴직함으로써 받는 소득은 제외한다. 8. 대통령령으로 정하는 봉사료"라고 규정하고 있다.

벌금 100만원 이상의 형의 범죄경력(실효된 형을 포함하며, 이하에서 "전과기록"으로 줄임)에 관한 증명서류, 6. 초·중등교육법 및 고등교육법에서 인정하는 정규학력(이하에서 "정규학력"으로 줄임)에 관한 최종 학력 증명서와 국내 정규학력에 준하는 외국의 교육기관에서 이수한 학력에 관한 각 증명서(한글 번역문을 첨부한다). 이 경우 증명서의 제출이 요구되는 학력은 제60조의3 제1항 제4호의 예비후보자 홍보물, 제60조의4의 예비후보자 공약집, 제64조의 선거벽보, 제65조의 선거공보(같은 조 제9항의 후보자정보 공개 자료를 포함한다), 제66조의 선거공약서 및 후보자가 운영하는 인터넷 홈페이지에 게재하였거나 게재하고자 하는 학력에 한한다. 7. 대통령 선거·국회의원 선거·지방의회의원 및 지방자치단체의 장의 선거와 교육의원 선거 및 교육감 선거에 후보자로 등록한 경력[선거가 실시된 연도, 선거명, 선거구명, 소속 정당명(정당의 후보자 추천이 허용된 선거에 한정한다), 당선 또는 낙선 여부를 말한다]에 관한 신고서"라고 규정되어 있다.[127]

(4) 선거운동의 자유 및 제한

우리나라에서 모든 권력의 최종적 정당성은 선거를 통하여 실현된다고 할 것인바, 우리나라도 선거 후보자의 정치적인 의사표현행위, 즉 선거운동을 미국과 독일 등과 같이 최대한 자유롭게 할 수 있도록 넓게 보장하는 것이 타당하다. 또한 선거 후보자의 선거운동의 자유는 헌법 제21조의 표현의 자유의 한 내용을 이루고 있으므로,[128] 선거에 있어 선거 후보자의 유권자에 대한 정치적 의사표현의 자유는 이를 최대한 보장하는 것이 타당하다.[129] 즉, 선거는 주권자인 국민이 주권을 행사하는 행위이므로, 국민이 선거에 참여하여 그 의사를 표현할 기회와 자유는 최대한 보장되어야 한다.[130]

그러나 선거에 있어서 지나친 과열과 혼탁 등에 의한 불법적인 타락선거를 방지하고, 선거 후보자 간에 발생할 사회경제적인 손실과 부작용을 방지하여, 선거에 있어서 유권자가 공정하고 합리적인 선택을 할 수 있도록 헌법 제37조 제2

127) 이러한 공직선거법상 선거후보자의 신상공개에 대한 헌법적 평가에 대해서는 이희훈, "공직선거법상 후보자의 신상공개에 대한 헌법적 평가", 제주대 법과정책 제16집 제2호, 제주대 법과정책연구원, 2010. 8, 275-300면.

128) 이에 대하여 헌법재판소는 2001년 8월 30일에 "선거운동의 자유는 널리 선거과정에서 자유로이 선거 후보자의 정치적 의사를 표현할 자유의 일환으로 정치적 표현의 자유의 한 태양이다."라고 판시하였다. 헌재 2001. 8. 30, 99헌바92.

129) 김철수, 전게서, 917면.

130) 헌재 1999. 11. 25, 98헌마141.

항에 의하여 선거 후보자의 정치적인 의사표현행위, 즉 선거운동의 자유를 제한할 수밖에 없다. 다만 이때에도 선거 후보자의 선거운동의 자유 즉, 선거 후보자의 정치적인 의사표현의 자유에 대한 본질적인 내용을 침해할 수는 없다.[131]

(5) 선거소송과 당선소송

1) 선거소송

선거에 대한 선거소송에 대하여 공직선거법 제222조에서는 "제1항: 대통령 선거 및 국회의원 선거에 있어서 선거의 효력에 관하여 이의가 있는 선거인·정당(후보자를 추천한 정당에 한한다) 또는 후보자는 선거일부터 30일 이내에 당해 선거구 선거관리위원회 위원장을 피고로 하여 대법원에 소를 제기할 수 있다. 제2항: 지방의회의원 및 지방자치단체의 장의 선거에 있어서 선거의 효력에 관한 제220조의 결정에 불복이 있는 소청인(당선인을 포함한다)은 해당 소청에 대하여 기각 또는 각하 결정이 있는 경우(제220조 제1항의 기간 내에 결정하지 아니한 때를 포함한다)에는 해당 선거구 선거관리위원회 위원장을, 인용결정이 있는 경우에는 그 인용결정을 한 선거관리위원회 위원장을 피고로 하여 그 결정서를 받은 날(제220조 제1항의 기간 내에 결정하지 아니한 때에는 그 기간이 종료된 날)부터 10일 이내에 비례대표 시·도의원 선거 및 시·도지사 선거에 있어서는 대법원에, 지역구 시·도의원 선거, 자치구·시·군의원 선거 및 자치구·시·군의 장 선거에 있어서는 그 선거구를 관할하는 고등법원에 소를 제기할 수 있다. 제3항: 제1항 또는 제2항에 따라 피고로 될 위원장이 궐위된 때에는 해당 선거관리위원회 위원 전원을 피고로 한다."라고 규정하고 있다.

이러한 선거에 대한 선거소송과 관련하여 대법원은 2005년 6월 9일에 "공직선거 및 선거부정 방지법 제222조와 제224조에서 규정하고 있는 선거소송은 집합적 행위로서의 선거에 관한 쟁송으로서, 선거라는 일련의 과정에서 선거에 관한 규정에 위반된 사실이 있고, 그로써 선거의 결과에 영향을 미쳤다고 인정하는 때에 선거의 전부나 일부를 무효로 하는 소송을 가리킨다. 이러한 선거소송에서 선거무효의 사유가 되는 '선거에 관한 규정에 위반된 사실'이란, 기본적으로 선거관리의 주체인 선거관리위원회가 선거사무의 관리집행에 관한 규정에 위반한 경우와 후보자 등 제3자에 의한 선거과정상의 위법행위에 대하여 적

131) 권영성, 전게서, 219면.

절한 시정조치를 취함이 없이 묵인·방치하는 등의 그 책임에 돌릴 만한 선거사무의 관리 집행상의 하자가 따로 있는 경우를 뜻하지만, 그밖에도 후보자 등의 제3자에 의한 선거 과정상의 위법행위로 인하여 선거인들이 자유로운 판단에 의하여 투표를 할 수 없게 됨으로써, 선거의 기본이념인 선거의 자유와 공정이 현저히 저해되었다고 인정되는 경우를 포함한다. 그리고 '선거의 결과에 영향을 미쳤다고 인정하는 때'란, 선거에 관한 규정의 위반이 없었더라면 선거의 결과, 즉 후보자의 당락에 관하여 현실로 있었던 것과 다른 결과가 발생하였을지도 모른다고 인정되는 때를 뜻한다. 이러한 견지에서 후보자 등록신청서류 심사조서는 중앙선거관리위원회의 공직선거에 관한 사무처리 예규(2004. 3. 12. 개정, 중앙선거관리위원회 예규 제26호)로서 그 형식과 내용에 비추어, 선거구선거관리위원회 내부의 사무처리 준칙에 불과하여, 국민이나 법원을 구속하는 효력이 있는 공직선거 및 선거부정 방지법 소정의 선거에 관한 규정에 해당한다고 볼 수 없으므로, 선거구 선거관리위원회의 직원들이 후보자 정보공개자료 등 제출서의 기재사항과 증명 서류와의 일치 여부를 제대로 심사하지 아니하여 당선인의 체납사실의 누락을 밝혀내지 못하였다거나 그 적정 여부를 위 심사조서에 기재하지 아니하는 등으로 위 심사조서의 심사사항을 위반하였다고 하더라도 그러한 사유만으로 곧바로 선거구 선거관리위원회가 '선거에 관한 규정에 위반한 때'에 해당한다고 할 수 없다. 선거소송에서 선거무효의 사유가 되는 '선거에 관한 규정에 위반된 사실'에는 선거 후보자 등의 제3자에 의한 선거 과정상의 위법행위에 대하여 적절한 시정조치를 취함이 없이 묵인·방치하는 등의 그 책임에 돌릴 만한 선거사무의 관리 집행상의 하자가 따로 있는 경우도 포함되지만, 여기에서 선거관리위원회가 적절한 조치를 취함이 없이 묵인·방치한다는 의미는 선거관리위원회가 선거 후보자 등의 제3자에 의한 선거 과정상의 위법행위를 알고서도 적절한 조치를 취하지 아니한 경우를 뜻한다고 할 것이지, 단속·감시·감독 등을 하였다면 알 수 있었음에도 이를 게을리하여 알지 못한 모든 경우까지 포함한다고 할 수 없다. 또한 선거소송에서 선거무효의 사유가 되는 '선거에 관한 규정에 위반된 사실'에는 선거 후보자 등의 제3자에 의한 선거과정상의 위법행위로 인하여 선거인들이 자유로운 판단에 의하여 투표를 할 수 없게 됨으로써, 선거의 기본 이념인 선거의 자유와 공정이 현저히 저해되었다고 인정되는 경우까지 포함되지만, 여기에서 선거 후보자 등의 제3자에 의한 선거 과정상의 위법행위는 특별한 사정이 없는 한, 선거 후보자 등 제3자의 고의에 의한 선거 과정상의 위법행위만을 의미한다고 해석된다. 이에 비추어 볼 때, 국회의원 선거에 있어서 후보자 정보공개 자료에서 당선인의 세금체납사실이 누락되었지만, 당선인의 체납사실이 중앙선거관리위원회의 정치포털 사이트의 게재와 언론보도 및 후보자 정보공개 자료 공고 등을 통하여 선거인들에게 널리 알려졌고 위와 같은 누락으로 선거 후보자 정보에 대한 선거인들의 알권리와 투표권 행사에 특별한 지장이 초래되었다고 보이지 아니하며, 당선인과의 부재자 투표에서의 득표수의 표 차이와 전체 투표에서의 득표수의 차이를 감안해 볼 때, 선거 후보자의 정보공개 자료에서 당선인의 체납사실의 누락으로 인하여 선거 결과에 영향을 미쳤다고 할 수 없다."라고 판시하였다.[132)]

2) 당선소송

선거에 대한 당선소송에 대하여 공직선거법 제223조 제1항에서는 "대통령 선거 및 국회의원 선거에 있어서 당선의 효력에 이의가 있는 정당(후보자를 추천한 정당에 한한다) 또는 후보자는 당선인 결정일부터 30일 이내에 제52조 제1항·제3항 또는 제192조 제1항부터 제3항까지의 사유에 해당함을 이유로 하는 때에는 당선인을, 제187조(대통령 당선인의 결정·공고·통지)제1항·제2항, 제188조(지역구 국회의원 당선인의 결정·공고·통지)제1항 내지 제4항, 제189조(비례대표 국회의원 의석의 배분과 당선인의 결정·공고·통지) 또는 제194조(당선인의 재결정과 비례대표 국회의원 의석 및 비례대표 지방의회의원 의석의 재배분) 제4항의 규정에 의한 결정의 위법을 이유로 하는 때에는 대통령 선거에 있어서는 그 당선인을 결정한 중앙선거관리위원회 위원장 또는 국회의장을, 국회의원 선거에 있어서는 당해 선거구 선거관리위원회 위원장을 각각 피고로 하여 대법원에 소를 제기할 수 있다."라고 규정하고 있다.

그리고 선거에 대한 당선소송에 대하여 공직선거법 제223조 제2항에서는 "지방의회의원 및 지방자치단체의 장의 선거에 있어서 당선의 효력에 관한 제220조의 결정에 불복이 있는 소청인 또는 당선인인 피소청인(제219조 제2항 후단에 따라 선거구 선거관리위원회 위원장이 피소청인인 경우에는 당선인을 포함한다)은 해당 소청에 대하여 기각 또는 각하 결정이 있는 경우(제220조 제1항의 기간 내에 결정하지 아니한 때를 포함한다)에는 당선인(제219조 제2항 후단을 이유로 하는 때에는 관할 선거구 선거관리위원회

132) 대판 2005. 6. 9, 2004수54.

위원장을 말한다)을, 인용결정이 있는 경우에는 그 인용 결정을 한 선거관리위원회 위원장을 피고로 하여 그 결정서를 받은 날(제220조 제1항의 기간 내에 결정하지 아니한 때에는 그 기간이 종료된 날)부터 10일 이내에 비례대표 시·도의원 선거 및 시·도지사 선거에 있어서는 대법원에, 지역구 시·도의원 선거, 자치구·시·군의원 선거 및 자치구·시·군의 장 선거에 있어서는 그 선거구를 관할하는 고등법원에 소를 제기할 수 있다."라고 규정하고 있다.

이러한 선거에 대한 당선소송과 관련하여 대법원은 2004년 11월 12일에 "지역구 국회의원 당선무효 소송은 선거구 선거관리위원회가 당해 지역구 국회의원 선거에서 유효 투표의 다수를 얻은 자를 당선인으로 결정하는 과정에 있어서의 하자를 다투는 소송으로서, 지역구 국회의원 선거의 투표지가 비례대표 국회의원 선거의 투표함에서 발견되었다는 사유 그 자체는 공직선거 및 선거부정 방지법에서 규정하고 있는 당선 무효사유가 아니며, 몇몇 투표구에서 투표용지 교부수보다 투표지 수가 1장 내지 3장씩 부족하거나 1장씩 많다는 사정만으로, 지역구 국회의원 선거나 위 몇몇 투표구에서 실시된 선거의 결과에 영향을 미쳤다고 단정할 수 없다."라고 판시하였다.[133]

133) 대판 2004. 11. 12, 2004수16.

제13장

대한민국 헌법의 기본제도 Ⅱ

제13장 대한민국 헌법의 기본제도 Ⅱ

제 1 절 공무원제도

1. 공무원의 의미

'공무원'이란, 직접 또는 간접적으로 국민에 의하여 선출 또는 임용되거나, 각종 국가 공무원 시험에 합격하여 국가나 공공단체와 공법상의 근무관계를 맺고 공공적 업무를 담당하고 있는 사람을 뜻한다.[1]

2. 공무원의 종류와 분류

(1) 공무원의 종류

공무원의 종류에는 국가에 의하여 임용되고, 국가기관에서 근무하며, 국가로부터 보수를 받고, 국가공무원법의 적용을 받는 '국가공무원'이 있다. 그리고 지방자치단체에 의하여 임용되고, 지방자치단체에서 근무하며, 지방자치단체로부터 보수를 받고, 지방공무원법의 적용을 받는 '지방공무원'이 있다.[2]

(2) 공무원의 분류

국가공무원법과 지방공무원법의 각 제2조 제1항에 의하면 공무원은 '경력직 공무원'과 '특수 경력직 공무원'으로 분류된다.

국가공무원법과 지방공무원법의 각 제2조 제2항 제1호에 의하면, 먼저 '경력직 공무원'이란, 실적과 자격에 따라 임용되고, 그 신분이 보장되며, 평생 동안(근무기간을 정하여 임용하는 공무원의 경우에는 그 기간 동안을 말한다) 공무원으로 근무

---

1) 헌재 1992. 4. 28, 90헌바27·34, 36·42, 44·46, 92헌바15(병합).
2) 권영성, 헌법학원론, 법문사, 2009, 225면.

할 것이 예정되는 공무원을 뜻하는바, 이중에서 먼저 '일반직 공무원'이란, 기술·연구 또는 행정 일반에 대한 업무를 담당하는 공무원을 뜻한다. 그리고 국가공무원법 제2조 제2항 제2호에 의하면, '특정직 공무원'이란, 법관, 검사, 외무공무원, 경찰 공무원, 소방 공무원, 교육 공무원, 군인, 군무원, 헌법재판소 헌법연구관, 국가정보원의 직원, 경호 공무원과 특수 분야의 업무를 담당하는 공무원으로서 다른 법률에서 특정직 공무원으로 지정하는 공무원을 뜻한다. 한편 지방공무원법 제2조 제2항 제2호에 의하면, '특정직 공무원'이란, 공립대학 및 전문대학에 근무하는 교육 공무원, 교육감 소속의 교육전문 직원 및 자치경찰 공무원과 그 밖에 특수 분야의 업무를 담당하는 공무원으로서 다른 법률에서 특정직 공무원으로 지정하는 공무원을 뜻한다.

다음으로 국가공무원법과 지방공무원법의 각 제2조 제3항에 의하면, '특수경력직 공무원'이란, 경력직 공무원 이외의 공무원을 뜻한다. 그 종류에는 다음과 같이 크게 두 가지가 있다. 첫째, '정무직 공무원'이란, 선거로 취임하거나 임명할 때 국회나 지방의회의 동의가 필요한 공무원 및 고도의 정책결정 업무를 담당하거나 이러한 업무를 보조하는 공무원으로서, 법률이나 대통령령(대통령비서실 및 국가안보실의 조직에 관한 대통령령만 해당한다) 또는 법령이나 조례에서 정무직으로 지정하는 공무원을 뜻한다. 둘째, '별정직 공무원'이란, 비서관·비서 등 보좌업무 등을 수행하거나 특정한 업무 수행을 위하여 법령에서 별정직으로 지정하는 공무원을 뜻한다.

3. 공무원의 이중적 지위

공무원은 각종 노무의 대가로 얻는 수입에 의존하여 생활하는 사람이라는 점에 비추어 볼 때, 통상적인 의미의 근로자적인 성격을 지니고 있으므로, 헌법 제33조 제2항도 공무원의 근로자적 성격을 인정하는 것을 전제로 규정하고 있다. 그러나 다른 한편으로 공무원은 그 임용주체가 궁극에는 주권자인 국민 또는 주민이기 때문에 국민 전체에 대하여 봉사하고 책임을 져야 하는 특별한 지위에 있고, 그가 담당한 업무가 국가 또는 공공단체의 공공적인 일이어서 특히 그 직무를 수행함에 있어서 공공성·공정성·성실성 및 중립성 등이 요구되기 때문에 일반 근로자와는 달리 특별한 근무관계에 있는 사람이다. 이와 관련하여 헌법 제7조 제1항에서 "공무원은 국민 전체에 대한 봉사자이며, 국민에 대하여 책임을 진다."라고 규정하고 있다. 그리고 헌법 제29조에서 "제1항: 공무원의 직무상 불법행위로 손해를 받은 국민은 법률이 정하는 바에 의하여 국가 또는 공공단체에 정당한 배상을 청구할 수 있다. 이 경우 공무원 자신의 책임은 면제되지 아니한다. 제2항: 군인·군무원·경찰공무원 기타 법률이 정하는 자가 전투·훈련 등 직무집행과 관련하여 받은 손해에 대하여는 법률이 정하는 보상 외에 국가 또는 공공단체에 공무원의 직무상 불법행위로 인한 배상은 청구할 수 없다."라고 규정하여, 공무원의 불법행위책임과 그에 대한 국가의 배상의무 및 일정한 공무원에 대한 배상제한 규정을 두고 있다. 또한 헌법 제33조 제2항에서 "공무원인 근로자는 법률이 정하는 자에 한하여 단결권·단체교섭권 및 단체행동권을 가진다."라고 규정하여 공무원에 대해서는 일반 근로자와 별도의 근로 3권에 대한 규정을 두고 있다.[3)]

4. 직업공무원제도

헌법 제7조 제2항에서는 "공무원의 신분과 정치적 중립성은 법률이 정하는 바에 의하여 보장된다."라고 규정하고 있다. 이러한 헌법 규정의 취지에 따라 제정된 공무원 관련 법률은 정무직 등의 특별한 공무원이 아닌 한, 공무원의 신분을 정권교체 등 외부의 영향을 받지 않도록 해주는 등 어떠한 경우에도 정당한 이유와 적법한 절차에 따르지 아니하고는 그 의사에 반하여 해임 등의 불이익 처분을 당하지 않도록 하는 등에 의하여 두텁게 보장하고 있다.[4)]

즉, 헌법 제7조 제2항은 공무원의 신분과 정치적 중립성을 법률이 정하는 바에 의하여 보장할 것을 규정하고 있는바, 이는 공무원이 집권세력의 논공행상의 제물이 되는 '엽관제도(獵官制度)'를 지양하고, 정권교체에 따른 국가작용의 중단과 혼란을 예방하며, 일관성 있는 공무수행의 독자성 및 영속성을 유지하기 위하여 헌법과 법률로써 공무원의 신분을 보장하려는 공직구조에 관한 제도인 '직업공무원제도'에 대하여 규정하고 있는 것이라고 하겠다. 공무원에게 이러한 직업공무원제도에 의하여 헌법적 차원에서의 근로에 대하여 보장해 주어,

3) 헌재 1992. 4. 28, 90헌바27·34, 36·42, 44·46, 92헌바15(병합).
4) 헌재 1992. 4. 28, 90헌바27·34, 36·42, 44·46, 92헌바15(병합).

모든 공무원이 어떤 특정한 또는 개별적인 정당이나 어느 특정한 또는 개인적인 상급자를 위하여 충성하지 않도록 보장해 준다. 그리고 헌법 제7조 제1항에 의하여 공무원은 국민 전체에 대한 봉사자로서, 국민에 대하여 책임을 지는 형태로 관련 법에 따라 그 맡은바 소임을 다할 수 있도록 보장해 준다. 이는 당해 공무원의 권리나 이익의 보호에 그치지 않고, 국가통치의 차원에서 정치적인 안정을 유지시켜 주는데 기여한다. 이러한 헌법 제7조는 바로 직업공무원제도가 국민주권원리에 바탕을 둔 민주적이고 법치주의적인 공직제도임을 천명하고 있는 것이며, 헌법상 이러한 직업공무원제도의 정신을 받들어, 국가공무원법 제68조에서 "공무원은 형의 선고, 징계처분 또는 이 법에서 정하는 사유에 따르지 아니하고는 본인의 의사에 반하여 휴직·강임 또는 면직을 당하지 아니한다. 다만 1급 공무원과 제23조[5]에 따라 배정된 직무등급이 가장 높은 등급의 직위에 임용된 고위 공무원단에 속하는 공무원은 그러하지 아니하다."라고 규정하고 있다.[6]

한편 이러한 직업공무원에게는 정치적인 중립성과 함께 효율적으로 업무를 수행할 수 있는 능력이 요구된다. 따라서 직업공무원으로의 공직취임권에 관하여 규율함에 있어서는 임용희망자의 능력·전문성·적성·품성을 기준으로 하는 소위 '능력주의' 또는 '성과주의'를 바탕으로 하여야 한다.[7]

5. 공무원의 의무

국가공무원이든 지방공무원이든 공무원은 모두 성실 의무, 복종의 의무, 직장 이탈 금지의 의무, 친절·공정의 의무, 종교 중립의 의무, 비밀 엄수의 의무, 청렴의 의무, 품위 유지의 의무, 영리 업무 및 겸직 금지의 의무. 정치 운동

---

5) 국가공무원법 제23조에서는 "제1항: 국회사무총장, 법원행정처장, 헌법재판소 사무처장, 중앙선거관리위원회 사무총장 또는 인사혁신처장은 법령(국회 규칙, 대법원 규칙, 헌법재판소 규칙 및 중앙선거관리위원회 규칙을 포함한다)으로 정하는 바에 따라 직위 분류제의 적용을 받는 모든 직위를 어느 하나의 직급 또는 직무등급에 배정하여야 한다. 제2항: 국회사무총장, 법원행정처장, 헌법재판소 사무처장, 중앙선거관리위원회 사무총장 또는 인사혁신처장은 법령(국회 규칙, 대법원 규칙, 헌법재판소 규칙 및 중앙선거관리위원회 규칙을 포함한다)으로 정하는 바에 따라 제1항에 따른 정급(定級)을 재심사하고, 필요하다고 인정하면 이를 개정하여야 한다. 제3항: 행정부의 경우 인사혁신처장은 제1항 및 제2항에 따라 정급을 실시하거나 재심사·개정하는 경우에는 대통령령으로 정하는 바에 따라 행정안전부장관과 협의하여야 한다."라고 규정하고 있다.

6) 헌재 1992. 11. 12, 91헌가2.

7) 헌재 1999. 12. 23, 98헌마363.

금지의 의무, 사실상 노무에 종사하는 공무원을 제외한 공무원의 집단 행위 금지의 의무[8] 등이 있다(국가공무원법 제56조－제66조, 지방공무원법 제48조－제58조).

제 2 절 지방자치제도

1. 지방자치제도의 의미와 기능

(1) 지방자치제도의 의미

'지방자치제도'란, 헌법 제117조 제1항에 의하여 일정한 지역을 단위로 일정한 지역의 주민이 그 지방 주민의 복리에 관한 사무·재산관리에 관한 사무·기타 법령이 정하는 사무를 그 지방 주민들 스스로 자신의 책임 하에서 자신들이 선출한 기관을 통하여 직접 처리하게 함으로써, 지방자치행정의 민주성과 능률성을 제고하고, 지방의 균형 있는 발전과 아울러 국가의 민주적인 발전을 도모하는 제도를 뜻한다.[9]

(2) 지방자치제도의 기능

지방자치제도는 국민자치제도를 지방적 범위 내에서 실현하는 것이라고 하겠다. 따라서 지방시정에 직접적인 관심과 그 이해관계가 있는 그 지방 주민들로 하여금 자기들 스스로 다스리게 한다면 자연히 민주주의가 육성·발전될 수 있다는 소위 '풀뿌리 민주주의'를 그 이념적인 배경으로 하고 있다. 지방자치제도는 현대 입헌 민주국가의 통치원리인 권력분립주의 및 통제·법치주의·기

8) 참고로, 공무원의 노동조합 설립 및 운영 등에 관한 법률 제6조 제1항에 의하면 "노동조합에 가입할 수 있는 공무원의 범위는 다음 각 호와 같다. 1. 일반직 공무원, 2. 특정직 공무원 중 외무영사 직렬·외교정보기술 직렬 외무 공무원, 소방 공무원 및 교육 공무원(다만 교원은 제외한다), 3. 별정직 공무원, 4. 제1호부터 제3호까지의 어느 하나에 해당하는 공무원이었던 사람으로서 노동조합 규약으로 정하는 사람"이라고 규정하고 있다. 그리고 공무원의 노동조합 설립 및 운영 등에 관한 법률 제6조 제2항에 의하면 "제1항에도 불구하고 다음 각 호의 어느 하나에 해당하는 공무원은 노동조합에 가입할 수 없다. 1. 업무의 주된 내용이 다른 공무원에 대하여 지휘·감독권을 행사하거나 다른 공무원의 업무를 총괄하는 업무에 종사하는 공무원, 2. 업무의 주된 내용이 인사·보수 또는 노동관계의 조정·감독 등 노동조합의 조합원 지위를 가지고 수행하기에 적절하지 아니한 업무에 종사하는 공무원, 3. 교정·수사 등 공공의 안녕과 국가안전보장에 관한 업무에 종사하는 공무원"이라고 규정하고 있다.

9) 헌재 1991. 3. 11, 91헌마21.

본권의 보장 등 여러 헌법적 원리들을 주민의 직접적인 관심과 참여 속에서 실현시킬 수 있으므로, 자율과 책임을 중시하는 자유민주주의의 이념에 부합하게 된다. 따라서 국민 내지 그 지역 주민의 자치의식과 참여의식만 제고된다면 권력분립의 원리를 지방차원에서 실현시켜 줄 뿐만 아니라(지방분권), 지방의 개성 및 특징과 다양성을 국가전체의 발전으로 승화시킬 수 있게 되며, 나아가 헌법상 보장하고 있는 선거권·공무담임권(피선거권) 등 국민 내지 그 지역주민의 기본권의 신장에도 크게 기여할 수 있는 제도라고 하겠다. 이렇듯 지방자치제도는 민주정치의 요체이며, 현대의 다원적 복합사회가 요구하는 정치적 다원주의를 실현시키기 위한 제도적 장치로서, 주민의 자발적인 참여와 협조로 지역 내의 행정관리·주민복지·재산관리·산업진흥·지역개발·문화진흥·지역민방위 등 그 지방의 공동관심사를 자율적으로 처결해 나간다면 국가의 과제도 그만큼 감축되는 것이고, 주민의 자치역량도 아울러 배양되어, 국민주권주의와 자유민주주의 이념을 구현하는데 크게 이바지할 수 있다고 하겠다.[10]

2. 헌법과 지방자치법상 지방자치제도의 주요 내용

(1) 헌법상 지방자치제도의 규정

헌법 제117조 제1항에서 "지방자치단체는 주민의 복리에 관한 사무를 처리하고 재산을 관리하며, 법령의 범위 안에서 자치에 관한 규정을 제정할 수 있다."라고 규정하고 있다. 그리고 헌법 제117조 제2항에서 "지방자치단체의 종류는 법률로 정한다."라고 규정하고 있다.

한편 헌법 제118조 제1항에서 "지방자치단체에 의회를 둔다."라고 규정하고 있다. 그리고 헌법 제118조 제2항에서 "지방의회의 조직·권한·의원선거와 지방자치단체의 장의 선임방법 기타 지방자치단체의 조직과 운영에 관한 사항은 법률로 정한다."라고 규정하고 있다.

(2) 지방자치법상 조례의 규정과 의미

지방자치법 제22조에 의하면 "지방자치단체는 법령의 범위 안에서 그 사무에 관하여 조례를 제정할 수 있다. 다만 주민의 권리 제한 또는 의무 부과에 관한

10) 헌재 1991. 3. 11, 91헌마21.

사항이나 벌칙을 정할 때에는 법률의 위임이 있어야 한다."라고 규정되어 있다.

따라서 지방자치단체는 그 내용이 주민의 권리 제한이나 의무의 부과에 관한 사항이거나 벌칙에 관한 사항이 아닌 한, 법률의 위임이 없더라도 조례를 제정할 수 있다고 해석된다.[11]

그리고 지방자치법 제22조에서 뜻하는 "법령의 범위 안"이라는 의미는 "법령에 위반되지 아니하는 범위 안"이라는 것을 나타내는바, 특정한 사항에 관하여 국가 법령이 이미 존재할 경우에도 그 규정의 취지가 반드시 전국에 걸쳐서 일률적으로 규율하려는 것이 아니라, 각 지방자치단체마다 각자 그 지방의 실정에 맞도록 별도로 규율하는 것을 용인하고 있다고 해석될 때에는 설사 조례가 국가 법령에서 정하지 않은 사항을 규정하고 있다고 하더라도 이를 들어 법령에 위반되는 것이라고 할 수는 없다고 보는 것이 타당하다.[12]

이와 관련하여 대법원은 1995년 6월 30일에 "지방자치법 제22조 단서는 지방자치단체가 법령의 범위 안에서 그 사무에 관하여 조례를 제정하는 경우에 벌칙을 정할 때에는 법률의 위임이 있어야 한다고 규정하고 있는바, 불출석 등의 죄, 의회 모욕죄, 위증 등의 죄에 관하여 형벌을 규정한 조례안에 관하여 법률에 의한 위임이 없었을 뿐만 아니라, 1994년 3월 16일에 법률 제4741호로 개정되기 전의 (구) 지방자치법 제20조가 조례에 의하여 3월 이하의 징역 등 형벌을 가할 수 있도록 규정하였으나, 개정된 지방자치법 제27조[13]는 형벌권을 삭제하여 지방자치단체는 조례로써 조례 위반에 대하여 1,000만원 이하의 과태료만을 부과할 수 있도록 규정하고 있으므로, 조례 위반에 형벌을 가할 수 있도록 규정한 조례안 규정들은 현행 지방자치법 제27조에 위반되고, 적법한 법률의 위임 없이 제정된 것이 되어 지방자치법 제22조 단서에 위반되며, 나아가 죄형법정주의를 선언한 헌법 제12조 제1항에도 위반된다."라고 판시하였다.[14]

그리고 대법원은 2007년 12월 13일에 지방자치법 제22조 단서와 관련하여 "지방자치단체는 그 고유사무인 자치사무와 개별법령에 의하여 지방자치단체에 위임된 단체위임사무에 관하여 자치조례를 제정할 수 있지만, 그 경우라도

11) 대판 1992. 6. 23, 92추17.
12) 대판 2000. 11. 24, 2000추29.
13) 지방자치법 제27조에서는 "제1항: 지방자치단체는 조례를 위반한 행위에 대하여 조례로써 1천만원 이하의 과태료를 정할 수 있다. 제2항: 제1항에 따른 과태료는 해당 지방자치단체의 장이나 그 관할 구역 안의 지방자치단체의 장이 부과·징수한다."라고 규정하고 있다.
14) 대판 1995. 6. 30, 93추83.

주민의 권리제한 또는 의무부과에 관한 사항이나 벌칙은 법률의 위임이 있어야 한다. 즉, '기관위임사무'에 관하여 제정되는 이른바 '위임조례'는 개별법령에서 일정한 사항을 조례로 정하도록 위임하고 있는 경우에 한하여 제정할 수 있으므로, '주민의 권리제한' 또는 '의무부과'에 관한 사항이나 '벌칙'에 해당하는 조례를 제정할 경우에는 그 조례의 성질을 묻지 아니하고 법률의 위임이 있어야 하고, 그러한 위임이 없이 제정된 조례는 효력이 없다. 그리고 지방자치단체의 조례는 그것이 자치조례에 해당하는 것이라도 법령에 위반되지 않는 범위 안에서 제정할 수 있으므로, 법령에 위반되는 조례는 그 효력이 없지만(지방자치법 제22조), 조례가 규율하는 특정사항에 관하여 그것을 규율하는 국가의 법령이 이미 존재하는 경우에도 조례가 법령과 별도의 목적에 기하여 규율함을 의도하는 것으로서, 그 적용에 의하여 법령의 규정이 의도하는 목적과 효과를 전혀 저해하는 바가 없는 때 또는 양자가 동일한 목적에서 출발한 것이라고 할지라도 국가의 법령이 반드시 그 규정에 의하여 전국에 걸쳐서 일률적으로 동일한 내용을 규율하려는 취지가 아니고 각 지방자치단체가 그 지방의 실정에 맞도록 별도로 규율하는 것을 용인하는 취지라고 해석되는 때에는 그 조례가 국가의 법령에 위반되는 것이 아니라고 보아야 한다."라고 판시하였다.[15)]

한편 지방자치법 제23조에서 "지방자치단체의 장은 법령이나 조례가 위임한 범위에서 그 권한에 속하는 사무에 관하여 규칙을 제정할 수 있다."라고 규정하고 있다.

(3) 지방자치단체의 구성과 운영

1) 지방의회

지방자치단체에는 지방의회를 둔다.[16)] 이와 관련하여 헌법재판소는 2019년 8월 29일에 "헌법은 지방자치단체의 종류와 단계를 입법자의 광범위한 형성에 맡기고 있고, 기초자치단체가 성립하는 면적이나 인구 등의 규모에 대하여 규정하고 있지 않다. 일정한 인구 이상의 주민이 거주하는, 인구 50만 이상의 일반 시에서 자치구가 아닌 구(이하에서 "행정구"로 줄임)가 만약 지방자치단체의 지위를 가지게 된다면 주민자치와 통제를 통한 책임행정이라는 민주주의 실현과 주

15) 대판 2007. 12. 13, 2006추52.
16) 지방자치법 제30조에서 "지방자치단체에 주민의 대의기관인 의회를 둔다."라고 규정하고 있다.

민 선호의 특성에 따른 대응이 가능해지는 긍정적인 면을 생각해 볼 수 있다. 반면에 지방자치단체가 구(區), 시(市), 도(道)라는 3단계 구조가 됨에 따라서, 시 및 이웃 구와의 협력 관계 약화, 시와 구의 중복 행정, 구 사이에 재정자립도의 차이에 따른 행정서비스 불균형 등의 비효율성도 나타날 수 있다. 행정구의 경우에 기초자치단체인 시 관할 구역 안에 있는 것을 감안하여 지방자치단체의 지위를 부여하지 않고, 현행 지방자치의 일반적인 모습인 2단계 지방자치단체의 구조를 형성한 입법자의 선택이 현저히 자의적이라고 보기 어렵다. 행정구의 주민이 지방자치단체로서 행정구의 대표자를 선출할 수 없다고 하더라도, 여전히 기초자치단체인 시와 광역자치단체인 도의 대표자 선출에 참여할 수 있어, 행정구에서도 지방자치행정에 대한 주민참여가 제도적으로 동일하게 유지되고 있다. 따라서 행정구를 두고 그 구청장은 시장이 임명하도록 규정한 지방자치법(2011. 5. 30. 법률 제10739호로 개정된 것) 제3조 제3항 중 '특별시·광역시 및 특별자치시가 아닌, 인구 50만 이상의 시에는 자치구가 아닌 구를 둘 수 있고,'라는 부분 및 지방자치법(2007. 5. 11. 법률 제8423호로 전부 개정된 것) 제118조 제1항 중 '자치구가 아닌 구의 구청장은 시장이 임명한다.'라는 부분(이하에서 "임명조항"으로 줄임)이 주민들의 민주적인 요구를 수용하는 지방자치제와 민주주의의 본질과 정당성을 훼손할 위험이 있다고 단정할 수 없다. 그러므로 인구가 적거나 비슷한 다른 기초자치단체의 주민에 비하여, 행정구에 거주하는 청구인이 행정구의 구청장이나 구의원을 선출하지 못하는 차이가 있지만, 이러한 차별취급이 자의적이거나 불합리하다고 보기 어려우므로, 이러한 임명조항은 행정구 주민의 평등권을 침해하지 않는다."라고 판시하였다.[17]

그리고 지방자치법 제31조에 의하여 지방의회의원은 주민이 보통·평등·직접·비밀선거에 따라 선출한다. 지방자치법 제32조에서는 이렇게 선출된 지방의회의 의원의 임기를 4년으로 규정하고 있다. 또한 지방자치법 제33조 제1항[18]에 의하여 지방의원에게는 매월 의정활동비 등의 비용을 지급한다.

한편 지방자치법 제44조에 의하여 지방의회는 매년 2회 정례회를 개최하

---

17) 헌재 2019. 8. 29, 2018헌마129.

18) 지방자치법 제33조 제1항에서는 "지방의회의원에게 다음 각 호의 비용을 지급한다. 1. 의정 자료를 수집하고 연구하거나 이를 위한 보조 활동에 사용되는 비용을 보전(補塡)하기 위하여 매월 지급하는 의정활동비, 2. 본회의 의결, 위원회의 의결 또는 의장의 명에 따라 공무로 여행할 때 지급하는 여비, 3. 지방의회의원의 직무활동에 대하여 지급하는 월정수당"이라고 규정하고 있다.

고, 지방자치법 제45조 제1항에 의하여 총선거 후에 최초로 집회되는 임시회는 지방의회 사무처장·사무국장·사무과장이 지방의회의원 임기 개시일부터 25일 이내에 소집하며, 지방자치법 제45조 제2항에 의하여 지방의회의 의장은 지방자치단체의 장이나 재적의원 3분의 1 이상의 지방의회의 의원이 요구하면 15일 이내에 임시회를 소집하여야 한다. 다만 지방의회의 의장과 부의장이 사고로 임시회를 소집할 수 없으면 지방의회의 의원 중 최다선 지방의회의 의원이, 최다선 지방의회의 의원이 2명 이상인 경우에는 그 중에서 연장자의 순으로 소집할 수 있도록 규정하고 있다. 그리고 지방자치법 제45조 제3항에서 “임시회의 소집은 집회일 3일 전에 공고하여야 한다. 다만 긴급할 때에는 그러하지 아니하다.”라고 규정하고 있다.

또한 지방지치법 제63조 제1항에 의하여 지방의회는 재적의원 3분의 1 이상의 출석으로 개의(開議)하고, 지방자치법 제64조 제1항에 의하여 의결 사항은 지방자치법에 특별히 규정된 경우 외에는 재적의원 과반수의 출석과 출석의원 과반수의 찬성으로 의결하며, 지방자치법 제64조 제2항에 의하여 지방의회의 의장은 의결에서 표결권을 가지고, 찬성과 반대가 같으면 부결된 것으로 본다.

그리고 지방자치법 제67조에 의하여 지방의회에 제출된 의안은 회기 중에 의결되지 못한 것 때문에 폐기되지는 않는다. 다만 지방의회의원의 임기가 끝나는 경우에는 예외적으로 폐기가 되며, 지방자치법 제68조에 의하여 지방의회에서 부결된 의안은 같은 회기 중에 다시 발의하거나 제출할 수 없다.

이러한 지방의회의 자치입법권인 조례제정권과 관련하여 헌법재판소는 1995년 4월 20일에 “조례의 제정권자인 지방의회는 선거를 통해서 그 지역적의 민주적 정당성을 지니고 있는 주민의 대표기관이고, 헌법이 지방자치단체에 대하여 포괄적인 자치권을 보장하고 있는 취지에 비추어 볼 때, 조례제정권에 대한 지나친 제약은 바람직하지 않으므로, 조례에 대한 법률의 위임은 법규명령에 대한 법률의 위임과 같이 반드시 구체적으로 범위를 정하여 할 필요가 없으며, 포괄적인 것으로 족하다고 할 것이다. 자동판매기를 통한 담배판매는 구입자가 누구인지를 분별하는 것이 곤란하여 청소년의 담배구입을 막기 어렵고, 담배 자동판매기는 그 특성상 판매자와 대면하지 않는 익명성과 비노출성으로 인하여 청소년으로 하여금 심리적으로 담배구입을 용이하게 하고, 주야를 불문하고 언제라도 담배구입을 가능하게 하며, 청소년이 쉽게 볼 수 있는 장소에 설치됨으로써 청소년에 대한 흡연유발효과도 매우 크다고 할 것이므로, 청소년의 보호를 위하여 담배자판기의 설치 제한은 반드시 필요하다고 할 것이다. 따라서 담배소매인의 직업수행의 자유가 다소 제한되더라도 법익형량의 원리상 이는 감수되어야 할 것이다."라고 판시하였다.19)

2) 지방자치단체의 장

지방자치법 제93조에 의하여 지방자치단체에 지방자치단체의 집행기관으로, 특별시에는 특별시장, 광역시에는 광역시장, 특별자치시에는 특별자치시장, 도와 특별자치도에는 도지사를 각각 두고, 시에는 시장, 군에는 군수, 자치구에는 구청장을 각각 둔다. 그리고 지방자치법 제94조에 의하여 지방자치단체의 장은 주민이 보통·평등·직접·비밀선거에 따라 선출하며, 지방자치법 제95조에 의하여 지방자치단체의 장의 임기는 4년이고, 지방자치단체의 장의 계속 재임은 3기에 한한다.

이러한 지방자치단체의 자치조례 제정권과 관련하여 대법원은 2001년 11월 27일에 "헌법 제117조 제1항과 (구) 지방자치법(2007. 5. 11. 법률 제8423호로 전문 개정되기 전의 것) 제15조(현재 지방자치법 제22조)에 의하면 지방자치단체는 법령의 범위 안에서 그 사무에 관하여 자치조례를 제정할 수 있지만, 이때 '사무'란, 지방자치법 제9조 제1항에서 말하는 지방자치단체의 '자치사무'와 법령에 의하여 지방자치단체에 속하게 된 '단체위임사무'를 가리키는 것이므로, 지방자치단체가 자치조례를 제정할 수 있는 것은 원칙적으로 이러한 '자치사무'와 '단체위임사무'에 한한다. 그러므로 국가사무가 지방자치단체의 장에게 위임된 '기관위임사무'는 원칙적으로 자치조례의 제정범위에 속하지 않는다 할 것이다. 다만 개별법령에서 일정한 사항을 조례로 정하도록 위임하고 있는 경우에는 예외적으로 그 위임받은 사항에 관하여 개별법령의 취지에 부합하는 범위 내에서 이른바 '위임조례'를 정할 수 있다. 그리고 법령상 지방자치단체의 장이 처리하도록 규정하고 있는 사무가 '자치사무'인지 아니면 '기관위임사무'에 해당하는지의 여부를 판단할 때에는 그에 관한 법령의 규정 형식과 취지를 우선 고려하여야 할 것이지만, 그 외에도 그 사무의 성질이 전국적으로 통일적인 처리가 요구되는 사무인지의 여부나 그에 관한 경비부담과 최종적인 책임귀속의 주체 등도 함께 고

19) 헌재 1995. 4. 20, 92헌마264·279(병합).

려하여 판단해야 할 것이다."라고 판시하였다.[20]

한편 지방자치법 제107조 제1항에 의하여 지방자치단체의 장은 지방의회의 의결이 월권이거나, 법령에 위반되거나, 공익을 현저히 해친다고 인정되면 그 의결사항을 이송 받은 날부터 20일 이내에 이유를 붙여 재의를 요구할 수 있다.

이와 관련하여 대법원은 2015년 5월 14일에 "교육부장관이 관할 교육감에게, OO 지방의회가 의결한 학생인권 조례안에 대하여 재의요구를 하도록 요청하였지만, 이를 교육감이 거절하고 학생인권조례를 공포하자, 해당 학생인권조례안 의결에 대한 효력 배제를 구하는 소를 제기한 사안에서, 해당 학생인권조례안은 전체적으로 헌법과 법률의 테두리 안에서 이미 관련 법령에 의하여 인정되는 학생의 권리를 열거하여 그와 같은 권리가 학생에게 보장되는 것임을 확인하고, 학교생활과 학교의 교육과정에서 학생의 인권보호가 실현될 수 있도록 내용을 구체화하고 있는 것에 불과할 뿐, 법령에 의하여 인정되지 아니하였던 새로운 권리를 학생에게 부여하거나 또는 학교의 운영자나 학교의 장·교사 등에게 새로운 의무를 부과하고 있는 것이 아니며, 정규 교과시간 이외의 교육활동에 대한 강요 금지, 학생인권 교육의 실시 등의 규정 역시 교육의 주체인 학교의 장이나 교사에게 학생의 인권이 학교의 교육과정에서 존중되어야 함을 강조하고, 그에 필요한 조치를 권고하고 있는데 지나지 아니하여, 그 규정들이 교사나 학생의 권리를 새롭게 제한하는 것이라고 볼 수 없으므로, 국민의 기본권이나 주민의 권리 제한에서 요구되는 법률유보의 원칙에 위반된다고 할 수 없고, 그 내용이 법령의 규정과 모순·저촉되어 법률우위의 원칙에 어긋난다고 볼 수 없다. 또한 조례안에 대한 재의결 무효 확인 소송에서의 심리대상은 지방자치단체의 장이 지방의회에 재의를 요구할 당시에 이의사항으로 지적하여 재의결에서 심의의 대상이 된 것에 국한된다. 이러한 법리는 주무부장관이 지방자치법 제172조 제7항에 따라 지방의회의 의결에 대하여 직접 제소함에 따른 조례안의결 무효 확인 소송에도 마찬가지로 적용되므로, 조례안의결 무효 확인 소송의 심리대상은 주무부장관이 재의요구 요청에서 이의사항으로 지적한 것에 한정된다."라고 판시하였다.[21]

---

20) 대판 2001. 11. 27, 2001추57.
21) 대판 2015. 5. 14, 2013추98.

그리고 대법원은 지방자치법 제107조 제1항과 관련하여 2017년 8월 29일에 "지방자치법상 지방자치단체의 장, 주무부장관 또는 시·도지사가 아닌, 개인이 지방자치단체의 장을 상대로 대법원에 지방의회의 의결 또는 재의결에 따른 조례의 효력을 다투는 소를 제기할 수 없다."라고 판시하였다.[22]

한편 지방자치법 제107조 제2항에 의하여 이러한 요구에 대하여 재의한 결과, 재적의원 과반수의 출석과 출석의원 3분의 2 이상의 찬성으로 전과 같은 의결을 하면 그 의결사항은 확정되며, 지방자치법 제107조 제3항에 의하여 이렇게 지방자치법 제107조 제2항에 의하여 재의결된 사항이 법령에 위반된다고 인정되면 지방자치단체의 장은 대법원에 소를 제기할 수 있다. 다만 이 경우에는 지방자치법 제172조 제3항에 의하여 지방자치단체의 장은 지방자치법 제172조 제2항[23]에 따라 재의결된 사항이 법령에 위반된다고 판단되면, 재의결된 날부터 20일 이내에 대법원에 소를 제기할 수 있다. 다만 이 경우에 필요하다고 인정되면 그 의결의 집행을 정지하게 하는 집행정지결정을 신청할 수 있다.

그리고 지방자치법 제108조 제1항에 의하여 지방자치단체의 장은 지방의회의 의결이 예산상 집행할 수 없는 경비를 포함하고 있다고 인정되면, 그 의결사항을 이송 받은 날부터 20일 이내에 이유를 붙여서 재의를 요구할 수 있고, 지방자치법 제108조 제2항에 의하여 지방의회가 법령에 따라 지방자치단체에서 의무적으로 부담하여야 할 경비나 비상재해로 인한 시설의 응급복구를 위하여 필요한 경비 중 어느 하나에 해당하는 경비를 줄이는 의결을 할 때에도 지방자치법 제108조 제1항과 같은 절차를 거치도록 규정하고 있다.

또한 지방자치법 제109조 제1항에 의하여 지방자치단체의 장은 지방의회가 성립되지 아니한 때(지방의원이 구속되는 등의 사유로 지방자치법 제64조에 따른 의결정족수에 미달하게 될 때)와 지방의회의 의결사항 중 주민의 생명과 재산보호를 위하여 긴급하게 필요한 사항으로서, 지방의회를 소집할 시간적 여유가 없거나 지방의회에서 의결이 지체되어 의결되지 아니할 때에는 선결처분(先決處分)을 할 수

22) 대판 2017. 8. 29, 2017추5015.

23) 지방자치법 제172조의 제1항과 제2항에서는 "제1항: 지방의회의 의결이 법령에 위반되거나, 공익을 현저히 해친다고 판단되면 시·도에 대하여는 주무부장관이, 시·군 및 자치구에 대하여는 시·도지사가 재의를 요구하게 할 수 있고, 재의요구를 받은 지방자치단체의 장은 의결사항을 이송 받은 날부터 20일 이내에 지방의회에 이유를 붙여 재의를 요구하여야 한다. 제2항: 제1항의 요구에 대하여 재의의 결과 재적의원 과반수의 출석과 출석의원 3분의 2 이상의 찬성으로 전과 같은 의결을 하면 그 의결사항은 확정된다."라고 규정하고 있다. 이러한 지방자치법에 대한 것은 홍정선, 신지방자치법, 박영사, 2018. 등

있고, 지방자치법 제109조 제2항에 의하여 이에 따른 선결처분은 지체 없이 지방의회에 보고하여 승인을 받아야 하며, 지방자치법 제109조 제3항에 의하여 지방의회에서 이러한 승인을 받지 못하면 그 선결처분은 그때부터 효력을 상실한다.

제 3 절 교육제도

1. 교육의 의미와 목적

(1) 교육의 의미

먼저 협의적 개념으로 교육의 의미를 살펴보면, 학생들의 건전한 지식과 인격의 신장을 목표로 하여 학생들을 지도하고 가르치는 것을 뜻한다.[24)]

그리고 광의적 개념으로 교육의 의미를 살펴보면, 인간의 발달과정을 도와주어 개인의 인격과 능력을 바람직하게 실현시켜 주고, 가정과 학교 및 사회에서 행하여지는 인간의 존엄과 가치의 함양 및 제고를 위한 모든 활동을 뜻한다.[25)]

(2) 교육의 목적

헌법 전문과 헌법 제1장 총강에서 우리나라는 자유롭고 문화적인 민주복지국가를 이룩하여 항구적인 세계평화와 인류공영(人類共榮)에 이바지함을 그 이념으로 하고 있음을 명시적으로 밝히고 있다. 이러한 헌법 이념의 실현은 국민 각자의 자각과 노력이 뒷받침되어야 비로소 가능한 것이므로, 궁극에는 교육의 힘에 의존할 수밖에 없다. 이러한 헌법의 이념을 실현하는 기능을 가진 교육은 그 목적이 국민 개개인의 타고난 저마다의 소질을 계발하여 인격을 완성하게 해 주고, 자립하여 생활할 수 있는 능력을 증진시켜 줌으로써 그들로 하여금 인간다운 생활을 누릴 수 있도록 해 주며, 평화적이고 민주적인 국가 및 사회의 형성자로서, 세계의 평화와 인류의 공영에 이바지하도록 해 준다. 이에 대하여

---

24) 헌재 1997. 12. 24, 95헌바29·97헌바6(병합).
25) 권영성, 전게서, 264면.

교육기본법 제2조에서는 교육의 목적에 대하여 "교육은 홍익인간(弘益人間)의 이념 아래, 모든 국민으로 하여금 인격을 도야(陶冶)하고, 자주적 생활능력과 민주시민으로서 필요한 자질을 갖추게 함으로써, 인간다운 삶을 영위하게 하고 민주국가의 발전과 인류공영의 이상을 실현하는데 이바지하게 함을 목적으로 한다."라고 규정하고 있다. 그리고 교육기본법 제6조 제1항에서는 "교육은 교육 본래의 목적에 따라 그 기능을 다하도록 운영되어야 하며, 정치적·파당적 또는 개인적 편견을 전파하기 위한 방편으로 이용되어서는 안 된다."라고 규정하여, 국민에 대한 교육은 스스로 그 목적에 따르는 제약을 받지 않을 수 없는 것으로서, 교육의 활동은 헌법의 체계와 테두리 안에서 이루어져야 함을 명백히 규정하고 있다고 하겠다.[26)]

2. 교육의 자주성 등과 교원의 지위에 대한 법정주의

(1) 교육의 자주성 등

교육의 자주성 등에 대하여 헌법 제31조 제4항에서 "교육의 자주성·전문성·정치적 중립성 및 대학의 자율성은 법률이 정하는 바에 의하여 보장된다."라고 규정하고 있다. 그리고 헌법 제31조 제6항에서 교육제도와 교원지위의 법정주의에 대하여 규정하여, 교육의 자주성 등을 보장함과 아울러 교육의 물적 기반이 되는 교육제도와 교육의 인적기반으로서 가장 중요한 교원의 지위에 관한 기본적인 사항을 국민의 대표기관인 입법부에서 제정하는 법률로 정하도록 규정하고 있다.

교원은 미래에 사회를 이끌어 나갈 학생들로 하여금 자립하여 생활할 수 있는 능력을 길러주는 공교육제도의 주관자로서, 주도적 지위를 담당하도록 주권자인 국민으로부터 위임받은 사람을 뜻한다. 그리고 '교원의 직무'는 피교육자인 학생들의 기본적인 권리인 '교육을 받을 권리'와 서로 앞뒷면을 이루고 있다는 특징이 있다. 따라서 교원의 직무에는 교육제도의 구조적인 특성과 교육의 자주성 등에 내재하는 두 가지의 한계가 있다. 이중에서 첫 번째 한계는 교원 직무의 자주성이 교육을 받을 기본권을 가진 피교육자인 학생들의 권익과 복리의 증진에 저해가 되어서는 안 된다는 것이다. 그리고 두 번째 한계는 국가

26) 헌재 1991. 7. 22, 89헌가106.

와 사회공동체의 이념과 윤리의 테두리 안에서 직무의 자주성은 일정한 제약을 받게 된다는 것이다. 즉, 교원의 자주성은 그 자체가 책임을 수반하는 것으로서, 그것이 피교육자인 학생의 권익과 복지의 증진에 공헌할 것인가 및 국가와 사회공동체의 공동의 이념 및 윤리와 조화될 수 있는가라는 상대적인 관계에서 그 범위가 정해진다고 할 것이다.[27)]

(2) 교원의 지위에 대한 법정주의

헌법 제31조 제6항은 "학교교육 및 평생교육을 포함한 교육제도와 그 운영, 교육재정 및 교원의 지위에 관한 기본적인 사항은 법률로 정한다."라고 규정하여, 교육의 물적 기반이 되는 교육제도와 함께 교육의 인적 기반으로서 가장 중요한 교원의 모든 지위에 관한 기본적인 사항을 정하는 것은 국민의 대표기관인 입법부의 권한으로 규정하고 있다.[28)]

이러한 헌법 제31조 제6항의 의의는 교원의 지위를 포함한 교육제도가 한 시대와 국가·사회공동체의 이념 및 윤리와 조화되는 가운데 형성·발전되어야 할 성격을 지닌 것이기 때문에, 그러한 제도의 구체적인 형성과 변경은 국민의 대표기관인 입법부가 그 시대의 구체적인 사회적 여건과 교육의 특수성을 고려하여, 민주적인 방법에 의하여 합리적으로 이루어 나가도록 하는 것이 적합하다는데 그 근거를 두고 있는 것으로 해석된다. 또한 헌법 제31조 제6항에서 '교원의 지위'란, 교원의 직무의 중요성 및 그 직무수행능력에 대한 인식의 정도에 따라서 그들에게 주어지는 사회적인 대우나 존경 및 교원의 근무조건·보수 및 그 밖의 물적인 급부 등을 모두 포함하는 뜻이다. 따라서 헌법 제31조 제6항은 단순히 교원의 권익을 보장하기 위한 규정이라거나 교원의 지위를 행정 권력에 의한 부당한 침해로부터 보호하는 것만을 목적으로 한 규정이 아니고, 국민의 교육을 받을 기본권을 실효성 있도록 보장하기 위한 것까지 포함하여, 교원의 지위를 법률로 정하도록 한 것이므로, 이 규정을 근거로 하여 제정되는 법률에는 교원의 신분보장과 경제적·사회적인 지위의 보장 등 교원의 권리에 해당하는 사항 뿐만 아니라, 국민의 교육을 받을 권리를 저해할 우려가 있는 행위의 금지 등 교원의 의무에 관한 사항도 규정할 수 있어서, 교원의 기본권을 제한하

27) 헌재 1997. 12. 24, 95헌바29·97헌바6(병합).
28) 헌재 1998. 7. 16, 96헌바33·66·68, 97헌바2·34·80, 98헌바39(병합).

는 사항까지도 규정할 수 있다고 할 것이다.[29)]

3. 대학의 자율·자치권에 대한 주요 내용

헌법 제31조 제4항에서는 교육의 자주성 등과 대학의 자율에 대하여 보장하고 있다. 이는 대학에 대한 공권력 등 외부 세력의 간섭을 배제하고, 대학의 구성원 자신이 대학을 자주적·자율적으로 운영할 수 있도록 보장해 줌으로써, 대학인으로 하여금 연구와 교육을 자유롭게 하여 진리의 탐구와 지도적인 인격의 도야라는 대학의 기능을 충분히 발휘할 수 있도록 해 주기 위한 것이며, 교육의 자주성이나 대학의 자율이나 자치권은 헌법 제22조 제1항이 보장하고 있는 학문의 자유의 확실한 보장수단으로 꼭 필요한 것으로서, 이는 대학에게 부여된 헌법상의 기본권에 해당한다.[30)]

따라서 국립대학인 서울대학교는 다른 국가기관 내지 행정기관과는 달리 공권력의 행사자의 지위와 함께 기본권의 주체라는 점도 중요하게 다루어져야 한다. 여기서 대학의 자율이나 자치권은 대학 시설의 관리·운영에 대한 것 뿐만 아니라, 대학의 학사관리 등의 전반적인 것이라야 하므로, 연구와 교육의 내용, 그 방법과 그 대상, 교과과정의 편성, 학생의 선발, 학생의 전형 등도 그 범위 안에 포함된다고 할 것이다. 예를 들어, 대학의 입학시험제도는 대학이 자주적·자율적으로 마련할 수 있도록 보장해 주어야 한다.[31)]

다만 대학의 자율이나 자치권의 주체를 기본적으로 대학으로 보더라도, 교수나 교수회의 주체성이 부정된다고 할 수 없다. 예를 들어, 학문의 자유를 침해하는 대학의 장에 대한 관계에서는 교수나 교수회가 주체가 될 수 있고, 국가에 의한 침해에 있어서는 대학 자체 이외에도 대학의 전체 구성원이 자율이나 자치권을 갖는 경우도 있을 수 있으므로, 문제가 되는 해당 경우에 따라서는 대학, 교수, 교수회 모두가 단독 또는 중첩적으로 대학의 자율이나 자치권의 주체가 될 수 있다고 하겠다.[32)]

---

29) 헌재 1998. 7. 16, 96헌바33·66·68, 97헌바2·34·80, 98헌바39(병합).
30) 헌재 1992. 10. 1, 92헌마68·76(병합); 헌재 2006. 4. 27, 2005헌마1047·1048(병합).
31) 헌재 1992. 10. 1, 92헌마68·76(병합).
32) 헌재 2006. 4. 27, 2005헌마1047·1048(병합).

제 4 절 혼인과 가족제도

1. 혼인과 가족의 의미

먼저 '혼인'이란, 한 사람의 남성과 한 사람의 여성이 생활공동체를 구성하기로 합의 하는 것을 뜻한다. 다음으로 '가족'이란, 혼인을 하거나 혈연관계이거나 또는 입양 등을 통하여 결합하여 동거하면서 상호 간의 협동에 의하여 강하게 결속되어 있는 생활공동체를 뜻한다.[33)]

2. 헌법상 혼인과 가족제도의 규정과 의미

헌법 제36조 제1항에서 "혼인과 가족생활은 개인의 존엄과 양성의 평등을 기초로 성립되고 유지되어야 하며, 국가는 이를 보장한다."라고 규정하고 있다.

이러한 헌법 제36조 제1항은 혼인과 가족생활을 스스로 결정하고 형성할 수 있는 자유를 기본권의 하나로 보장하고, 헌법에서 혼인과 가족에 대한 제도를 보장하고 있는 것이라고 하겠다. 그리고 헌법 제36조 제1항은 혼인과 가족에 관련되는 공법과 사법의 모든 영역에서 영향을 미치는 헌법의 원리 내지 원칙적인 규범으로서의 성격도 있다. 이는 적극적으로는 적절한 조치를 통해서 혼인과 가족을 지원하고 제3자에 의한 기본권의 침해에 대하여 혼인과 가족을 보호해 주어야 할 국가의 과제를 뜻한다. 한편 소극적으로는 혼인과 가족에 대하여 불이익을 야기하는 부당한 제한조치나 또는 혼인과 가족을 부당하게 차별하는 것을 금지해야 할 국가의 의무를 뜻한다. 이러한 헌법상의 원리로부터 도출되는 차별금지에 대한 명령은 헌법 제11조 제1항에서 보장되는 평등의 원칙을 혼인과 가족생활의 영역에서 한층 더 구체적으로 보장해 줌으로써, 혼인과 가족을 부당한 각종 차별로부터 특별하게 좀 더 보호해 주려는 목적을 가진다. 만약 어떤 특정한 법률조항에서 기혼자나 미혼자를 불리하게 하는 차별취급을 행하기 위해서는 그 차별취급에 대한 중대한 합리적인 근거가 존재하여 헌법상 이를 정당화하는 경우에 한해서만 헌법 제36조 제1항에 위반되지 않게 된다고

33) 권영성, 전게서, 275면.

하겠다.[34]

또한 헌법 제36조 제1항은 혼인제도와 가족제도에 관한 헌법적 원리를 규정한 것으로서, 혼인제도와 가족제도는 인간의 존엄과 가치에 대한 존중과 민주주의의 원리에 의해서 규정되어야 하는 것을 천명한 것이라고 하겠다. 따라서 혼인에 있어서 개인의 존엄과 양성의 본질적인 평등의 바탕 위에서, 모든 국민은 스스로 혼인을 할 것인가 또는 하지 않을 것인가를 자율적으로 선택해서 결정할 수 있고, 혼인을 하는 경우에도 그 시기는 물론 그 상대방을 자유롭게 선택할 수 있는 것이며, 이러한 결정에 의해서 혼인과 가족생활을 계속 유지할 수 있게 되는 것이고, 국가는 이를 헌법상 기본제도 및 기본권으로 헌법 제37조 제2항에 저촉되지 않는 범위 내에서 최대한 보장해 주어야 한다.[35]

---

34) 헌재 2002. 8. 29, 2001헌바82.
35) 헌재 1997. 7. 16, 95헌가6·13(병합).

대한민국 헌법

전 문

유구한 역사와 전통에 빛나는 우리 대한국민은 3·1운동으로 건립된 대한민국임시정부의 법통과 불의에 항거한 4·19민주이념을 계승하고, 조국의 민주개혁과 평화적 통일의 사명에 입각하여 정의·인도와 동포애로써 민족의 단결을 공고히 하고, 모든 사회적 폐습과 불의를 타파하며, 자율과 조화를 바탕으로 자유민주적 기본질서를 더욱 확고히 하여 정치·경제·사회·문화의 모든 영역에 있어서 각인의 기회를 균등히 하고, 능력을 최고도로 발휘하게 하며, 자유와 권리에 따르는 책임과 의무를 완수하게 하여, 안으로는 국민생활의 균등한 향상을 기하고 밖으로는 항구적인 세계평화와 인류공영에 이바지함으로써 우리들과 우리들의 자손의 안전과 자유와 행복을 영원히 확보할 것을 다짐하면서 1948년 7월 12일에 제정되고 8차에 걸쳐 개정된 헌법을 이제 국회의 의결을 거쳐 국민투표에 의하여 개정한다.

1987년 10월 29일

제1장 총 강

제1조 ① 대한민국은 민주공화국이다.
② 대한민국의 주권은 국민에게 있고, 모든 권력은 국민으로부터 나온다.

제2조 ① 대한민국의 국민이 되는 요건은 법률로 정한다.
② 국가는 법률이 정하는 바에 의하여 재외국민을 보호할 의무를 진다.

제3조 대한민국의 영토는 한반도와 그 부속도서로 한다.

제4조 대한민국은 통일을 지향하며, 자유민주적 기본질서에 입각한 평화적 통일 정책을 수립하고 이를 추진한다.

제5조 ① 대한민국은 국제평화의 유지에 노력하고 침략적 전쟁을 부인한다.
② 국군은 국가의 안전보장과 국토방위의 신성한 의무를 수행함을 사명으로 하며, 그 정치적 중립성은 준수된다.

제6조 ① 헌법에 의하여 체결·공포된 조약과 일반적으로 승인된 국제법규는 국내법과 같은 효력을 가진다.
② 외국인은 국제법과 조약이 정하는 바에 의하여 그 지위가 보장된다.

제7조 ① 공무원은 국민전체에 대한 봉사자이며, 국민에 대하여 책임을 진다.
② 공무원의 신분과 정치적 중립성은 법률이 정하는 바에 의하여 보장된다.

제8조 ① 정당의 설립은 자유이며, 복수정당제는 보장된다.
② 정당은 그 목적·조직과 활동이 민주적이어야 하며, 국민의 정치적 의사형성에 참여하는데 필요한 조직을 가져야 한다.
③ 정당은 법률이 정하는 바에 의하여 국가의 보호를 받으며, 국가는 법률이 정하는 바에 의하여 정당운영에 필요한 자금을 보조할 수 있다.

④ 정당의 목적이나 활동이 민주적 기본질서에 위배될 때에는 정부는 헌법재판소에 그 해산을 제소할 수 있고, 정당은 헌법재판소의 심판에 의하여 해산된다.

제 9 조 국가는 전통문화의 계승·발전과 민족문화의 창달에 노력하여야 한다.

제 2 장 국민의 권리와 의무

제10조 모든 국민은 인간으로서의 존엄과 가치를 가지며, 행복을 추구할 권리를 가진다. 국가는 개인이 가지는 불가침의 기본적 인권을 확인하고 이를 보장할 의무를 진다.

제11조 ① 모든 국민은 법 앞에 평등하다. 누구든지 성별·종교 또는 사회적 신분에 의하여 정치적·경제적·사회적·문화적 생활의 모든 영역에 있어서 차별을 받지 아니한다.

② 사회적 특수계급의 제도는 인정되지 아니하며, 어떠한 형태로도 이를 창설할 수 없다.

③ 훈장등의 영전은 이를 받은 자에게만 효력이 있고, 어떠한 특권도 이에 따르지 아니한다.

제12조 ① 모든 국민은 신체의 자유를 가진다. 누구든지 법률에 의하지 아니하고는 체포·구속·압수·수색 또는 심문을 받지 아니하며, 법률과 적법한 절차에 의하지 아니하고는 처벌·보안처분 또는 강제노역을 받지 아니한다.

② 모든 국민은 고문을 받지 아니하며, 형사상 자기에게 불리한 진술을 강요당하지 아니한다.

③ 체포·구속·압수 또는 수색을 할 때에는 적법한 절차에 따라 검사의 신청에 의하여 법관이 발부한 영장을 제시하여야 한다. 다만, 현행범인인 경우와 장기 3년 이상의 형에 해당하는 죄를 범하고 도피 또는 증거인멸의 염려가 있을 때에는 사후에 영장을 청구할 수 있다.

④ 누구든지 체포 또는 구속을 당한 때에는 즉시 변호인의 조력을 받을 권리를 가진다. 다만, 형사피고인이 스스로 변호인을 구할 수 없을 때에는 법률이 정하는 바에 의하여 국가가 변호인을 붙인다.

⑤ 누구든지 체포 또는 구속의 이유와 변호인의 조력을 받을 권리가 있음을 고지받지 아니하고는 체포 또는 구속을 당하지 아니한다. 체포 또는 구속을 당한 자의 가족 등 법률이 정하는 자에게는 그 이유와 일시·장소가 지체없이 통지되어야 한다.

⑥ 누구든지 체포 또는 구속을 당한 때에는 적부의 심사를 법원에 청구할 권리를 가진다.

⑦ 피고인의 자백이 고문·폭행·협박·구속의 부당한 장기화 또는 기망 기타의 방법에 의하여 자의로 진술된 것이 아니라고 인정될 때 또는 정식재판에 있어서 피고인의 자백이 그에게 불리한 유일한 증거일 때에는 이를 유죄의 증거로 삼거나 이를 이유로 처벌할 수 없다.

제13조 ① 모든 국민은 행위시의 법률에 의하여 범죄를 구성하지 아니하는 행위로 소추되지 아니하며, 동일한 범죄에 대하여 거듭 처벌받지 아니한다.

② 모든 국민은 소급입법에 의하여 참정권의 제한을 받거나 재산권을 박탈당하지 아니한다.

③ 모든 국민은 자기의 행위가 아닌 친족의 행위로 인하여 불이익한 처우를 받지 아니한다.

제14조 모든 국민은 거주·이전의 자유를 가진다.

제15조 모든 국민은 직업선택의 자유를 가진다.

제16조 모든 국민은 주거의 자유를 침해받지 아니한다. 주거에 대한 압수나 수색을 할 때에는 검사의 신청에 의하여 법관이

발부한 영장을 제시하여야 한다.

제17조 모든 국민은 사생활의 비밀과 자유를 침해받지 아니한다.

제18조 모든 국민은 통신의 비밀을 침해받지 아니한다.

제19조 모든 국민은 양심의 자유를 가진다.

제20조 ① 모든 국민은 종교의 자유를 가진다.

② 국교는 인정되지 아니하며, 종교와 정치는 분리된다.

제21조 ① 모든 국민은 언론·출판의 자유와 집회·결사의 자유를 가진다.

② 언론·출판에 대한 허가나 검열과 집회·결사에 대한 허가는 인정되지 아니한다.

③ 통신·방송의 시설기준과 신문의 기능을 보장하기 위하여 필요한 사항은 법률로 정한다.

④ 언론·출판은 타인의 명예나 권리 또는 공중도덕이나 사회윤리를 침해하여서는 아니된다. 언론·출판이 타인의 명예나 권리를 침해한 때에는 피해자는 이에 대한 피해의 배상을 청구할 수 있다.

제22조 ① 모든 국민은 학문과 예술의 자유를 가진다.

② 저작자·발명가·과학기술자와 예술가의 권리는 법률로써 보호한다.

제23조 ① 모든 국민의 재산권은 보장된다. 그 내용과 한계는 법률로 정한다.

② 재산권의 행사는 공공복리에 적합하도록 하여야 한다.

③ 공공필요에 의한 재산권의 수용·사용 또는 제한 및 그에 대한 보상은 법률로써 하되, 정당한 보상을 지급하여야 한다.

제24조 모든 국민은 법률이 정하는 바에 의하여 선거권을 가진다.

제25조 모든 국민은 법률이 정하는 바에 의하여 공무담임권을 가진다.

제26조 ① 모든 국민은 법률이 정하는 바에 의하여 국가기관에 문서로 청원할 권리를 가진다.

② 국가는 청원에 대하여 심사할 의무를 진다.

제27조 ① 모든 국민은 헌법과 법률이 정한 법관에 의하여 법률에 의한 재판을 받을 권리를 가진다.

② 군인 또는 군무원이 아닌 국민은 대한민국의 영역 안에서는 중대한 군사상 기밀·초병·초소·유독음식물공급·포로·군용물에 관한 죄 중 법률이 정한 경우와 비상계엄이 선포된 경우를 제외하고는 군사법원의 재판을 받지 아니한다.

③ 모든 국민은 신속한 재판을 받을 권리를 가진다. 형사피고인은 상당한 이유가 없는 한 지체없이 공개재판을 받을 권리를 가진다.

④ 형사피고인은 유죄의 판결이 확정될 때까지는 무죄로 추정된다.

⑤ 형사피해자는 법률이 정하는 바에 의하여 당해 사건의 재판절차에서 진술할 수 있다.

제28조 형사피의자 또는 형사피고인으로서 구금되었던 자가 법률이 정하는 불기소처분을 받거나 무죄판결을 받은 때에는 법률이 정하는 바에 의하여 국가에 정당한 보상을 청구할 수 있다.

제29조 ① 공무원의 직무상 불법행위로 손해를 받은 국민은 법률이 정하는 바에 의하여 국가 또는 공공단체에 정당한 배상을 청구할 수 있다. 이 경우 공무원 자신의 책임은 면제되지 아니한다.

② 군인·군무원·경찰공무원 기타 법률이 정하는 자가 전투·훈련 등 직무집행과 관련하여 받은 손해에 대하여는 법률이 정하는 보상 외에 국가 또는 공공단체에 공무원의 직무상 불법행위로 인한 배상은 청구할 수 없다.

제30조 타인의 범죄행위로 인하여 생명·신체에 대한 피해를 받은 국민은 법률이 정하는 바에 의하여 국가로부터 구조를 받을 수 있다.

제31조 ① 모든 국민은 능력에 따라 균등하게 교육을 받을 권리를 가진다.
② 모든 국민은 그 보호하는 자녀에게 적어도 초등교육과 법률이 정하는 교육을 받게 할 의무를 진다.
③ 의무교육은 무상으로 한다.
④ 교육의 자주성·전문성·정치적 중립성 및 대학의 자율성은 법률이 정하는 바에 의하여 보장된다.
⑤ 국가는 평생교육을 진흥하여야 한다.
⑥ 학교교육 및 평생교육을 포함한 교육제도와 그 운영, 교육재정 및 교원의 지위에 관한 기본적인 사항은 법률로 정한다.

제32조 ① 모든 국민은 근로의 권리를 가진다. 국가는 사회적·경제적 방법으로 근로자의 고용의 증진과 적정임금의 보장에 노력하여야 하며, 법률이 정하는 바에 의하여 최저임금제를 시행하여야 한다.
② 모든 국민은 근로의 의무를 진다. 국가는 근로의 의무의 내용과 조건을 민주주의원칙에 따라 법률로 정한다.
③ 근로조건의 기준은 인간의 존엄성을 보장하도록 법률로 정한다.
④ 여자의 근로는 특별한 보호를 받으며, 고용·임금 및 근로조건에 있어서 부당한 차별을 받지 아니한다.
⑤ 연소자의 근로는 특별한 보호를 받는다.
⑥ 국가유공자·상이군경 및 전몰군경의 유가족은 법률이 정하는 바에 의하여 우선적으로 근로의 기회를 부여받는다.

제33조 ① 근로자는 근로조건의 향상을 위하여 자주적인 단결권·단체교섭권 및 단체행동권을 가진다.
② 공무원인 근로자는 법률이 정하는 자에 한하여 단결권·단체교섭권 및 단체행동권을 가진다.
③ 법률이 정하는 주요방위산업체에 종사하는 근로자의 단체행동권은 법률이 정하는 바에 의하여 이를 제한하거나 인정하지 아니할 수 있다.

제34조 ① 모든 국민은 인간다운 생활을 할 권리를 가진다.
② 국가는 사회보장·사회복지의 증진에 노력할 의무를 진다.
③ 국가는 여자의 복지와 권익의 향상을 위하여 노력하여야 한다.
④ 국가는 노인과 청소년의 복지향상을 위한 정책을 실시할 의무를 진다.
⑤ 신체장애자 및 질병·노령 기타의 사유로 생활능력이 없는 국민은 법률이 정하는 바에 의하여 국가의 보호를 받는다.
⑥ 국가는 재해를 예방하고 그 위험으로부터 국민을 보호하기 위하여 노력하여야 한다.

제35조 ① 모든 국민은 건강하고 쾌적한 환경에서 생활할 권리를 가지며, 국가와 국민은 환경보전을 위하여 노력하여야 한다.
② 환경권의 내용과 행사에 관하여는 법률로 정한다.
③ 국가는 주택개발정책 등을 통하여 모든 국민이 쾌적한 주거생활을 할 수 있도록 노력하여야 한다.

제36조 ① 혼인과 가족생활은 개인의 존엄과 양성의 평등을 기초로 성립되고 유지되어야 하며, 국가는 이를 보장한다.
② 국가는 모성의 보호를 위하여 노력하여야 한다.
③ 모든 국민은 보건에 관하여 국가의 보호를 받는다.

제37조 ① 국민의 자유와 권리는 헌법에 열거되지 아니한 이유로 경시되지 아니한다.
② 국민의 모든 자유와 권리는 국가안전보장·질서유지 또는 공공복리를 위하여 필요한 경우에 한하여 법률로써 제한할 수 있으며, 제한하는 경우에도 자유와 권리의 본질적인 내용을 침해할 수 없다.

제38조 모든 국민은 법률이 정하는 바에 의하여 납세의 의무를 진다.

제39조 ① 모든 국민은 법률이 정하는 바

에 의하여 국방의 의무를 진다.
② 누구든지 병역의무의 이행으로 인하여 불이익한 처우를 받지 아니한다.

제3장 국 회

제40조 입법권은 국회에 속한다.

제41조 ① 국회는 국민의 보통·평등·직접·비밀선거에 의하여 선출된 국회의원으로 구성한다.
② 국회의원의 수는 법률로 정하되, 200인 이상으로 한다.
③ 국회의원의 선거구와 비례대표제 기타 선거에 관한 사항은 법률로 정한다.

제42조 국회의원의 임기는 4년으로 한다.

제43조 국회의원은 법률이 정하는 직을 겸할 수 없다.

제44조 ① 국회의원은 현행범인인 경우를 제외하고는 회기중 국회의 동의없이 체포 또는 구금되지 아니한다.
② 국회의원이 회기 전에 체포 또는 구금된 때에는 현행범인이 아닌 한 국회의 요구가 있으면 회기중 석방된다.

제45조 국회의원은 국회에서 직무상 행한 발언과 표결에 관하여 국회 외에서 책임을 지지 아니한다.

제46조 ① 국회의원은 청렴의 의무가 있다.
② 국회의원은 국가이익을 우선하여 양심에 따라 직무를 행한다.
③ 국회의원은 그 지위를 남용하여 국가·공공단체 또는 기업체와의 계약이나 그 처분에 의하여 재산상의 권리·이익 또는 직위를 취득하거나 타인을 위하여 그 취득을 알선할 수 없다.

제47조 ① 국회의 정기회는 법률이 정하는 바에 의하여 매년 1회 집회되며, 국회의 임시회는 대통령 또는 국회재적의원 4분의 1 이상의 요구에 의하여 집회된다.
② 정기회의 회기는 100일을, 임시회의 회기는 30일을 초과할 수 없다.
③ 대통령이 임시회의 집회를 요구할 때에는 기간과 집회요구의 이유를 명시하여야 한다.

제48조 국회는 의장 1인과 부의장 2인을 선출한다.

제49조 국회는 헌법 또는 법률에 특별한 규정이 없는 한 재적의원 과반수의 출석과 출석의원 과반수의 찬성으로 의결한다. 가부동수인 때에는 부결된 것으로 본다.

제50조 ① 국회의 회의는 공개한다. 다만, 출석의원 과반수의 찬성이 있거나 의장이 국가의 안전보장을 위하여 필요하다고 인정할 때에는 공개하지 아니할 수 있다.
② 공개하지 아니한 회의내용의 공표에 관하여는 법률이 정하는 바에 의한다.

제51조 국회에 제출된 법률안 기타의 의안은 회기중에 의결되지 못한 이유로 폐기되지 아니한다. 다만, 국회의원의 임기가 만료된 때에는 그러하지 아니하다.

제52조 국회의원과 정부는 법률안을 제출할 수 있다.

제53조 ① 국회에서 의결된 법률안은 정부에 이송되어 15일 이내에 대통령이 공포한다.
② 법률안에 이의가 있을 때에는 대통령은 제1항의 기간 내에 이의서를 붙여 국회로 환부하고, 그 재의를 요구할 수 있다. 국회의 폐회중에도 또한 같다.
③ 대통령은 법률안의 일부에 대하여 또는 법률안을 수정하여 재의를 요구할 수 없다.
④ 재의의 요구가 있을 때에는 국회는 재의에 붙이고, 재적의원과반수의 출석과 출석의원 3분의 2 이상의 찬성으로 전과 같은 의결을 하면 그 법률안은 법률로서 확정된다.
⑤ 대통령이 제1항의 기간 내에 공포나 재의의 요구를 하지 아니한 때에도 그 법률안은 법률로서 확정된다.
⑥ 대통령은 제4항과 제5항의 규정에

의하여 확정된 법률을 지체없이 공포하여야 한다. 제5항에 의하여 법률이 확정된 후 또는 제4항에 의한 확정법률이 정부에 이송된 후 5일 이내에 대통령이 공포하지 아니할 때에는 국회의장이 이를 공포한다.

⑦ 법률은 특별한 규정이 없는 한 공포한 날로부터 20일을 경과함으로써 효력을 발생한다.

第54條 ① 국회는 국가의 예산안을 심의·확정한다.

② 정부는 회계연도마다 예산안을 편성하여 회계연도 개시 90일 전까지 국회에 제출하고, 국회는 회계연도 개시 30일 전까지 이를 의결하여야 한다.

③ 새로운 회계연도가 개시될 때까지 예산안이 의결되지 못한 때에는 정부는 국회에서 예산안이 의결될 때까지 다음의 목적을 위한 경비는 전년도 예산에 준하여 집행할 수 있다.

1. 헌법이나 법률에 의하여 설치된 기관 또는 시설의 유지·운영
2. 법률상 지출의무의 이행
3. 이미 예산으로 승인된 사업의 계속

第55條 ① 한 회계연도를 넘어 계속하여 지출할 필요가 있을 때에는 정부는 연한을 정하여 계속비로서 국회의 의결을 얻어야 한다.

② 예비비는 총액으로 국회의 의결을 얻어야 한다. 예비비의 지출은 차기국회의 승인을 얻어야 한다.

第56條 정부는 예산에 변경을 가할 필요가 있을 때에는 추가경정예산안을 편성하여 국회에 제출할 수 있다.

第57條 국회는 정부의 동의없이 정부가 제출한 지출예산 각항의 금액을 증가하거나 새 비목을 설치할 수 없다.

第58條 국채를 모집하거나 예산 외에 국가의 부담이 될 계약을 체결하려 할 때에는 정부는 미리 국회의 의결을 얻어야 한다.

第59條 조세의 종목과 세율은 법률로 정한다.

第60條 ① 국회는 상호원조 또는 안전보장에 관한 조약, 중요한 국제조직에 관한 조약, 우호통상항해조약, 주권의 제약에 관한 조약, 강화조약, 국가나 국민에게 중대한 재정적 부담을 지우는 조약 또는 입법사항에 관한 조약의 체결·비준에 대한 동의권을 가진다.

② 국회는 선전포고, 국군의 외국에의 파견 또는 외국군대의 대한민국 영역 안에서의 주류에 대한 동의권을 가진다.

第61條 ① 국회는 국정을 감사하거나 특정한 국정사안에 대하여 조사할 수 있으며, 이에 필요한 서류의 제출 또는 증인의 출석과 증언이나 의견의 진술을 요구할 수 있다.

② 국정감사 및 조사에 관한 절차 기타 필요한 사항은 법률로 정한다.

第62條 ① 국무총리·국무위원 또는 정부위원은 국회나 그 위원회에 출석하여 국정처리상황을 보고하거나 의견을 진술하고 질문에 응답할 수 있다.

② 국회나 그 위원회의 요구가 있을 때에는 국무총리·국무위원 또는 정부위원은 출석·답변하여야 하며, 국무총리 또는 국무위원이 출석요구를 받은 때에는 국무위원 또는 정부위원으로 하여금 출석·답변하게 할 수 있다.

第63條 ① 국회는 국무총리 또는 국무위원의 해임을 대통령에게 건의할 수 있다.

② 제1항의 해임건의는 국회재적의원 3분의 1 이상의 발의에 의하여 국회재적의원 과반수의 찬성이 있어야 한다.

第64條 ① 국회는 법률에 저촉되지 아니하는 범위 안에서 의사와 내부규율에 관한 규칙을 제정할 수 있다.

② 국회는 의원의 자격을 심사하며, 의원을 징계할 수 있다.

③ 의원을 제명하려면 국회재적의원 3분

의 2 이상의 찬성이 있어야 한다.
④ 제2항과 제3항의 처분에 대하여는 법원에 제소할 수 없다.

제65조 ① 대통령·국무총리·국무위원·행정각부의 장·헌법재판소 재판관·법관·중앙선거관리위원회 위원·감사원장·감사위원 기타 법률이 정한 공무원이 그 직무집행에 있어서 헌법이나 법률을 위배한 때에는 국회는 탄핵의 소추를 의결할 수 있다.
② 제1항의 탄핵소추는 국회재적의원 3분의 1 이상의 발의가 있어야 하며, 그 의결은 국회재적의원 과반수의 찬성이 있어야 한다. 다만, 대통령에 대한 탄핵소추는 국회재적의원 과반수의 발의와 국회재적의원 3분의 2 이상의 찬성이 있어야 한다.
③ 탄핵소추의 의결을 받은 자는 탄핵심판이 있을 때까지 그 권한행사가 정지된다.
④ 탄핵결정은 공직으로부터 파면함에 그친다. 그러나, 이에 의하여 민사상이나 형사상의 책임이 면제되지는 아니한다.

제4장 정 부

제1절 대 통 령

제66조 ① 대통령은 국가의 원수이며, 외국에 대하여 국가를 대표한다.
② 대통령은 국가의 독립·영토의 보전·국가의 계속성과 헌법을 수호할 책무를 진다.
③ 대통령은 조국의 평화적 통일을 위한 성실한 의무를 진다.
④ 행정권은 대통령을 수반으로 하는 정부에 속한다.

제67조 ① 대통령은 국민의 보통·평등·직접·비밀선거에 의하여 선출한다.
② 제1항의 선거에 있어서 최고득표자가 2인 이상인 때에는 국회의 재적의원 과반수가 출석한 공개회의에서 다수표를 얻은 자를 당선자로 한다.
③ 대통령후보자가 1인일 때에는 그 득표수가 선거권자 총수의 3분의 1 이상이 아니면 대통령으로 당선될 수 없다.
④ 대통령으로 선거될 수 있는 자는 국회의원의 피선거권이 있고 선거일 현재 40세에 달하여야 한다.
⑤ 대통령의 선거에 관한 사항은 법률로 정한다.

제68조 ① 대통령의 임기가 만료되는 때에는 임기만료 70일 내지 40일 전에 후임자를 선거한다.
② 대통령이 궐위된 때 또는 대통령 당선자가 사망하거나 판결 기타의 사유로 그 자격을 상실한 때에는 60일 이내에 후임자를 선거한다.

제69조 대통령은 취임에 즈음하여 다음의 선서를 한다. "나는 헌법을 준수하고 국가를 보위하며 조국의 평화적 통일과 국민의 자유와 복리의 증진 및 민족문화의 창달에 노력하여 대통령으로서의 직책을 성실히 수행할 것을 국민 앞에 엄숙히 선서합니다."

제70조 대통령의 임기는 5년으로 하며, 중임할 수 없다.

제71조 대통령이 궐위되거나 사고로 인하여 직무를 수행할 수 없을 때에는 국무총리, 법률이 정한 국무위원의 순서로 그 권한을 대행한다.

제72조 대통령은 필요하다고 인정할 때에는 외교·국방·통일 기타 국가안위에 관한 중요정책을 국민투표에 붙일 수 있다.

제73조 대통령은 조약을 체결·비준하고, 외교사절을 신임·접수 또는 파견하며, 선전포고와 강화를 한다.

제74조 ① 대통령은 헌법과 법률이 정하는 바에 의하여 국군을 통수한다.
② 국군의 조직과 편성은 법률로 정한다.

제75조 대통령은 법률에서 구체적으로 범위를 정하여 위임받은 사항과 법률을 집

행하기 위하여 필요한 사항에 관하여 대통령령을 발할 수 있다.

제76조 ① 대통령은 내우·외환·천재·지변 또는 중대한 재정·경제상의 위기에 있어서 국가의 안전보장 또는 공공의 안녕질서를 유지하기 위하여 긴급한 조치가 필요하고 국회의 집회를 기다릴 여유가 없을 때에 한하여 최소한으로 필요한 재정·경제상의 처분을 하거나 이에 관하여 법률의 효력을 가지는 명령을 발할 수 있다.

② 대통령은 국가의 안위에 관계되는 중대한 교전상태에 있어서 국가를 보위하기 위하여 긴급한 조치가 필요하고 국회의 집회가 불가능한 때에 한하여 법률의 효력을 가지는 명령을 발할 수 있다.

③ 대통령은 제1항과 제2항의 처분 또는 명령을 한 때에는 지체없이 국회에 보고하여 그 승인을 얻어야 한다.

④ 제3항의 승인을 얻지 못한 때에는 그 처분 또는 명령은 그때부터 효력을 상실한다. 이 경우 그 명령에 의하여 개정 또는 폐지되었던 법률은 그 명령이 승인을 얻지 못한 때부터 당연히 효력을 회복한다.

⑤ 대통령은 제3항과 제4항의 사유를 지체없이 공포하여야 한다.

제77조 ① 대통령은 전시·사변 또는 이에 준하는 국가비상사태에 있어서 병력으로써 군사상의 필요에 응하거나 공공의 안녕질서를 유지할 필요가 있을 때에는 법률이 정하는 바에 의하여 계엄을 선포할 수 있다.

② 계엄은 비상계엄과 경비계엄으로 한다.

③ 비상계엄이 선포된 때에는 법률이 정하는 바에 의하여 영장제도, 언론·출판·집회·결사의 자유, 정부나 법원의 권한에 관하여 특별한 조치를 할 수 있다.

④ 계엄을 선포한 때에는 대통령은 지체없이 국회에 통고하여야 한다.

⑤ 국회가 재적의원 과반수의 찬성으로 계엄의 해제를 요구한 때에는 대통령은 이를 해제하여야 한다.

제78조 대통령은 헌법과 법률이 정하는 바에 의하여 공무원을 임면한다.

제79조 ① 대통령은 법률이 정하는 바에 의하여 사면·감형 또는 복권을 명할 수 있다.

② 일반사면을 명하려면 국회의 동의를 얻어야 한다.

③ 사면·감형 및 복권에 관한 사항은 법률로 정한다.

제80조 대통령은 법률이 정하는 바에 의하여 훈장 기타의 영전을 수여한다.

제81조 대통령은 국회에 출석하여 발언하거나 서한으로 의견을 표시할 수 있다.

제82조 대통령의 국법상 행위는 문서로써 하며, 이 문서에는 국무총리와 관계 국무위원이 부서한다. 군사에 관한 것도 또한 같다.

제83조 대통령은 국무총리·국무위원·행정각부의 장 기타 법률이 정하는 공사의 직을 겸할 수 없다.

제84조 대통령은 내란 또는 외환의 죄를 범한 경우를 제외하고는 재직중 형사상의 소추를 받지 아니한다.

제85조 전직대통령의 신분과 예우에 관하여는 법률로 정한다.

제2절 행정부

제1관 국무총리와 국무위원

제86조 ① 국무총리는 국회의 동의를 얻어 대통령이 임명한다.

② 국무총리는 대통령을 보좌하며, 행정에 관하여 대통령의 명을 받아 행정각부를 통할한다.

③ 군인은 현역을 면한 후가 아니면 국무총리로 임명될 수 없다.

제87조 ① 국무위원은 국무총리의 제청으로 대통령이 임명한다.

② 국무위원은 국정에 관하여 대통령을 보좌하며, 국무회의의 구성원으로서 국정

을 심의한다.

③ 국무총리는 국무위원의 해임을 대통령에게 건의할 수 있다.

④ 군인은 현역을 면한 후가 아니면 국무위원으로 임명될 수 없다.

제2관 국무회의

제88조 ① 국무회의는 정부의 권한에 속하는 중요한 정책을 심의한다.

② 국무회의는 대통령·국무총리와 15인 이상 30인 이하의 국무위원으로 구성한다.

③ 대통령은 국무회의의 의장이 되고, 국무총리는 부의장이 된다.

제89조 다음 사항은 국무회의의 심의를 거쳐야 한다.

1. 국정의 기본계획과 정부의 일반정책
2. 선전·강화 기타 중요한 대외정책
3. 헌법개정안·국민투표안·조약안·법률안 및 대통령령안
4. 예산안·결산·국유재산처분의 기본계획·국가의 부담이 될 계약 기타 재정에 관한 중요사항
5. 대통령의 긴급명령·긴급재정경제처분 및 명령 또는 계엄과 그 해제
6. 군사에 관한 중요사항
7. 국회의 임시회 집회의 요구
8. 영전수여
9. 사면·감형과 복권
10. 행정각부간의 권한의 획정
11. 정부안의 권한의 위임 또는 배정에 관한 기본계획
12. 국정처리상황의 평가·분석
13. 행정각부의 중요한 정책의 수립과 조정
14. 정당해산의 제소
15. 정부에 제출 또는 회부된 정부의 정책에 관계되는 청원의 심사
16. 검찰총장·합동참모의장·각군참모총장·국립대학교총장·대사 기타 법률이 정한 공무원과 국영기업체관리자의 임명
17. 기타 대통령·국무총리 또는 국무위원이 제출한 사항

제90조 ① 국정의 중요한 사항에 관한 대통령의 자문에 응하기 위하여 국가원로로 구성되는 국가원로자문회의를 둘 수 있다.

② 국가원로자문회의의 의장은 직전대통령이 된다. 다만, 직전대통령이 없을 때에는 대통령이 지명한다.

③ 국가원로자문회의의 조직·직무범위 기타 필요한 사항은 법률로 정한다.

제91조 ① 국가안전보장에 관련되는 대외정책·군사정책과 국내정책의 수립에 관하여 국무회의의 심의에 앞서 대통령의 자문에 응하기 위하여 국가안전보장회의를 둔다.

② 국가안전보장회의는 대통령이 주재한다.

③ 국가안전보장회의의 조직·직무범위 기타 필요한 사항은 법률로 정한다.

제92조 ① 평화통일정책의 수립에 관한 대통령의 자문에 응하기 위하여 민주평화통일자문회의를 둘 수 있다.

② 민주평화통일자문회의의 조직·직무범위 기타 필요한 사항은 법률로 정한다.

제93조 ① 국민경제의 발전을 위한 중요정책의 수립에 관하여 대통령의 자문에 응하기 위하여 국민경제자문회의를 둘 수 있다.

② 국민경제자문회의의 조직·직무범위 기타 필요한 사항은 법률로 정한다.

제3관 행정각부

제94조 행정각부의 장은 국무위원 중에서 국무총리의 제청으로 대통령이 임명한다.

제95조 국무총리 또는 행정각부의 장은 소관사무에 관하여 법률이나 대통령령의 위임 또는 직권으로 총리령 또는 부령을 발할 수 있다.

제96조 행정각부의 설치·조직과 직무범위는 법률로 정한다.

제4관 감 사 원

제97조 국가의 세입·세출의 결산, 국가 및 법률이 정한 단체의 회계검사와 행정기관

및 공무원의 직무에 관한 감찰을 하기 위하여 대통령 소속하에 감사원을 둔다.

제98조 ① 감사원은 원장을 포함한 5인 이상 11인 이하의 감사위원으로 구성한다.

② 원장은 국회의 동의를 얻어 대통령이 임명하고, 그 임기는 4년으로 하며, 1차에 한하여 중임할 수 있다.

③ 감사위원은 원장의 제청으로 대통령이 임명하고, 그 임기는 4년으로 하며, 1차에 한하여 중임할 수 있다.

제99조 감사원은 세입·세출의 결산을 매년 검사하여 대통령과 차년도국회에 그 결과를 보고하여야 한다.

제100조 감사원의 조직·직무범위·감사위원의 자격·감사대상공무원의 범위 기타 필요한 사항은 법률로 정한다.

제5장 법 원

제101조 ① 사법권은 법관으로 구성된 법원에 속한다.

② 법원은 최고법원인 대법원과 각급법원으로 조직된다.

③ 법관의 자격은 법률로 정한다.

제102조 ① 대법원에 부를 둘 수 있다.

② 대법원에 대법관을 둔다. 다만, 법률이 정하는 바에 의하여 대법관이 아닌 법관을 둘 수 있다.

③ 대법원과 각급법원의 조직은 법률로 정한다.

제103조 법관은 헌법과 법률에 의하여 그 양심에 따라 독립하여 심판한다.

제104조 ① 대법원장은 국회의 동의를 얻어 대통령이 임명한다.

② 대법관은 대법원장의 제청으로 국회의 동의를 얻어 대통령이 임명한다.

③ 대법원장과 대법관이 아닌 법관은 대법관회의의 동의를 얻어 대법원장이 임명한다.

제105조 ① 대법원장의 임기는 6년으로 하며, 중임할 수 없다.

② 대법관의 임기는 6년으로 하며, 법률이 정하는 바에 의하여 연임할 수 있다.

③ 대법원장과 대법관이 아닌 법관의 임기는 10년으로 하며, 법률이 정하는 바에 의하여 연임할 수 있다.

④ 법관의 정년은 법률로 정한다.

제106조 ① 법관은 탄핵 또는 금고 이상의 형의 선고에 의하지 아니하고는 파면되지 아니하며, 징계처분에 의하지 아니하고는 정직·감봉 기타 불리한 처분을 받지 아니한다.

② 법관이 중대한 심신상의 장해로 직무를 수행할 수 없을 때에는 법률이 정하는 바에 의하여 퇴직하게 할 수 있다.

제107조 ① 법률이 헌법에 위반되는 여부가 재판의 전제가 된 경우에는 법원은 헌법재판소에 제청하여 그 심판에 의하여 재판한다.

② 명령·규칙 또는 처분이 헌법이나 법률에 위반되는 여부가 재판의 전제가 된 경우에는 대법원은 이를 최종적으로 심사할 권한을 가진다.

③ 재판의 전심절차로서 행정심판을 할 수 있다. 행정심판의 절차는 법률로 정하되, 사법절차가 준용되어야 한다.

제108조 대법원은 법률에서 저촉되지 아니하는 범위 안에서 소송에 관한 절차, 법원의 내부규율과 사무처리에 관한 규칙을 제정할 수 있다.

제109조 재판의 심리와 판결은 공개한다. 다만, 심리는 국가의 안전보장 또는 안녕질서를 방해하거나 선량한 풍속을 해할 염려가 있을 때에는 법원의 결정으로 공개하지 아니할 수 있다.

제110조 ① 군사재판을 관할하기 위하여 특별법원으로서 군사법원을 둘 수 있다.

② 군사법원의 상고심은 대법원에서 관할한다.

③ 군사법원의 조직·권한 및 재판관의 자

격은 법률로 정한다.

④ 비상계엄하의 군사재판은 군인·군무원의 범죄나 군사에 관한 간첩죄의 경우와 초병·초소·유독음식물공급·포로에 관한 죄 중 법률이 정한 경우에 한하여 단심으로 할 수 있다. 다만, 사형을 선고한 경우에는 그러하지 아니하다.

제 6 장 헌법재판소

제111조 ① 헌법재판소는 다음 사항을 관장한다.

1. 법원의 제청에 의한 법률의 위헌여부 심판
2. 탄핵의 심판
3. 정당의 해산 심판
4. 국가기관 상호간, 국가기관과 지방자치단체간 및 지방자치단체 상호간의 권한쟁의에 관한 심판
5. 법률이 정하는 헌법소원에 관한 심판

② 헌법재판소는 법관의 자격을 가진 9인의 재판관으로 구성하며, 재판관은 대통령이 임명한다.

③ 제 2 항의 재판관 중 3인은 국회에서 선출하는 자를, 3인은 대법원장이 지명하는 자를 임명한다.

④ 헌법재판소의 장은 국회의 동의를 얻어 재판관 중에서 대통령이 임명한다.

제112조 ① 헌법재판소 재판관의 임기는 6년으로 하며, 법률이 정하는 바에 의하여 연임할 수 있다.

② 헌법재판소 재판관은 정당에 가입하거나 정치에 관여할 수 없다.

③ 헌법재판소 재판관은 탄핵 또는 금고 이상의 형의 선고에 의하지 아니하고는 파면되지 아니한다.

제113조 ① 헌법재판소에서 법률의 위헌결정, 탄핵의 결정, 정당해산의 결정 또는 헌법소원에 관한 인용결정을 할 때에는 재판관 6인 이상의 찬성이 있어야 한다.

② 헌법재판소는 법률에 저촉되지 아니하는 범위안에서 심판에 관한 절차, 내부규율과 사무처리에 관한 규칙을 제정할 수 있다.

③ 헌법재판소의 조직과 운영 기타 필요한 사항은 법률로 정한다.

제 7 장 선거관리

제114조 ① 선거와 국민투표의 공정한 관리 및 정당에 관한 사무를 처리하기 위하여 선거관리위원회를 둔다.

② 중앙선거관리위원회는 대통령이 임명하는 3인, 국회에서 선출하는 3인과 대법원장이 지명하는 3인의 위원으로 구성한다. 위원장은 위원중에서 호선한다.

③ 위원의 임기는 6년으로 한다.

④ 위원은 정당에 가입하거나 정치에 관여할 수 없다.

⑤ 위원은 탄핵 또는 금고 이상의 형의 선고에 의하지 아니하고는 파면되지 아니한다.

⑥ 중앙선거관리위원회는 법령의 범위 안에서 선거관리·국민투표관리 또는 정당사무에 관한 규칙을 제정할 수 있으며, 법률에 저촉되지 아니하는 범위 안에서 내부규율에 관한 규칙을 제정할 수 있다.

⑦ 각급 선거관리위원회의 조직·직무범위 기타 필요한 사항은 법률로 정한다.

제115조 ① 각급 선거관리위원회는 선거인명부의 작성 등 선거사무와 국민투표사무에 관하여 관계 행정기관에 필요한 지시를 할 수 있다.

② 제 1 항의 지시를 받은 당해 행정기관은 이에 응하여야 한다.

제116조 ① 선거운동은 각급 선거관리위원회의 관리하에 법률이 정하는 범위 안에서 하되, 균등한 기회가 보장되어야 한다.

② 선거에 관한 경비는 법률이 정하는 경우를 제외하고는 정당 또는 후보자에게

부담시킬 수 없다.

제 8 장 지방자치

제117조 ① 지방자치단체는 주민의 복리에 관한 사무를 처리하고 재산을 관리하며, 법령의 범위 안에서 자치에 관한 규정을 제정할 수 있다.

② 지방자치단체의 종류는 법률로 정한다.

제118조 ① 지방자치단체에 의회를 둔다.

② 지방의회의 조직·권한·의원선거와 지방자치단체의 장의 선임방법 기타 지방자치단체의 조직과 운영에 관한 사항은 법률로 정한다.

제 9 장 경 제

제119조 ① 대한민국의 경제질서는 개인과 기업의 경제상의 자유와 창의를 존중함을 기본으로 한다.

② 국가는 균형있는 국민경제의 성장 및 안정과 적정한 소득의 분배를 유지하고, 시장의 지배와 경제력의 남용을 방지하며, 경제주체간의 조화를 통한 경제의 민주화를 위하여 경제에 관한 규제와 조정을 할 수 있다.

제120조 ① 광물 기타 중요한 지하자원·수산자원·수력과 경제상 이용할 수 있는 자연력은 법률이 정하는 바에 의하여 일정한 기간 그 채취·개발 또는 이용을 특허할 수 있다.

② 국토와 자원은 국가의 보호를 받으며, 국가는 그 균형있는 개발과 이용을 위하여 필요한 계획을 수립한다.

제121조 ① 국가는 농지에 관하여 경자유전의 원칙이 달성될 수 있도록 노력하여야 하며, 농지의 소작제도는 금지된다.

② 농업생산성의 제고와 농지의 합리적인 이용을 위하거나 불가피한 사정으로 발생하는 농지의 임대차와 위탁경영은 법률이 정하는 바에 의하여 인정된다.

제122조 국가는 국민 모두의 생산 및 생활의 기반이 되는 국토의 효율적이고 균형있는 이용·개발과 보전을 위하여 법률이 정하는 바에 의하여 그에 관한 필요한 제한과 의무를 과할 수 있다.

제123조 ① 국가는 농업 및 어업을 보호·육성하기 위하여 농·어촌종합개발과 그 지원등 필요한 계획을 수립·시행하여야 한다.

② 국가는 지역간의 균형있는 발전을 위하여 지역경제를 육성할 의무를 진다.

③ 국가는 중소기업을 보호·육성하여야 한다.

④ 국가는 농수산물의 수급균형과 유통구조의 개선에 노력하여 가격안정을 도모함으로써 농·어민의 이익을 보호한다.

⑤ 국가는 농·어민과 중소기업의 자조조직을 육성하여야 하며, 그 자율적 활동과 발전을 보장한다.

제124조 국가는 건전한 소비행위를 계도하고 생산품의 품질향상을 촉구하기 위한 소비자보호운동을 법률이 정하는 바에 의하여 보장한다.

제125조 국가는 대외무역을 육성하며, 이를 규제·조정할 수 있다.

제126조 국방상 또는 국민경제상 긴절한 필요로 인하여 법률이 정하는 경우를 제외하고는, 사영기업을 국유 또는 공유로 이전하거나 그 경영을 통제 또는 관리할 수 없다.

제127조 ① 국가는 과학기술의 혁신과 정보 및 인력의 개발을 통하여 국민경제의 발전에 노력하여야 한다.

② 국가는 국가표준제도를 확립한다.

③ 대통령은 제 1 항의 목적을 달성하기 위하여 필요한 자문기구를 둘 수 있다.

제10장 헌법개정

제128조 ① 헌법개정은 국회재적의원 과반수 또는 대통령의 발의로 제안된다.
② 대통령의 임기연장 또는 중임변경을 위한 헌법개정은 그 헌법개정 제안 당시의 대통령에 대하여는 효력이 없다.

제129조 제안된 헌법개정안은 대통령이 20일 이상의 기간 이를 공고하여야 한다.

제130조 ① 국회는 헌법개정안이 공고된 날로부터 60일 이내에 의결하여야 하며, 국회의 의결은 재적의원 3분의 2 이상의 찬성을 얻어야 한다.
② 헌법개정안은 국회가 의결한 후 30일 이내에 국민투표에 붙여 국회의원선거권자 과반수의 투표와 투표자 과반수의 찬성을 얻어야 한다.
③ 헌법개정안이 제2항의 찬성을 얻은 때에는 헌법개정은 확정되며, 대통령은 즉시 이를 공포하여야 한다.

부 칙

제1조 이 헌법은 1988년 2월 25일부터 시행한다. 다만, 이 헌법을 시행하기 위하여 필요한 법률의 제정·개정과 이 헌법에 의한 대통령 및 국회의원의 선거 기타 이 헌법시행에 관한 준비는 이 헌법시행 전에 할 수 있다.

제2조 ① 이 헌법에 의한 최초의 대통령선거는 이 헌법시행일 40일 전까지 실시한다.
② 이 헌법에 의한 최초의 대통령의 임기는 이 헌법시행일로부터 개시한다.

제3조 ① 이 헌법에 의한 최초의 국회의원선거는 이 헌법공포일로부터 6월 이내에 실시하며, 이 헌법에 의하여 선출된 최초의 국회의원의 임기는 국회의원선거 후 이 헌법에 의한 국회의 최초의 집회일로부터 개시한다.
② 이 헌법공포 당시의 국회의원의 임기는 제1항에 의한 국회의 최초의 집회일 전일까지로 한다.

제4조 ① 이 헌법시행 당시의 공무원과 정부가 임명한 기업체의 임원은 이 헌법에 의하여 임명된 것으로 본다. 다만, 이 헌법에 의하여 선임방법이나 임명권자가 변경된 공무원과 대법원장 및 감사원장은 이 헌법에 의하여 후임자가 선임될 때까지 그 직무를 행하며, 이 경우 전임자인 공무원의 임기는 후임자가 선임되는 전일까지로 한다.
② 이 헌법시행 당시의 대법원장과 대법원판사가 아닌 법관은 제1항 단서의 규정에 불구하고 이 헌법에 의하여 임명된 것으로 본다.
③ 이 헌법 중 공무원의 임기 또는 중임제한에 관한 규정은 이 헌법에 의하여 그 공무원이 최초로 선출 또는 임명된 때로부터 적용한다.

제5조 이 헌법시행 당시의 법령과 조약은 이 헌법에 위배되지 아니하는 한 그 효력을 지속한다.

제6조 이 헌법시행 당시에 이 헌법에 의하여 새로 설치될 기관의 권한에 속하는 직무를 행하고 있는 기관은 이 헌법에 의하여 새로운 기관이 설치될 때까지 존속하며 그 직무를 행한다.

저자 약력

이희훈

선문대학교 법·경찰학과 교수(헌법·인권법), 연세대학교 일반대학원 법학과 박사(법학박사)
법무부 변호사시험 위원(공법), 법무부 사법시험 1차시험 위원(헌법) 및 2차시험 위원(헌법), 경찰청 경찰 서류심사 위원과 경찰 필기시험 위원(헌법) 및 경찰 면접시험 위원장, 여러 정부부처 공무원 면접시험 위원, 지방공무원 필기시험 위원 및 면접시험 위원, 교육부, K-MOOC, '생활 속의 헌법이야기' 집콕 강좌 선정(2021.2) 및 EBS 2TV 교육방송 방영(2019.08), 서울 금천구·경기 여주시·충남 아산시·예산군·경남 거제시 공공디자인 진흥위원회 및 경관위원회 범죄예방 위원, 충청남도 선거관리위원회 선거여론조사심의위원회 위원, 국가인권위원회 인권정책관계자협의회 위원, 충남 시군의원 선거구획정위원회 위원, 천안시 국회의원 선거구획정위원회 위원, 대전지방법원 천안지원 국선변호 운영위원, 보건복지부 모자보건법 개정 자문위원, 한국연구재단 등재학술지 심사위원, 법제처 국민법제관, 한국공법학회 섭외이사·홍보이사·총무간사·출판간사·홍보간사, 한국헌법학회 상임이사·총무간사·재무간사, 선문대 지역문화혁신센터 부센터장 및 법·경찰학과 학과장, 한국공법학회 학술장려상(2019, 헌법) 수상, 연세대학교 대학원 사회과학분야 박사 우수논문상 수상 등

주요 저서 및 논문

집회의 개념에 대한 헌법적 고찰(헌법학연구 제12권 제5호)
대북전단 살포의 보호와 제한에 대한 합리적 입법방안(법조 제69집 제6호)
중국 내 탈북자의 법적 지위와 인권보호에 대한 연구(공법연구 제35집 제2호)
집회 및 시위에 관한 법률 개정안 중 복면 금지 규정의 위헌성(공법연구 제37집 제3호)
평화시위구역제도와 국회·법원 인근 집회 금지에 대한 헌법적 평가(공법연구 제38집 제3호)
일반 교통방해죄와 외교기관 인근 집회·시위 금지에 대한 헌법적 평가(공법연구 제39집 제3호)
대한민국 정부수립 이후 언론관계법의 발전과 평가(세계헌법연구 제16권 제3호)
국회의원의 불체포특권에 대한 헌법적 고찰(세계헌법연구 제18권 제2호)
영국·미국·독일·프랑스의 낙태 규제 입법과 판례에 대한 비교법적 고찰(일감법학 제27집)
미국의 인종을 고려한 대학 특별입학전형제도에 대한 적극적 평등실현조치(미국헌법연구 제21집 제1호)
집회 및 시위에 관한 법률상 집회·시위 소음 규제 조항의 문제점 및 개선방안(인권과 정의 제471호)
주민등록번호에 대한 헌법적 고찰(토지공법연구 제37집 제1호) 등 등재지·등재후보지 76편 논문
기본권론(박영사), 인권법 스토리(박영사), 생활 속의 헌법탐험(박영사) 등 저서 외 다수

헌법총론

초판발행 2021년 9월 17일
초판2쇄발행 2022년 1월 17일

지은이 이희훈
펴낸이 안종만·안상준

편 집 이승현
기획/마케팅 오치웅
표지디자인 이미연
제 작 고철민·조영환

펴낸곳 (주)박영사
서울특별시 금천구 가산디지털2로 53, 210호(가산동, 한라시그마밸리)
등록 1959. 3. 11. 제300-1959-1호(倫)
전 화 02)733-6771
f a x 02)736-4818
e-mail pys@pybook.co.kr
homepage www.pybook.co.kr
ISBN 979-11-303-4021-0 93360

정 가 20,000원